中山出版
ZHONGSHAN　PUBLISHING
香山承文脉　好书读百年

改革开放以来的

中国国家治理模式

及改革

白智立　著

SPM

南方出版传媒

广东人民出版社

·广州·

图书在版编目（CIP）数据

改革开放以来的中国国家治理模式及改革 / 白智立著. —广州：广东人
民出版社，2018.10
ISBN 978-7-218-13224-2

Ⅰ.①改… Ⅱ.①白… Ⅲ.①国家—行政管理—研究—中国 Ⅳ.①D630.1

中国版本图书馆CIP数据核字(2018)第239197号

GAIGE KAIFANG YILAI DE ZHONGGUO GUOJIA ZHILI MOSHI JI GAIGE
改革开放以来的中国国家治理模式及改革
白智立 著

版权所有 翻印必究

出 版 人：肖风华

责任编辑：李锐锋 刘 颖
装帧设计：蓝美华

统 筹：广东人民出版社中山出版有限公司
执 行：何腾江 吕斯敏
地 址：中山市中山五路1号中山日报社8楼（邮编：528403）
电 话：（0760）89882926 （0760）89882925

出版发行：广东人民出版社
地 址：广州市大沙头四马路10号（邮编：510102）
电 话：（020）83798714（总编室）
传 真：（020）83780199
网 址：http://www.gdpph.com
印 刷：广州市岭美彩印有限公司
开 本：787mm×1092mm 1/16
印 张：18.75 字 数：207千
版 次：2018年10月第1版 2018年10月第1次印刷
定 价：59.80元

如发现印装质量问题影响阅读，请与出版社（0760-89882925）联系调换。
售书热线：（0760）88367862 邮购：（0760）89882925

序 言

本书尝试从行政学的研究视角，集中探讨我国改革开放以来的国家治理及改革。

2013 年中共十八届三中全会第一次提出要"推进国家治理体系和治理能力现代化"，2014 年十八届四中全会又进一步提出"全面推进依法治国"进程，在国家治理体系层面发生了较多变动。2017 年中共十九大召开，习近平总书记在党的十九大报告中指出，过去五年来的国家治理现代化改革使"中国特色社会主义制度更加完善，国家治理体系和治理能力现代化水平明显提高，全社会发展活力和创新活力明显增强"。

本书从国家治理、行政组织、公务员制度、行政文化、政治治理多个维度，结合改革开放和十八大以来的国家治理改革，全面探讨中国国家治理现代化以及现代国家建构和行政发展课题，目的在于更好地促进中国国家治理现代化发展，为读者充分理解现代国家和国家治理提供参考，加深读者对十八届三中全会提出的"国家治理体系和治理能力现代化"深远意义的理解。

本书主要由五个研究板块组成。

一是国家治理现代化改革研究板块，由第一章"'中国梦'语境下的行政变革"、第二章"国家治理体系的现代化"、第三章"'1978年体制'之下的中国国家治理模式及改革"三章构成。该板块主要结合十八大以来的国家治理现代化改革实践,具体分析改革发生的历史背景和初始动机,进而联系改革政策文本,展示中国所处的基本公共政策环境和中国改革的基本特征,总结改革开放以来的"中国国家治理模式",提出相关改革和发展课题。

二是行政组织、政府体系与国家治理研究板块,由第四章"机关管理与现代行政官僚制组织建构"、第五章"试验式分权化改革与中国的地方治理"两章构成。该板块主要以政府组织的建构和运行以及政府体系的改革发展为基本内容,提出建立适应现代化发展和现代国家建构、治理的现代行政官僚制的紧迫性和必要性。同时,进一步提出向"福利国家政策转型"的中国政府体系改革课题。

三是干部人事制度、现代公务员制与国家治理研究板块,由第六章"党政精英选拔制度变迁初探"、第七章"中国公务员的政治意识与现代行政官僚制"、第八章"中国的现代公务员制及改革"三章构成。该板块将干部人事制度改革和公务员制度建构,看作是中国为适应现代国家建构和现代化发展而推进的现代行政官僚制形成过程,力图对改革开放以来的相关实践进行全面描述,阐释中国国家治理改革的实质意义以及未来需要进一步克服的政策课题。

四是行政文化与国家治理研究板块,由第九章"中国行政文化的特质与意义"、第十章"中国的国家治理变革与行政文化再探讨"二章构成。该板块主要结合中国的国家治理现代化改革,从行政文化的基本概念和比较行政研究的视角出发,探讨我国行政文化的基本特征,进而提出完善或改革中国行政文化的途径和方向。

　　五是政治治理与国家治理研究板块，由第十一章"审判质效、司法管理与法院内涵式发展"、第十二章"中国的互联网信息安全与政治治理"两章构成。该板块主要结合我国的地方司法管理改革实践、国家的网络社会治理以及中国社会和政治环境变迁等，重点探讨政治治理与国家治理的相关关系，以期对中国的行政发展进行展望。

　　另外，为了帮助读者更好地了解改革开放以来我国推进的国家治理及改革实践，本书在部分章节中，穿插了时事评述性的"余论"，力图使广大读者能够顺利进入阅读情境。

　　国家治理及改革，应该是当前很多国家都在积极探索的一个世界性课题。本书将努力向读者展示改革开放以来中国国家治理模式的表征和情态，回答与国家治理现代化进程中的行政体制改革等相关的理论和实践问题。

　　历经改革开放以来的宏大实践，中国的经济社会以及政治行政都发生了巨大变化，取得了巨大进步。同时，中国的现代化发展也进入到了为适应当前的现代化发展阶段而适时推进国家治理变革的关键时期。应当说，中共十八届三中全会提出的"推进国家治理体系和治理能力现代化"的改革目标非常适应时代的发展，由此我们也可以说，中国的国家精英或决策者具有较强的政策转换"学习能力"，确实把握住了当前世界范围内为了克服复杂艰难的公共课题而进行国家治理变革的总体趋势，因而中国的国家治理现代化改革也具有了相应的时代意义和世界意义。这些，恰恰也是作者想要强调和希望读者在阅读本书时体味的内容。

4

中共十八大以来的国家治理现代化改革已经推进五年多，并且以2018年初中国修改宪法和推进党和国家机构、职能改革为标志，基本完成了"国家治理体系现代化"改革目标，最终确立了较为完整系统的政党中心或执政党中心的，也就是中国共产党中心的国家治理体系、治理结构和治理形态。这一国家治理体系现代化改革，将以2019年初地方党和国家机构、职能改革的结束而告一段落，这些一定会对今后的中国国家治理能力带来较大影响，仍然需要我们进一步关注和思考。

包括国家治理现代化改革在内的现代国家和现代社会的公共问题，都与每一个社会成员有着密切关系。作为本书的作者，非常希望能与读者一起思考和探讨中国社会的公共问题，让我们的国家和社会变得更加美丽和富有魅力。

作　者

2018 年 8 月 26 日于北京

目 录

| 第一章 |

"中国梦"语境下的行政变革

在这里，我们首先结合中国共产党领导人"中国梦"的提出，探讨中国公共政策层面的宏观结构，进而就2013年的新一届政府展开的行政体制改革等，思考它与公共政策目标的关系，最后提出和讨论"中国梦"语境下中国行政变革的课题（主要包括行政体制改革向行政改革变化的课题、传统行政体制向公共行政体制发展的课题、社会变动条件下行政法律化与行政民主化课题等），以期对我国未来的行政变动进行展望。

2012 年末，当时中国共产党新一届领导人执政伊始就提出了继续为实现中华民族伟大复兴的"中国梦"而努力奋斗的近期与未来中国国家发展目标。从中国共产党领导人最新阐述中提示的"中国梦"所内含的对历史、现实与未来时间发展的关注以及强调的中国的、民族的、每一个中国人的主体性，特别是其中具体言及到的国家富强、民族振兴和人民幸福来看①，笔者初步意识到这一政治话语的提出很有可能是中国政治领导人发起的新一轮政治动员、国家动员和社会动员。

当然，笔者当时还不得而知这一宏观庞大、涵盖面广阔、跨距长时段的政治动员话语今后是否会被进一步诠释、具体填充新的内容，或者进而成为与"三个代表重要思想"以及"科学发展观"同样的强烈作用于中国共产党组织建设或中国国家政策走向的意识形态话语。不过笔者当时还是愿意将关于话语发出的动机暂且作出这样的推测：其目的一方面可能在于，对向市场经济转型以来日益被切割、零碎化了的中国社会以及人们的意识进行政治整合或政治统合，但更重要的可能还在于以此实现国民、社会的整合或统合来提升国家整体的政治向心力，促进中国政策转型的成功以及经济发展等既定的公共政策目标。笔者认为在这里可以将此作为今后可能的假设提出，认为这或许能够深化我们对中国最新的政治发展、改革趋势的思考。

因此，笔者在 2013 年党的十八届三中全会召开之前，结合中国

① 习近平：《在第十二届全国人民代表大会第一次会议上的讲话》[N]，《人民日报》，2013 年 3 月 18 日；《习近平在同全国劳动模范代表座谈强调　充分发挥工人阶级主力军作用　依靠诚实劳动开创美好未来》[N]，《人民日报》，2013 年 4 月 29 日；《习近平在同各界青年优秀代表座谈时强调　在实现中国梦的生动实践中放飞青春梦想　在为人民利益的不懈奋斗中书写人生华章》[N]，《人民日报》，2013 年 5 月 5 日。

共产党领导人"中国梦"的提出,尝试探讨了中国公共政策层面的宏观结构,进而通过分析当时展开的行政体制改革等,思考它与近期和未来中国政策目标的相关关系,最后提出和讨论了"中国梦"语境下中国行政变革的课题。

一、政策转型、国家治理与"中国梦"

改革开放政策实施之后最大规模的政策转型应该发生于胡锦涛和温家宝这一届政府,就是 21 世纪初发生的笔者一直以来称之为的向"福利国家政策"的转型。[①]之所以这么说,是因为它与之前的我们现在可以称之为传统的、强调竞争效率和经济发展的基本国策——"经济国家政策"相比,其主体政策内容和政策理念发生了诸多实质性变化——更为突出的是均衡和谐、社会公平,并以扩大民生、均等配置基本公共服务以及增进社会保障、环境保护等为政策要素具体安排到公共政策和相关社会制度之中。

从现代化的发展阶段及一些国家成功推动现代化的发展历程来看,中国启动的这一轮政策转型应该说非常适时和恰当,体现了改革开放以来的中国已经具有了较强的适时推动政策转换的"学习能力"。可以说,这不仅能够积极应对当时由于过去的市场化、工业化、城市化不断积累而涌现的社会问题,同时也体现了中国宪法所倡导的中国作为社会主义国家本应具有的体制特征。因此,这一政策转型无疑从政策有效性的绩效层面以及回归宪法理念的国家统治和国家治理层面

[①] 白智立:《政策转型条件下的公共行政变革》[N],《中国人事报》,2010 年 2 月 8 日。

强化了中国国家的合法性，使中国进入到了现代国家现代化发展的最后一个阶段——"福利国家政策"阶段。

不过，从政策转型之后中国的发展来看，虽然中国成功地开始了现代化政策的转型，但我们还是没有看到转型后的政策目标完全得以实现，大量而复杂化了的社会问题和矛盾并没有因此而完全缓解，我们只能说在启动政策转型后的十余年里，中国仍处于这一轮公共政策的转型过程之中。当然在此转型期间，当时的政府确实为此付出了巨大努力，也取得了一定的成效，或者说至少建构起了相应的社会政策和制度的基本框架。

伴随着公共政策的转型，中国政府在这期间推动了相应的改革。特别是"以人为本""服务型政府""和谐社会"等被总括为"科学发展观"的政策理念和政府治理理念的提出，对中国而言不仅具有划时代的历史意义，而且更具有作为中国话语向世界其他国家展示现代中国的象征意义。也就是说，这些理念和规范既是为中国需要的，同时还是能够被世界广泛接受的。

政策转型的政府目标未能达成，究其原因应该有很多。首先是时间问题。中国在推动向"福利国家政策"转型的同时，由于种种原因还要延续前一阶段的"经济国家政策"，无法回避经济发展、工业化进程的现实课题，因为这也是保证中国向福利国家政策转型的基本物质条件。同时，由于法治国家、民主国家建设是保障福利国家政策成功实现的基本要件，而中国又是在缺乏法治和民主的条件下推行政策转型，这与一些已经实现法治化和民主化之后再推动这一政策转型的国家形成了很大不同。可见中国面临的课题就不单单是艰巨的政策转型课题，同时还要追求经济发展的速度和经济总量的增大，以及不断推动中国的法治国家和民主国家建设。而这一切都非短时间能够完成和奏效，需要长期的努力。

这一期间召开的中共十七大以及之后推动的行政体制改革对这里的思考而言值得关注。当时的胡锦涛总书记作的十七大政治报告所提出的通过加快社会主义民主建设和思想解放来推动中国的这一轮政策转型，应该说具有现实意义。同时对政府行政而言，报告还强调了行政体制改革以及加强行政监督机制的重要作用。[①] 其中含义无疑在于通过政府行政制度、体制、意识、行为的变革，来促进中国政策转型的成功。

本章前述中谈到了政策转型面临的时间问题，同时相应的改革受阻、减速和不彻底也是一个不可忽视的问题。十七大之后推动的2008年行政体制改革，即大部制改革等并没有充分满足当时中国社会表现出的要求提升改革政策绩效的较高的公众目标值。当然各种原因还包含了当时中国为了应对世界性经济危机而需要中国经济的稳定发展，以及为举办奥运会等国家盛事而将公共政策的重心向维持稳定倾斜，同时改革开放以来逐渐形成的特殊利益的阶层固化现象也不知不觉成为人们意识中的改革抵制力量，由此出现的改革活动难以推进等国家治理失效现象成为了新的中国问题。而且这也提升了人们对当时中国出现的底层社会抗争、中层社会参与以及改革思潮强烈等倒逼改革推

---

① 胡锦涛在党的十七大上的报告，2007年10月24日，《中国人大网》：http://www.npc.gov.cn/npc/zggcddsbcqgdbdh/2012-11/06/content_1742192.htm。

进的形成因素的热切关注。①

或许以上的观察恰恰是之后的中国政治领导人提出"中国梦"的宏观政治与社会背景。也就是说，中国十八大前表现出的政策转型与国家治理的不均衡性特征，也许就是致使中国政策转型仍需时日的基本要因，并成为了十八大后新一届政府继续克服和超越的政策和改革课题。而具有政治、国家、社会动员性特征的"中国梦"政治话语，在这里就可以换言之价值整合或汇聚共识，其现实功用或许在于通过加强国家治理来推动政策转型的实现。

之所以得出以上认识，主要是由于这一届政府与上一届政府在政策目标的设定以及政策内容的安排上具有较强的连续性。② 如规定近期和未来中国发展导向的中共十八大报告就是在强调经济发展的前提下，提出"收入倍增"等延续了保障民生的基本国策，并划定了目标实现的具体时限；同时还提出"美丽中国"等新的政治话语，继续了发展与生态平衡的科学发展战略等。③ 由此，关于"中国梦"政治话语的思考，就大体可以放置在政策转型这一中国公共政策层面的宏观结构之中观察了。

二、改革政策的组织与管理及深化国家治理

发展仍然是中国实际的核心政策课题。当然，这与本章言及的政

---

① 吴敬琏：《重启改革议程》［J］，《读书》，2012 年第 12 期。
② 赵杰：《改革背后的民生追求》［J］，《中国新闻周刊》，2012 年 11 月 19 日总第 588 期。
③ 胡锦涛在中国共产党第十八次全国代表大会上的报告，2012 年 11 月 18 日，《新华网》：http://www.xinhuanet.com/18cpcnc/2012-11/17/c_113711665.htm。

策转型有着直接的关联，或许两者同为 2012 年末开始执政的这一届政府的主要政策目标。

这可以从 2013 年两会中，逐渐明晰化了的政府政策意愿看出一些头绪：为了实现更好的发展绩效而需要进一步的市场化和城镇化，以释放中国社会的整体活力，为此还有必要通过政府机构重组、行政职能变化以及收入分配制度、户籍制度、社会保障制度的改革来对利益的再分配、国民权利的保障、公共服务的组织与管理等进行有效的政策设计。[①]而与本章所探讨的"中国梦"这一政治话语的功用相关，在这里更需要关注的是这一系列改革政策的推进落实或组织与管理，因为只有这样才有可能突破本章前述提到的中国政策转型与国家治理的非均衡性特征，破解中国政策转型仍需时日的难题，最终促进这一届政府政策目标的实现。

首先，上述这一届政府的政策意愿基本反映在了中共十八届二中全会和十二届全国人大一次会议通过的《国务院机构改革和职能转变方案》之中，可以称得上是一揽子整体改革规划；其次，之后的国务院办公厅关于实施《国务院机构改革和职能转变方案》任务分工的通知（国办发〔2013〕22 号），则是国务院针对方案的具体实施所制定的执行计划和计划达成的时间目标设定。

国务院改革分工方案的公布正式启动了这一届政府的部分改革进程，其特征在于改革方案突出了具有整体性、包容性的顶层设计以及目标管理等的改革推进程序的加强。其功效还包含了对中国政务公开

---

① 温家宝：《政府工作报告——2013 年 3 月 5 日在第十二届全国人民代表大会第一次会议上》［N］，《人民日报》，2013 年 3 月 19 日。

的推动，同时方案的制订者很有可能希望以此借助中国社会对改革的期待而作用于改革目标的实现和改革政策过程的组织与管理，进而克服我们提到的国家治理失效课题。

一届政府在其执政之初就制订涉及多项政策领域的全面详尽的转变政府职能的改革计划，在过去或许还不多见，而类似的关于改革的组织与管理方案，在以往的政府机构改革当中应该存在过。但一般是由于作为政府组织的内部规则，不对外公布而很少为社会知晓。这一改革推进程序的透明化、公开化特征可以看做是对党和全国人大方针、决策落实贯彻的宣示，更是在强化对之后的政府改革政策过程的组织与管理，其目的应该在于提高中国改革政策的实效性，避免使改革中断而不了了之。仅从当时的状况来看，国务院改革分工方案出台和公布的象征意义超出了其本应具有的实质意义。首先它表明了新一届政府力推改革的决心，向公众宣示本届政府改革的热情和诚意，这也是许多国家推动行政改革时为回应社会的改革诉求以及征得公众理解所采取的推进方式。当然这也是对执行执政党和作为人民的代表机关、最高权力机关的全国人大决议的政策承诺。

因此，国务院改革分工方案为强化社会公众以及执政党、全国人大监督今后国务院机构改革以及政府职能转变的改革，创造了良好的条件。同时，也会调动整个社会积极参与中国政府变革的热情。无论是作为制度性监督主体的国家机关，还是作为非制度性监督主体的政府活动的终极监督者——社会公众，都可以依据政府公布的路线图和时间表具体监督政府的改革行为。当然，这也是监督主体评价政府改革活动的基本标准，以及事后追究政府行政责任的基本根据。

事实上，这更是这一届政府的改革实施方案，改革方案中实施时间限定在了这一届政府的届中，即五年内完成。这也反应出了本届政府希望快速推进改革的紧迫感和积极性，期待着通过国务院机构改革等的实施，促进政府职能的实际转变，同时保证中国经济的发展和民生保障的提升。

这次国务院机构改革的幅度虽然不大，但改革的难度仍然很大，改革的课题非常艰巨，可能更加需要缜密的安排和有序的推进。如铁道部的改革，涉及人员众多、关乎多方利益、涉及国计民生和公众的生活安全，非常需要严谨周密的改革政策安排。不过，相关的改革理念、知识和改革政策的储备等是否已经周全，当时来看还存在很大的疑虑。不仅如此，由于改革广泛涉及多项政策领域，就其改革进程组织与管理的实效性，在当时还不能很快得出乐观的预计。

但从促进政务公开、打破政府改革的神秘化以及希望加大社会对政府改革活动的监督来看，政府对该分工方案的制订和周知应该说起到了重要的示范作用。这是在带动我国其他政府组织和公务人员的行政意识和改革意识发生变化，最终促进政府的职能转变。特别是在中国，中央政府、上级机关以及领导人能否树立良好的执政形象都具有典型的示范意义，对于整个行政活动和改革活动的开展发挥着决定性作用，因此这会对中国之后的改革政策的落实和推动产生积极的影响。

不过，这不应该成为一届政府或领导人的特殊行为，更重要的是使改革行为进一步制度化，并内化为政府和公务人员的行政意识和改革意识，来真正促进政府职能的转变。做到这一点，很可能需要提高中国政府活动开展的法定化水平。早在1997年中共十五大就提出了国家机构的组织、职能、编制、程序的法定化改革目标，但长期以来并没有完全得以实现。涉及国务院的机构改革和政府职能转变，则更需要推动依法行政改革，这应该也是解决我国政策转型与国家治理非均衡性问题的重要路径。[1] 当然，这也与以上讨论过的内含于这一届政府改革之中的强化顶层设计和行政监督、推动政务公开和公众参与等一起，构成了中国国家治理深化的基本要件。

三、"中国梦"语境下的行政变革课题

本章探讨了"中国梦"这一政治话语包含的基本动机，即中国公共政策层面的宏观结构所表现出的政策转型与国家治理非均衡性特征成为"中国梦"提出的基本要因。以此作为基本假设，进而与当时展开的中国政府改革相关联，探讨了中国为克服由于这一非均衡性特征所引发的改革受阻课题和国家治理课题而进行的若干尝试，也提出了一些关系到中国行政变革的相关问题。

实际上，虽然中国改革开放政策实施以来实现的巨大的经济发展和繁荣是一个不争的事实，但其间快速的经济发展、工业化、城市化等引发的众多深刻的公共问题已经成为传统政府行政难以应对的艰巨课题。这也是中国共产党领导人提出"中国梦"政治话语的切实政治、行政环境，而这一危机意识的酿成和存在，使我们体察到"中国梦"语境隐含的政治、国家、社会的动员性特征。

如果以中国政治结构在近期和未来不发生变动为给定的前提要件

---

[1] 白智立：《如何看待国务院改革分工方案？》，2013 年 4 月 1 日，《财新网》：http://opinion.caixin.com/2013-04-01/100508534.html。

思考的话,那么或许只有推动行政变革才有可能部分修正前述经常提到的非均衡性特征,可能推进中国当下改革和向福利国家政策的转型。

本章所述行政变革的课题主要包括:行政体制改革向行政改革变化的课题、传统行政体制向公共行政体制发展的课题、社会变动条件下行政法律化与行政民主化课题等,以期对我国未来的行政变动进行展望,并以此结束本章的讨论。

(一)行政体制改革向行政改革变化的课题

这一届政府的改革内涵和外延部分突破了传统的以政府机构改革为主要内容的行政体制改革模式,并向经济、社会等政策领域整体性拓展,其目标还在于通过改革来转变政府职能,释放中国社会的整体活力。这一改革的方向、趋势、理念本身,应该说适应了中国经济高速发展之后出现的复杂而深刻的行政环境,尝试全面理顺国家与社会、政府与市场、中央与地方的关系等,进而提升国家治理能力、推进改革进程以及促动政策转型。

如果以上我们对这一届政府改革的善意判断妥当的话,那么中国的政府改革就出现了改革内涵和外延的扩展以及整体包容推进的基本特征,可能将其称为涉及多项政策领域全面改革的"行政改革"更为恰当。围绕这一变化,我们在这里可以指出的是,中国的行政体制改革向"行政改革"如若发生实质性变化,不仅需要加强政府系统内部对改革的组织与管理,由于涉及诸如民生保障、国民权利的拥护等众多政策领域,更需要动员每一位公民个人参与到改革进程之中。因此,改革主体的重新确定、开放式改革推进程序的制度设计等应该是对突出主体性的"中国梦"语境下的中国改革的一个诠释。

（二）传统行政体制向公共行政体制发展的课题

中国在新的环境条件下开始启动的行政改革，国家治理失效应该成为改革决策者们的基本问题意识，否则在超大规模的中国，任何公共问题的积累都有可能酿成无法想象的统治危机。而由于中国传统行政体制最大的问题恰恰在于没有真正确立包括政治过程、政府过程、政策过程在内的现代公共行政本来应该具有的基本制度安排和价值内涵，因而很难应对中国政治、行政环境的巨大变迁。

我们无意将所有责任全部推给中国的政府行政，因为这种状态的形成恰恰是中国政治结构的基本产物。如果在政治结构不出现变动的给定条件下思考中国的行政发展的话，我们只能寄希望于中国传统行政体制通过改革向其他国家治理主体让渡包括对行政改革的组织与管理等的部分权力，通过确立基本行政责任而逐渐接近公共行政体制，以此促进中国的行政发展。

（三）社会变动条件下行政法律化与行政民主化课题

我们在本章最初假设"中国梦"政治话语内含了通过政治整合或统合来推进国民、社会的整合或统合的基本动机。如果这一假设可以成立，那么中国的政府统治或国家治理的未来，可能更需要关注的是统治或治理的合法性、行政权威的确立这一基本命题。这是因为，行政权威的低落、政府统治或管理的合法性缺失往往是促动不信任、不合作等社会抗争现象出现、国家治理失效的主要原因。

在中国社会急剧变动的行政环境条件下，能否通过行政变革促进中国国家统治或治理的合法性增幅，或许更是决定中国行政变革有效性的关键，而行政法律化与行政民主化程度的深化，或许可以成为实现中国社会的有效整合、增强政府合法性和行政权威的基本途径。

在这里，我们更要强调的是基于行政法律化和行政民主化的行政改革基础上的政府和政府成员的行政意识变革。因为只有这样才能填平已经显著出现的行政意识或价值与社会意识或价值之间的巨大差距或鸿沟，真正在中国社会确立起基本的行政权威，促发社会公众与国家治理之间的基本合作关系，最终推动"中国梦"语境下中国国民和社会的整合或统合，为提高近期和未来中国改革的实效性创造更有利的社会条件。

余论：从"马德案"看中国人事选拔制度潜规则

21 世纪伊始的马德卖官鬻爵案件^①暴露出来的问题，是权力的过分集中和现阶段我国组织人事选拔制度建设的滞后。

在我国的传统公共人事管理中，干部的选拔，特别是各级领导干部的遴选准入，主要采取下管一级的党管干部的任用方式，即党的上一级委员会遴选下一级党政领导干部，党的组织部门负责考察，最终

---

① 马德受贿卖官案被称为中华人民共和国成立以来查处的最大卖官案，牵涉官员 260 余名，除国土资源部原部长田凤山、黑龙江省政协原主席韩桂芝等高官外，还涉及绥化市下辖 10 个县市众多处级以上干部，仅绥化市各部门的一把手就有 50 多人。法院审理查明，1993 年 10 月至 2002 年 2 月，马德在先后担任黑龙江省牡丹江市副市长、绥化地区行署专员、绥化地委书记、绥化市市委书记期间，利用职务便利，为他人谋取利益，单独或伙同其妻田雅芝（另案处理）先后收受 17 人的贿赂款人民币 558 万余元、美元 5.5 万（折合人民币 44 万余元），共计人民币 603 万余元。2005 年 7 月 28 日，北京市高院二中院以受贿罪，一审判处马德死刑，缓期两年执行。以上信息引自百度百科。

由党的委员会负责任命。但在具体的制度运作中，往往党委中的主要负责人特别是第一把手，对干部选拔拥有生杀予夺的绝对权力。这样一来，就为我国公共人事管理的"潜规则"的生成提供了土壤。

我们过去一直强调"不管黑猫白猫，抓住老鼠就是好猫"，但是在改革开放取得阶段性成果的时候，在强调效率的同时，更重要的是对公共部门的官员管理和监督。领导干部是不是守法，是不是能让人民更加信赖，这很重要。

干部选拔的改革力度应该说还是比较大的，中央和各级政府都做了不断探索，比如公开选拔和竞争上岗，也制定了很多规定和制度，但问题是要怎样推广和认真执行。

西方国家强调政治与行政的分离。内阁成员的任命完全取决于政党的偏好，而在公务员系统内，公务员选拔的组织任命完全与政党政治分开，完全按照科学合理的方法来实施，必须根据个人能力和成绩以及他拥有的某些资格，这样就在很大程度上避免了买官卖官等潜规则在公共行政系统中发生。

今后一段时期里，我国的政治体制改革很难有突破性进展，在这样的情况下，我们还要推进经济体制改革，就需要一套更加合理、更加科学的选拔制度。笔者认为，可以探讨涉及法律的问题，就是对党的权力、干部推荐选拔、组织部门的运作通过法律的方式来明确其界限，哪些可以干涉，哪些不可以干涉，要明确化。

在我国现行的政治结构之下，我们必须尽快改革落后的组织人事选拔制度。首先需要改革的是组织人事选拔制度的保密主义，特别是领导干部的任用应该更为公开和透明；其次，主要领导干部的遴选准入制度设计应该从选拔完全转为选举;其三,在行使推荐领导干部的制度上,除了为避免领导人个人专断,扩大人事决策者的人数和采取无记名投票的方式外,还应该采取"连坐制",追究推荐有问题的领导干部的领导人个人的责任,要求其引咎辞职。

同时,主要领导干部的选拔标准应该不同于普通干部,任用标准应该强调和坚持民意本位。从现在的状况来看,对公共部门领导干部的评估指标进行多元化改革,诸如将民意、合法性、合规性作为领导干部任用的第一条件更为重要,这是公共部门具有的特殊性所决定的。

数额巨大的买官卖官事件的出现,反映出我国公共部门对领导干部的个人财产和收入监督不力。监督机制非常重要,但是在目前的情况下,内外部监督对领导干部都不构成压力。在西方国家,外部监督有官员财产申报和公布制度,政府内部也可以形成有效的监督和压力。西方政府内部有公务员工会,对领导层一直进行监督,如果在选拔中出现不合理问题,工会和公务员会提出自己的意见,形成很强的内部压力,甚至向媒体公开,形成外部压力。

有意思的是,在西方,内部监督的实效性高于外部监督,内部监督可以发挥很大作用。但在中国,内部系统对腐败经常很难有所反映,因为整个集体都参与其中,买官鬻爵在部分政府中甚至成为一种组织文化,造成整个系统只能在潜规则下才能运转,内部监督机制完全失灵。

改革只能进行重新的制度设计。以往我国主要靠事后监督,事后监督很重要,但是其成本很高,更关键是事后监督的结果没有反馈到新一轮的制度设计中。与其把重点放在事后监督上,不如花更多的精力从制度设计和源头上遏制腐败的发生。

国家治理体系的现代化

在上一章关于"中国梦"思考的基础上，本章中我们通过对"中国梦"提出之后的中国改革活动等作进一步的讨论，试图探明未来中国国家发展的趋向，进而确认需要进一步克服的课题。这里的讨论主要围绕现代国家的国家治理这一主题，结合十八届三中全会提出的改革政策的特点，具体分析中国国家治理改革具有的特殊表征和情态。本章的基本结论是，2013 年的中国改革显示出强烈的市场化改革色彩，同时，在之前十年来中国公共政策转型的宏观背景下，当下出现的国家治理方式的变动，成为国家治理现代化改革的主要内容。而决定这一改革活动有效性的前提则在于现代国家治理的造就，就行政体制改革而言，就是如何实现将政治过程、政府过程、政策过程有效整合的现代公共行政体制的发展。

　　作为第一章讨论的延续，第二章结合中国共产党第十八届中央委员会第三次全体会议作出的《中共中央关于全面深化改革若干重大问题的决定》① 以下简称《决定》）及相关改革政策文本，探讨中国应对政策课题的具体思考，并将分析的重心放在《决定》提到的"推进国家治理体系和治理能力现代化"问题上。这是因为，这一本章主题的设定与第一章的讨论具有较强的连续性，即《决定》突出强调的通过全面深入的改革不断努力实现旨在"破除各方面体制机制弊端"的制度化、法治化以及"国家治理体系和治理能力现代化"等（第3页），与第一章讨论中提出的改革课题相关联。同时，关于这些问题的讨论还涉及中国宏观政策结构变动条件下的现代国家建构等基本命题或中国问题，而通过对这些中国改革活动等的探讨，观察分析逐渐显露出的中国国家治理改革具有的特殊表征和情态，有助于我们探明未来中国国家发展的趋向，进而确认需要进一步克服的课题，具有深入思考的价值。

一、既往讨论：国家治理视角下的行政体制改革课题

（一）国家治理与行政体制改革课题

　　笔者在上一章的讨论中，联系中国领导人"中国梦"政治话语的提出，围绕2013年初的两会之后中国政府积极推动的行政体制改革，指出中国正在尝试通过加强对行政体制改革的整体性设计和严格的程序化的组织与管理等，努力克服之前出现的国家治理失效的国内统治

① 　《中共中央关于全面深化改革若干重大问题的决定》［M］，人民出版社2013年11月。

课题，即希望通过提升国家治理能力来突破当前中国公共政策的宏观结构向现代化发展的最后一个阶段——"福利国家政策"阶段变迁过程中出现的政策转型与国家治理之间的非均衡性特征。

同时，在这一讨论的最后，笔者在指出长期的经济高速增长条件下出现的急剧的中国社会变动与时下政府行政的不适应性这一结构性矛盾基础上，析出了推进中国行政发展的相关改革课题，以期对中国未来的行政变革进行展望，即单项行政体制改革向全面行政改革变化的课题、传统行政体制向公共行政体制发展的课题、中国社会变动条件下的行政法律化与行政民主化的课题。

围绕这些行政发展的改革课题，在既往研究中进行了如下进一步的阐释。

首先，虽然这一轮中国行政体制改革具有了整体包容和全面推进的特征，但它是否已经涵盖所有中国现阶段内含的政策课题，是否能够有效应对众多复杂深刻的当下公共问题和行政环境，还需要进一步的观察。为此，中国的改革更需要思考改革主体的重新确定以及开放式改革推进程序的制度设计等具体举措。

其次，中国为了保证改革实践的成功完成以及改革结果的有效性，则需要进一步克服国家治理失效的国内统治课题。为此，则需要在中国真正确立包括政治过程、政府过程以及政策过程在内的现代公共行政体制本来应该具有的制度安排和价值内涵，而其中包含了更多的政治体制改革的价值、内容和意义。

最后，中国的国家统治或国家治理的未来，更需要关注的是统治或治理的合法性、行政权威的确立这一基本命题。为此，需要通过深化行政法律化、行政民主化的行政变革，促动中国国家统治或国家治理的合法性增幅，以此促发社会公众与国家治理之间基本合作关系的形成，进而实现中国国民和社会的整合和统合。

（二）行政体制改革与福利国家政策、现代国家建构

这里强调的是，行政体制改革实效性的达成或国家治理失效现象的规避，需要相应的体制与推进机制的合理组成。上一章所述行政体制改革的特点之一在于，中国正在努力通过加强政府系统内部对行政体制改革的组织与管理来保障改革政策或活动的成效。不过，改革绩效的最终有效实现，可能还需要国家治理能力的全面提升，前述提到的改革主体的重新确定以及开放式改革推进程序的制度设计等不同以往的新的改革方式或机制的建构，或许可以成为今后促进改革发展、强化国家治理能力的探索途径。

这是因为，中国这一时期的行政体制改革更加具有广泛涉及多项政策领域的全面整体行政改革色彩，绝非机构改革等单项行政体制改革可比，因此如何将包括改革主体、改革推进程序、改革权限、改革对象、改革范围、改革内容、改革责任、改革监督等行政体制改革的基本构成要件合理纳入改革政策决定过程和整体改革活动之中，已经成为现代国家实现和提高改革实效性、有效性的必要前提和基本要因。

而这里所说的改革政策决定过程和整体改革活动，即便仅就行政体制改革而言，也既是政府过程，更是政策过程和政治过程，当然作为这三者的统一体恰恰是现代化推进过程中的现代国家公共行政体制的基本构成或基本特征。虽然中国的传统行政体制也或多或少的包含

了这一基本特征，但是与前述提到的需要建构新的开放式改革推进程序的制度设计等相联系，我们不得不说，关于正式化了的制度安排、改革推进主体之间明确的功能分化以及基本改革责任体系的有效确立等作为现代国家治理结构的基本要素，在中国仍有进一步明晰和填充的空间。

而这里提出的向现代国家或现代国家治理体制建构视野下的现代公共行政体制发展或改革的思索逻辑，特别是由于中国自进入 21 世纪以来就已经具有了向"福利国家政策"变迁的现代化发展的阶段性特征①，在这一基本前提之下，联系现代国家的基本特征和现代国家统治或治理方式来思考，如何推动适应这一政策转型的中国传统国家统治或治理范式和传统行政体制的变革，应该具有相应的功用。同时，这也可以部分加深我们关于中国未来的改革和中国国家发展趋向的相关思考。

二、改革政策文本中的中国国家治理改革的表征及情态

（一）改革逻辑的连续性与"国家治理体系和治理能力现代化"

应该说，2013 年对中国而言确实是不寻常的一年，因为相关改革政策和施政活动带有较为强烈的改革指向和变动特征，同时还具有明显的执着于强化中国国家治理能力的执政冲动和动机。这不仅可以从前述两会后的行政体制改革的推进可以得出，同时从诸如中国领导人关于"中国梦"这一国家和社会动员的政治话语的较早提出，对宪法

---

① 详见本书第一章的相关讨论和分析。

实施的强调，以及所开展的旨在强化公共组织内部监督管理、整肃规制的"八项规定""反四风""群众路线教育实践活动"，和旨在加强国内社会管理的网络规范行动等中，我们都可以明显发现相关推动国家统治或国家治理的急切意愿。

与此同时，在这一系列强力的加强国家统治或治理能力的动员或活动过程中，关于中共十八届三中全会作出的《决定》，我们更为需要关注和思考的是《决定》谈及的，与以往人们的思索有微妙差异的国家"治理"改革的内涵和表征。也就是说，可能需要将我们的考察聚焦到《决定》表述了的"国家治理体系"意涵的国家统治或国家治理体制上，以及"国家治理体系和治理能力"的"现代化"意涵的现代国家建构问题上。

就《决定》本身而言，这首先是明确将"国家治理体系"和"治理能力"以及"现代化"正式写入《决定》中，并将"国家治理体系和治理能力现代化"作为了《决定》的，也就是全面深化改革活动或政策的"总目标"（第3页）。应该说，国家治理问题不仅是此次改革的目的或改革决策者自身认为需要直面的当下改革的建构课题，同时有效的国家治理因此成为了中国这一届政府执政的基本愿景或政策期许、承诺。换言之，中国的改革决策者确实认知到了传统的中国国家统治或国家治理出现了国家治理失效的危机，试图通过现代国家治理体系或体制机制的建构和完善以及"现代化"改革来提升国家治理能力，进而努力阻止治理失效现象的延续。

由此我们可以发现，《决定》的改革指向与行政体制改革逻辑具有较强的连续性，只是此次表现得更为明显和确定，明确了国家治理和现代化改革导向。当然，我们对相关政策文本用语的理解是否完全与政策设计者一致还需要进一步观察，但是应该说这一时期的中国行政体制改革，特别是关于改革的组织与管理而得出的相关中国行政发展的课题，在《决定》中确实得到了部分消解或回应。也就是说，中国很有可能基于较为强烈的国家治理危机意识的酿成，为了克服改革政策难以推进和落实等国家治理失效或政策转型与国家治理的不均衡现实，开始进一步通过建构"国家治理体系"，也就是通过国家治理的"现代化"改革来提升国家"治理能力"，进而实现改革政策的目标和促动政策转型的成功。

在此，我们还可以结合中共中央总书记习近平关于《决定》的说明（以下简称《说明》）①，得出部分解释。这是因为，作为这一改革政策决定的最主要的主体，其"说明"应该更能真实体现《决定》所要表达的改革理念和相关基本思考。我们可以从《决定》和《说明》中涉及的"国家治理体系和治理能力现代化"与1. 改革的目标指向，2. 全面改革与深化改革，3. 制度、体制、机制，4. 国家治理的情态等相关联的四个层面来观察和讨论本章设定的主题。

换言之，我们通过《决定》和《说明》这些改革政策文本显露出的四个层面相关问题的分析，或许可以了解到和观察到本章关注的政策文本中的"国家治理体系"以及"治理能力""现代化"等用词对于中国而言的具体内涵和外延以及特殊表征和情态。

---

① 习近平：《关于〈中共中央关于全面深化改革若干重大问题的决定〉的说明》［M］，北京大学组织部《中国共产党第十八届中央委员会第三次全体会议学习资料》，2013 年 11 月。

（二）改革政策文本意涵的"国家治理体系"及"现代化"

1. "国家治理体系和治理能力现代化"——改革的目标指向

首先，虽然全面深化改革的目标在于国家治理体系和治理能力的现代化，但从中国公共政策的宏观结构变迁发展过程来看，其终极目标还在于如何促动中国前十年间的政策转型的成功实现。这里所说的政策转型，就是《决定》（第2页）和《说明》（第49页）中以"全面建成小康社会""两个一百年"奋斗目标以及"建成富强民主文明和谐的社会主义现代化国家""实现中华民族伟大复兴"的"中国梦"等政治或政策话语所表达的、与前一届政府的政策取向具有强烈连续性的，也是笔者一直以来称之为的向中国现代化发展过程的最后阶段——"福利国家政策"阶段的转型。

在此，还需要进一步细分出两个目标层次进行梳理和分析。首先，中共十八大确立的未来五年和更长时间的中国国家发展目标或战略，正是要"全面建成小康社会"，而通过不断深入的全面改革所要达成的"国家治理体系和治理能力的现代化"应该说是从属于这一基本国家发展目标的（《说明》第48页）。因此，改革和国家治理的现代化成为了"全面建设小康社会"——向"福利国家政策"转型的政策手段或途径。

其次，如何克服传统国家治理之下出现的治理危机或治理失效现象，也确实成为了中国改革政策设定的最初动机和基本问题指向，在《决定》中甚至将"国家治理体系和治理能力现代化"定位为全面深化改革的直接目标或目的，即该政策文本中表述为的"总目标"（第

3 页）。这里特别突出强调的现代国家治理，应该源于改革政策决定者较为强烈的问题意识和危机意识——如"我国面临的一系列突出矛盾和问题""前进道路上还有不少困难和问题""国内外环境都在发生极为广泛而深刻的变化""改革是由问题倒逼而产生""思想观念的障碍""利益固化的藩篱"等（《说明》第 49、52、65 页）。

2. "国家治理体系和治理能力现代化"——全面改革与深化改革

作为十八届三中全会"主要议题"的"全面改革"和"深化改革"（《说明》第 50 页），成为了《决定》规定的改革政策内容和改革方式最为显著的特征，也是此次改革活动的改革政策目标实现的基本路径选择。当然，这也与前述行政体制改革的基本逻辑和方式方法具有较强的连续性：一方面改革政策内容整体包容，不仅包含了而且已经超出了本来已经具有"全面改革"特征的行政体制改革所涉及的诸多政策领域；同时，改革的指向不仅在于进一步的市场化、经济自由化等这一邓小平改革路线的延续或继续深入，其最大的特点还在于试图通过"国家治理体系和治理能力现代化"来"深化改革"。

关于前者，首先可以从《决定》规定的改革政策方案的整体架构中直观观察到——《决定》"16 个部分"内含了包括 60 项内容的涵盖"从经济、政治、文化、社会、生态文明、国防和军队 6 个方面"的"全面改革"方略（《说明》第 52、53 页）。这一改革政策的议题安排，因为并不限于经济制度的改革，其外延得到大大扩展，因而确实超出了人们一般意义上的对"三中全会"的预期。当然，更为重要的还有在第一部分"总论"，以及最后的第十六部分涉及的关于此次大规模改革活动的组织与领导。总之，这里的"全面改革"意涵，应该是"国家治理体系和治理能力现代化"所指向的经济制度、社会制度以及政治体制、国家安全等诸多公共政策领域"体系"化改革的整体推进以及改革活动的具体组织与管理。

关于后者，正如《说明》强调的此次大规模改革活动的"关键在于深化改革"那样，改革政策的决策者试图通过进一步的改革，克服由于中国近年来快速的现代化、工业化、城市化发展所带来的差距、环境、腐败等深刻的社会问题（第40、50页）。或许这里在告诉人们，传统的改革活动方式到了需要适当调试和突破的时候了，而具体中国公共问题或中国问题的消解，不仅需要体系化的全面体制改革支撑，更需要导入新的机制和方式增进改革活动的有效性和实效性。

3. "国家治理体系和治理能力现代化"——制度、体制、机制

作为《决定》规定的"全面深化改革的总目标"的"国家治理体系和治理能力现代化"，当然，其前提是"完善和发展中国特色社会主义制度"，即通过"现代化"的国家组织与管理，改进国家治理体系和提升国家治理能力，来"不断推进中国特色社会主义制度自我完善和发展"（《说明》第49页）。因而，《决定》意涵的"国家治理体系和治理能力现代化"，更重要的是在于制度、体制、机制的合理建构和调整发展。

这首先是通过制度化来建构国家治理体系和提升国家治理能力，当然这也是现代国家和现代化发展的必然归结，即"现代化＝正式化"的不断演进过程。"制度"一词在《决定》和《说明》中，同"体制""机制"用语一样出现的频率非常高，体现出了改革政策决策者对国家治

理以及治理能力和现代化的基本理解。关于"制度"和"体制""机制"用语的使用，如从"坚决破除一切妨碍科学发展的思想观念和体制机制弊端，构建系统完备、科学规范、运行有效的制度体系，使各方面制度更加成熟更加定型"等表述来看，强调的是科学化、理性化、规范化、正式化，这完全可以与国家发展和国家建构的现代化等同起来（《说明》第48页）。因此，《决定》追求的国家治理体系现代化，也就是国家治理的制度、体制、机制的健全、完备与改革，或许是中国希望通过全面深化改革来进一步体现现代国家统治或治理的"国家理性化"特征或"国家中性化"特征。

其次，这里所说的国家治理体系现代化，即对制度、体制、机制的调整还意涵了"新中央集权"体制的建构。这既可以从全面和深化改革的提出中看到，还可以从《决定》规定了的"中央成立全面深化改革领导小组，负责改革总体设计、统筹协调、整体推进、督促落实"[①]以及设立"国家安全委员会"等中得到相应的观察（第52、57、58页）。当然，这也是《规定》泛指的制度、体制、机制的重要环节。而现代国家治理视域下的制度、体制、机制的建构，特别是在向"福利国家政策"转型过渡阶段，"新中央集权"的出现有其合理性和必要性，而且也成为当前中国为了克服国家治理失效这一中国问题的路径选择。

同时，也和十八大报告一样，虽然还要继续坚持"摸着石头过河"这一传统的渐进实验式的改革发展模式，但关于"顶层设计"前提下

---

① 相关动态，参见："中共中央政治局召开会议　决定成立中央全面深化改革领导小组　研究部署党风廉政建设和反腐败工作　审议通过《党政领导干部选拔任用工作条例　中共中央总书记习近平主持会议》"[N]，《人民日报》，2013年12月31日。

的制度建构、体制和机制调整的改革政策推进方式，在《决定》中得
到了重视和强调。这不仅体现在了对此次改革活动的组织与管理层面，
诸如《决定》具体描述了的"加快推进社会主义民主政治制度化、规
范化、程序化，建设社会主义法治国家""加强顶层设计和摸着石头
过河相结合，整体推进和重点突破相促进"等（第4、7页），可以说《决
定》通篇谈及的问题和方法都是围绕制度、体制和机制展开的。而作
为制度、体制和机制具体表现方式的《决定》提到的法治国家、法治
政府和法治社会等（第4、16、31页），作为现代国家则都是应该基
本建立在国家 = 中央的人民代表机关（立法机关）层面制定的全国性
严格统一的绝对法律约束基础之上的。

4. "国家治理体系和治理能力现代化"——国家治理的情态

一般意义上的"治理"，仅就现代国家的治理这一公共治理层面
而言，不仅包括了制度、体制、机制等相关的国家统治或治理的基本
要素，同时，正如"善治"等词语描绘的那样，"国家治理"更是一
种统治或治理的"情态"或人们的期冀。那么，我们在关注《决定》
作为全面深化改革的总体目标的"国家治理体系和治理能力现代化"
时，还有必要观察和发现改革政策文本试图表达或描述的中国未来要
去实现的，包括国家治理体系、治理能力、现代化等要素意涵的中国
国家治理的整体情态是什么。

关于中国追求的国家治理情态，可以从《决定》的具体表述中得出，
同时还可以从本节的前述观察中发现。如《决定》的"总论"中提出：
"坚持社会主义市场经济改革方向，以促进社会公平正义、增进人民
福祉为出发点和落脚点，进一步解放思想、解放和发展社会生产力、

解放和增强社会活力，坚决破除各方面体制机制弊端，努力开拓中国特色社会主义事业更加广阔的前景"（第2、3页）。这里表述的国家治理情态，可以理解为经济发展和生产力的提升，即现代化、工业化的推进，以及本章表述的"福利国家政策"的达成等所衍生出的改革目标实现后的情态。这些也许可以用国强民富、社会公平、公正秩序来阐释。

其次，进一步与前述分析相关联，我们还可以从《决定》的最后部分，也就是第十六部分关于"加强和改善党对全面深化改革的领导"中得到部分国家治理情态的描述。这里提到的，"思想和行动统一""中央关于全面深化改革重大决策部署""保证政令畅通，坚定不移实现中央改革决策部署"以及计划设立党中央统管改革的"全面深化改革领导小组"等（第57、58页），突出强调和表达的应该是，通过合理建构或完善制度、体制、机制等，改革决策者对国家治理或国家统治失效、国家治理能力不充足得以克服消解的一种期待情态。或许，这种情态表述可以具体置换为制度、体制、机制的现代化，或者是现代国家治理、现代国家建构和现代国家能力等。

三、"国家治理体系现代化"：中国的国家治理改革

由于现代国家治理体制的建构对于中国而言具有较强的政策适应性和现实性，在此有必要联系向"福利国家政策"阶段变迁过程中的现代国家建构问题，并将我们的思索进一步引入到关于现代国家公共行政体制乃至政治体制改革等未来改革的课题讨论中。

由于中国所处的现代化发展阶段的特点，使得中国当前国家治理

或国家统治层面的公共治理变革呈现出正式化、集权化、现代国家化等内含了适应向"福利国家政策"转型的现代国家建构特征。不过，由于中国自身特殊的政治结构影响，关于这种正式化的法律化实现程度以及集权化的国家集权程度等还将是直接左右中国未来现代国家化的主要因素，当然我们也可以把它作为中国国家治理进一步发展的课题来提出。如果这样，那么从政治体制改革的角度展望中国未来的国家治理现代化或现代国家建构①，进一步提升中国改革的全面性、整体性等也许显得非常迫切。

（一）从中国国内制度脆弱性特征看国家治理现代化改革

在本章的初始部分，结合笔者在上一章谈到的中国这一轮行政体制改革的实施，深化了关于改革课题的讨论。围绕这些改革课题的探析，最终归结到未来改革机制的有效建构、国家治理体制的体系形成，以及民主和法治条件下的制度生成等命题上，而其问题意识主要出于对当下现实中国行政体制以及行政活动特征的基本思考。具体而言，这一思索逻辑还是从对现实中国国内制度的脆弱性特征的观察而生成出来的②。这里包含两方面内容，一是中国国内制度的供给不足，尤其是涉及国内统治或国家治理的制度严重供给不足，因而需要进一步的正式化补充或充实严重脆弱的国内制度。二是即便存在一定存量的国内制度，但由于政府能力或国家治理能力的原因，不能使其发挥足

---

① 王沪宁：《着手改革，必须对"文革"有深刻反思》，《凤凰网》，2012 年 10 月 10 日：http://news.ifeng.com/history/shixueyuan/detail_2012_10/10/18139449_0.shtml。
② 白智立：《日本行政改革比较研究》［M］，国家行政学院出版社 2012 年版，第十一章。

够的功用，同样造成国内制度的脆弱和国家治理失效的行政现象或中国问题。

因而，中国的行政变革可能更需要从如何有效克服国内制度脆弱性特征来谈起。也就是说，即便是强化行政制度或落实行政制度，或是与之相伴以其为主旨的改革活动，对于中国而言都常常具有强烈的行政变革的意义。这是因为，这不仅是中国改革开放政策实施以来长期主动追求的被称为"制度化"或"法制化"的理想目标，而且也是对传统的统治模式或国家治理方式的范式转换，因而显得异常艰巨复杂和艰难，一直以来没有得到完全和真正的实现，需要不断的改革推进加以消解。

因此，如果从现代国家是法治国家、现代行政是法治行政和公共行政的视角思索的话，我们对中国这一国内制度脆弱性现状或特征以及中国问题的基本判断，或许可以换言之为中国国家的现代性以及国家治理或政府行政的现代国家特征不够充足。而推进公共行政或现代国家建设以及法治行政和行政现代化，向现代国家治理体制的不断接近，是走上现代化发展道路的中国的必然归宿，当然需要通过行政法律化等努力夯实中国国内制度的基础，更多体现现代国家的基本特征。

所以，我们更加需要从现代国家建构的视角思考中国改革的现实意义，否则，特别是中国如此大规模国家的治理，不可能克服时下复杂多样且深刻的社会问题。而且在中国，已经出现了在实现巨大经济发展和繁荣背景下的政府行政难以应对众多复杂深刻公共课题的行政现象。因而，现代国家的基本特征如何进一步反映到中国国家统治或国家治理实际中，或许是消除这一行政现象或解决中国问题的基本路径。而十八届三中全会的改革方案，特别是关于"国家治理和治理能力现代化"的提出，其主要设想还是在于通过全面改革，调整和完善基本国家制度、体制和机制，通过实现国家治理现代化这一国家治理变革来克服国家治理失效问题。

这一改革政策提出的具体措施方略等，确实对上述中国问题和当下现实具有较强的回应性和适应性，更重要的是与中国正在向"福利国家政策"转型具有较强的联系。公共行政学主要从三个方面总结出了现代国家的特征，即职能国家特征、福利国家特征和行政国家特征[①]。而正是由于保障人们的包括生存权、生活权和社会权等在内的基本人权，成为了现代国家的基本权能，因而职能国家特征和行政国家特征又紧紧围绕福利国家特征得以延伸和凸显。因此，"福利国家政策"也就成为了现代国家治理或公共行政管理赖以发展的基本宏观政策架构或行政环境。

同时，现代国家的治理体系和治理能力，总是围绕政府职能、政府体系、政府规模、资源分配、行政责任等基本命题展开，而现代国家的基本治理目标则在于"福利国家政策"实施前提下的围绕基本公共服务均等化这一基本国家课题，如何通过政府权力的公正行使来实现全国标准统一的公共服务的公正分配、社会公平。在这里显现出的现代国家的一般特点是：国家即中央政府通过制度确立、标准划定、转移支付等出现了新中央集权的趋势；同时，由于地方政府承担了大量公务服务供给活动也出现了地方分权趋向；并且由此国家和政府的

---

① 关于现代国家的讨论，参见：[日]西尾胜，《行政学》[M]，毛桂荣等译，中国人民大学出版社 2006 年版。

作用在"福利国家政策"阶段逐渐增大且政府规模变得庞大,因而现代国家的治理体系建构或变革以及治理能力提升最终要面对的是如何有效监督"福利国家政策"推行的政府活动的行政责任这一终极政治课题。

(二)政策转型条件下的国家治理变革课题

以下,我们进一步探讨本章最初提出的三项中国行政体制的改革课题与国家治理变革之间的关系,并以此结束本章的讨论。

首先,中国改革活动中呈现出来的"国家治理"概念更接近于徐湘林所说的"国家的最高权威通过行政、立法和司法机关以及国家和地方之间的分权对社会实施控制和管理的过程"[①]。如果这一判断妥当的话,那么,中国"国家治理体系和治理能力现代化"改革指向的应该是现代国家的建构,即通过全面深化改革使得行政、立法、司法以及国家体系等国家统治或治理的构成要件更加具有理性化、中性化和现代性特征(《决定》第四、五、八、九、十、十三、十五、十六部分)。在中国特殊政治结构的条件下,如果能够通过全面改革调整国家权力结构而有效发挥这些国家统治或治理构成要件的基本功用,无疑对当前国家治理变革具有现实而重要的意义。

其次,这一国家治理现代化或现代国家建构课题的提出是在中国向"福利国家政策"转型变迁过程或阶段出现的,因此,相关改革政策的设计只有与中国的阶段性特征或现实中国问题相适应才具有真正

---

① 徐湘林:《中国的转型危机与国家治理:历史比较的视角》[M],陈明明主编《转型危机与国家治理》,上海人民出版社 2011 年版,第 45 页。

的有效性和实效性。由于"福利国家政策"的特点在于全国性标准统一的基本公共服务均等化的实施，同时中国的国家治理需要不断提升其合法性和权威性来构筑国家治理与社会公众之间的基本合作关系等，因此包括行政体制改革在内的中国全面深化改革活动等都需要进一步体现法律化、民主化等现代国家特征，以保证"福利国家政策"的有效设计和公正执行。

最后，"福利国家政策"的有效达成，既需要推动行政体制改革来实现法治政府目标，同时，更因为这一政策发展阶段往往会出现政府权力、政府规模极度膨胀等行政现象，特别是对中国而言，则需要尤其关注现代国家治理中的责任体系建构、功能分化以及权力明晰化问题。如，作为政治机关的政党、人大等，如何在作为政治过程和政策过程的国家统治或治理的范畴之内，坚守政策设计和政治监督的固有领域，来理清和规避政治的行政化现象；作为司法机关的审判机关等，如何实现基本基于人大制定的法律规范来独立判定政府行为的合法性和行政责任。而作为中国根本政治制度和宪法或体制层面最高权力机关的全国人大以及作为地方公众的代表机关的地方各级人大，在"福利国家政策"阶段不断深刻化了的政府权力扩张和行政裁量增大等现实背景之下，其现代化的建构更应该在于如何实现对国家统治或政府活动的有效政治控制以及国民权利的最终拥护。

而这些，都构成了中国国家治理现代化改革或现代国家建构以及当前和今后国家治理变革的核心课题。

余论：中国现代国家发展进程中的法治国家化改革

（一）从十八届三中全会到四中全会

党的十八大以来，我国最明显的执政特征表现为全方位改革的启动和推进。这与之前中国社会凸现的改革思潮涌起相呼应，在现实政治层面形成了促动改革变化的基本态势。这在 2013 年党的十八届三中全会作出的《中共中央关于全面深化改革若干重大问题的决定》中得到了充分验证，同时也在党的十八届四中全会作出的《中共中央关于全面推进依法治国若干重大问题的决定》里得到进一步体现。

应该说，改革成为了中国当前政治生活和国家发展的主要内容，这在一定程度上回应了中国社会要求变革的深刻诉求，对中国社会的整合具有积极的意义和影响。如果我们从三中全会到四中全会发生的变化来观察这场改革实践的特征，可以发现其实质内容不仅在于通过进一步的赋权来重启和推进市场化改革的议程。与此同时，我国还在积极推进强调顶层设计的新集权化，以及与此相关的强调法治国家建设，以制度化、正式化等国家中性化、理性化为主要内容的对国家治理结构和方式的改革。

而关于后者的改革指向，即"推进国家治理体系和治理能力现代化"改革方针的提出，对于已经取得巨大工业化成功和经济繁荣发展的中国来说，具有更加深刻的意义。这是因为，我国在基本实现 20 世纪确定的工业、农业、国防和科技现代化国家目标之后，又开始了新一轮现代化改革进程，而且将其重心置于国家治理结构和能力层面，甚至被称为"第五个现代化"国家目标的提出。

应该说，改革决策者并没有因为之前预设的改革目标已基本实现而停止关于中国未来改革发展的思考，而是基于其较强的"政策转换"学习能力，适时发现了中国经济社会发展的核心问题，进而作出了进一步促进现代化发展的、旨在促进中国现代国家建构和发展的改革战略。其中的重要表象就是两个全会决定凸显的强调体制、机制、制度等的法治国家化改革目标。这实际上是在宣示，我国的现代化进程仍在继续，是在通过法治国家化等改革来进行国家治理结构和方式的调整，进而推动中国的现代国家建构和发展。

（二）现代国家与法治国家

现代国家是法治国家，法治国家是现代国家的基本特征。推进现代国家的建构和发展，必然要促进法治国家的建设。我国提出了"推进国家治理体系和治理能力现代化"改革目标，那么就不可能回避法治国家化这一现代国家建构和发展课题。也就是说，我国提出的进一步现代化的国家发展课题，必然包含了现代国家、法治国家建构和发展的议题。

而现代国家的法治国家化水平，主要取决于法治主义是否得以确立。一般而言，测定法治国家化的标准主要在于国家治理过程中能否高度贯彻"法律优越""法律保留""司法审判"等法治国家的基本原理或原则。即，体现人民和国家意志的、由人民的代表机关制定的法律，在国家治理过程中能否获得至高无上的优越性；个体的权利能否得到法律的保障而不受到法外权力的侵害；司法审判部门能否通过获得高度的独立性而实现法律实施的公平和公正。

这些法治主义原理或原则如果出现欠缺，就不能称为法治国家或现代国家。换言之，我国推动的现代国家建构和发展，以及正在推进的法治国家化改革只有对接到法治主义的基本要求上，才能体现中国的国家现代性、国家的现代化以及法治国家化。而特别是在四中全会的决定中，上述现代国家的法治国家原则都被较多地以改革政策的形式表述或规定，如对宪法和法律地位的强调、关于法律与公民权利的阐释、司法审判的独立性问题等。

当前，从我国已经制定的法治国家化改革政策来看，大体是朝着现代国家的法治国家方向发展的。也就是说，我国基本确定了现代国家、国家的现代化、法治国家化发展的基本改革方向或战略，今后将通过更为具体的设计和实施逐步全面推进相关改革进程。应该说，中国的法治国家化改革实现了较好的启动，确定了基本改革战略，并具备一定的具体改革措施，对于未来的改革我们可以给出较为乐观的估计。

之所以会得出这一初步结论，还与我国已经进入到了以"全面建成小康社会"为主体内容的福利国家政策阶段相关。在这一现代化发展的政策阶段，由于涉及国家主体针对全体社会成员的利益再分配，通过国家主导的公共服务的生产和供给来对全体国民整体覆盖，进而使得国家权力全面管理人们的社会生活。因此，无论是社会利益整合，还是国家权力的规范，都需要通过法治国家化的改革途径来保障规模不断增大的公共服务实现公正、公平分配，国民权利得到有效保障。这一当前中国的宏观公共政策的决定性，更是我们思考中国法治国家化改革所不能忽视的因素。

（三）法治国家化改革的未来课题

在超大规模的中国能够实现工业化或经济发展的现代化，已经创造了世界发展史上的奇迹，而今后的法治国家建设、现代国家建构和发展的成功，必将创造新的历史奇迹。也正是这样，中国的法治国家建设可能有更长的一段路要走，其困难程度甚至会超出我们对中国经济发展速度的想象。因此，对中国的法治国家化改革，应该有更为长远的考虑和长期战略思维，并通过对法治国家化改革进行有效的组织和管理，以保证法治国家建设和现代国家建设逐步推进和发展。为此有必要进一步思考我国法治国家化改革的未来课题。

首先是法治国家建设的长期性课题。法治国家、现代国家，特别是法治社会的建构和发展，并非仅仅是制定一定的制度、形成一定的机制和体制就能够成功实现的。一般需要一个长期的历史发展过程，才能够真正确立下来。否则就会出现制度与现实分离等现代国家建构和发展中经常发生的不良改革现象。因此，把握好法治国家化改革的复杂性和艰巨性，在一定改革战略前提的引导下，分阶段有计划主体推进就显得越发重要。

其次是法治国家化改革的有效组织与管理课题。法治国家化改革，实际上是国家治理模式的变革，非常需要有效的顶层设计。因此有必要加强对改革主体、改革体制、改革计划、改革程序、改革内容等改革推进进程的有效组织与管理。其中，最为重要的是如何保证改革本身的权威性和实效性，因而更为开放式的、参与式的、法定式的、公开式的改革推进方式就成为今后的课题。

最后是法治国家建设与民主国家建设的双重课题。与以上课题相关的是法治国家建设，必然伴以民主国家建设。这是因为法治国家是建立在宪法、法律前提基础之上的，而宪法、法律需要由人民的代表机关议决才能具有权威性，因此作为人民代表机关的全国人大的代表性，及其作为国家最高权力机关的优越性等如何进一步加强则是需要探讨的课题。除了通过回归宪法的法治国家化改革来确立全国人大的主体地位之外，还有必要思考如何建构具有中国特色的地方自治、分权治理体系的课题。这主要与我国的超大规模国家特征有关：为保证法治国家化改革的成效，国家适度让渡部分主权给地方的分权自治治理形态也应该成为我们思考中国的法治国家化改革的长远课题。

总之，法治国家建设同已经启动的进一步市场化的改革一样，其改革指向得到了中国社会的赞同，形成了基本的改革共识。而当前的改革由于涉及国家统治、国家治理的结构和方式，与中国国家的未来发展密切相关，因此非常需要认真、慎重对待以及思考、讨论。以上法治国家化改革未来课题的提出，就是出于对此项改革的重大性的深切关注。而中国的法治国家化改革或者现代国家建构和发展以及治理体系和治理能力现代化等，恰恰都是中国政治体制改革的基本内容，非常有必要将其正式纳入中国的政治体制改革思考中全盘考量和探讨。

【参考文献】
［1］《中共中央关于全面推进依法治国若干重大问题的决定》（2014年10月23日中国共产党第十八届中央委员会第四次全体会议通过），《财新网》：http://www.caixin.com/2014-10-28/100744073.html。
［2］［日］西尾胜：《行政学》，有斐阁1997年版。
［3］［日］松下圭一：《政策型思考与政治》，蒋杨译，社会科学文献出版社2011年版。

第三章

"1978 年体制"之下的中国国家治理模式及改革

　　本章主要探讨"1978 年体制"之下的国家治理模式以及对其进行的改革。"1978 年体制"之下的国家治理模式，是指改革开放以来形成的以实现"经济国家"的国家目标而建构的中国国家治理模式。中国共产党十八届三中全会通过的《中共中央关于全面深化改革若干重大问题的决定》，则明确将所要推动的大规模改革的目标确定为"完善和发展中国特色社会主义制度，推进国家治理体系和治理能力现代化"。因此，我们完全可以将这一改革活动视为或理解为中国正在尝试进行国家治理的改革。而且，从改革推进过程和改革政策实施的内容来看，改革活动的实质意义还在于修正改革活动开始之前就已经变得较为成熟稳定了的本章所说的"1978 年体制"之下的中国国家治理模式。

我们在第一章的讨论中，聚焦中国国家精英执政伊始提出的"中国梦"政治动员话语，析出了中国当时面临的政策转型与国家治理非均衡性国家治理课题。进而在第二章中，详细讨论了改革政策决策者的相关改革政策文本，得出了中共十八大以来推进的中国国家治理现代化改革所具有的正式化、"新"中央集权化以及现代国家化等特征和特点。本章则在此基础之上，继续关注发展至今的中国国家治理现代化改革，提出这场国家治理改革或变革的目的更是对"1978年体制"之下的国家治理模式——改革开放以来直至中共十八之前形成的以实现"经济国家"国家目标而建构的中国国家治理模式——进行的较为全面的修正。

中国改革开放政策实施之后业已形成的对当下中国仍保持较大影响，且在此国家治理模式之下已经创造出巨大经济发展、或许开始日益变得"传统"的国家治理模式，究竟表现为怎样的治理结构形态则是本章重点观察和总结的问题。在这一问题思索的前提之下，本章尝试厘清"1978年体制"之下的中国国家治理模式的"功"与"过"，进而比照中共十八大之后延续至今的国家治理改革现状，探析中国的改革方向，以期对中国未来国家治理的发展进行展望。

一、中国的国家治理形象

（一）中国国家治理形象的表征

如果从1978年算起，改革开放政策实施至今已经40年，今年是非常值得纪念的中国改革开放四十周年。① 在此，我们先从比较行政学的研究视角，探讨一下改革开放政策实施之后到中共十八大之前，也就是"1978 年体制"之下的中国国家治理形象。这一形象的形成，主要是同部分发展中国家和发达国家的比较得来的，主要包含以下特征。

首先，应该说存在很多正面或积极的中国国家治理形象。在改革开放政策实施的几十年中，中国取得了经济社会巨大发展的卓越绩效，由此一般认为中国没有必要修正或改革自己的国家治理模式。这是因为，中国的经济发展模式或"中国模式"一般被看作是政府主导型，甚至是地方政府主导型的经济发展模式，② 国家或中央政府以及地方政府在中国改革开放政策的有效实施，以及在成功推动经济高速发展过程中发挥了显著作用。而中国取得的经济发展成绩或"世界奇迹"，已经证明了这一阶段形成的中国国家治理模式是不需要改革的成功模式。

中国旨在促进经济发展的国家治理模式所具有的能动要素也被指出很多：首先是中国具有系统完备的官僚体系。大多数发展中国家由于不具备这一要件，无法有效实施国际组织等提供的发展援助，这无疑证明中国确实已经具有了经济政策实施的组织条件。其次是中国国家统治的效率性比较高。如特别是同发达国家相比，中国作为国家的政府权力较大，且决策迅速、政策转换能力强，能够展开决断积极的

---

① 日本学者高原明生研究认为，中国的改革开放政策，从历史研究的角度来看，应该始于二十世纪 70 年代初期，即 1971、1972 年左右。不过，由于本文主要探讨改革开放政策环境之下的中国国家治理模式，因此还是采用我国一般广泛认同的、成为改革开放政策契机的召开十一届三中全会的"1978 年说"。[日]高原明生、前田宏子：《シリーズ中国近現代史⑤開発主義の時代へ 1972-2014》，岩波新書 2014 年版、第 2 — 3 頁。

② 请参见本书第五章的相关分析。

行动；同时，中国又和很多发展中国家一样，是一个"小政府"，即政府规模较小，因而地方治理对国家的发展至关重要。最后也是与发达国家比较而言，就是中国以国家为代表的公共部门不仅具有很高的权威性——权力一般不受控制且能够被社会广泛接受，而且从事公务活动的公务人员个人——其权利一般不区分"公"与"私"的边界，甚至可以获得令人称羡的"特权"。

这一比较视角之下的中国国家治理形象，具有较强的相对性，尤其是中国在其长时段的高速发展过程中，时常处于发展中国家和发达国家之间，因此，这些国家治理特征时而被看作是促进经济政策实施的积极要素，有些则甚至被自己看作是需要不断修正的过渡状态或消极要素。但是不管怎样，从为经济高速发展达成的政策手段的选择来看，或许都很难以二元对立的方式来作出绝对的价值判断了。

同样，中国经济长期高速发展中业已形成的作为国家统治或国家治理的规范而被采用的"试验式改革方式"也被广泛认为是中国经济发展的重要构件。[①] 而这种实际的改革推进方式，如果严格地从法治国家建设这一中国宪法倡导的国家治理目标来看，则又是一种中国法治欠缺的表现，会成为消极的国家治理形象而被提出。还有就是国家治理主体的变化，又会轻易带来公共政策的转换和制度的随意变更，中国还存在领导者自由意志具有很强决定性的国家治理形象。当然，如果从现代国家建构视角来观察，虽然这些国家治理形象或许带有更多的负面或消极的价值认知，但是如果放在效率优先或速度优先的制度和

---

① 请参见本书第五章的相关分析。

社会经济发展环境下观察的话，也会转换为正面或积极的价值认知。

从比较行政学的角度加以分析和观察的话，在从发展中国家向发达国家迈进、从计划经济体制向市场经济体制彻底转型、从经济国家政策向福利国家政策转变等中国所处的宏观公共政策环境之下，中国的国家治理形象也具有比较行政学归纳出的过渡型国家治理的一般性特点。这首先是制度与现实脱离的一般性特征；其次是国家或政府的意识，在快速变革的社会经济条件下，不自觉地落后于社会意识，即所谓的社会与政府行政间的"文化鸿沟"特征；最后是公共或公务空间与私人或个人空间之间存在价值混同的"异质性"特征。[①] 由此，我们完全可以基于中国是世界上最大的发展中国家，同时还是经济发展最为成功的发展中国家这一标准来观察中国的国家治理形象，从而得出中国的国家治理模式还残存发展中国家国家或政府治理特征的结论。

（二）中国国家治理形象的特质

不过，通过以上的中国国家治理形象描述，即便我们能够发现中国所具有的发展中国家国家治理模式应该带有的部分特征，但是还不能发现区别于大多数国家的中国自身与生俱来的国家治理模式特质。关于这一点，在比较行政学的研究中，无论是与众多发达国家还是与发展中国家比较来看，最为困扰行政学研究的难题就是关于中国国家治理或政府治理的讨论很难适用行政学的政治与行政二分论范式，甚至可以说中国的国家治理模式应该建构在政治与行政未分论范式之下

---

① ［美］费勒尔·海迪：《比较公共行政》（第六版）［M］，刘俊生译校，中国人民大学出版社 2006 年版，第 339-344 页。

加以观察——中国的国家治理结构，实际上没有严格地区分政治与行政之间的功能差别，而处于政治与行政的未分状态——这可能是行政学研究和比较行政学研究可以简单得出的粗浅笼统的对中国国家治理形象的认识。当然，这也无形中加大了行政学之于中国的研究难度。

关于这个问题的理解应该是多方面的，其中，社会主义国家这一中国国家治理的基本属性带有较强的决定性。同传统的社会主义国家的国家治理模式相比，在中国的国家治理结构之中至今仍然留存的最为显著的要素，应该是中国共产党（以下简称党）的领导以及由此伴生的集权化的国家治理结构，还有就是由此衍生的作为比较行政学研究命题的国家或政府行政的政治化、中国政治的国家或行政化、政府官僚机构的政治化、中国政治的官僚机构化等等。不过需要注意的是，与前述中国国家治理形象所具有的发展中国家特征相关，从宪法明确规定了的正式制度来看，中国在正式制度层面早已具备了现代国家的制度结构和体制特征。①

结合本章讨论的"1978年体制"之下的中国国家治理模式研究目标，可能需要进一步思索的则是：这一具有现代国家体制特征的制度层面的中国国家治理构造，与中国的社会主义国家这一中国国家治理的基本属性以及中国所具有的发展中国家国家治理的一般特征如何叠加，进而产出中国经济繁荣的发展绩效的。关于这一主题，我们将在本章第二节之后具体展开，在此如果进一步思考中国国家治理的特质

---

① 中国宪法正式确立了宪法至上、法治国家建设、人民的代表机关全国人大为最高权力机关等基本原则，并明确规定了国家机关的具体构成和责任体系等，这些都表明中国已经完成了制度上的体制建构。

的话,那么中国专家学者关于中国国家治理结构分析中的"国体"与"政体"概念的区分应该具有一定的解释力。也就是说,在这里,诸如"党的领导"等中国的社会主义国家这一国家治理的基本属性成为了需要永久护持的"国体"要件,而中国制度层面已经具有的现代国家结构和体制特征则被视为"国体"护持之下的"政体"要件。这样一来,在"国体"优越的语境之下,中国的国家统治或国家治理结构以及国家治理模式或形象,势必具有"政体"围绕"国体"建构或实际运转等结构性特点。

我们暂且不去讨论这一中国的国家统治或治理模式或形象可能或已经带来的泛政治化和泛国家化、泛行政化现象,其极端的表现形式甚至表现为这一过度的泛化反而可能是国家、政治在中国出现去功能乃至缺失问题;我们也暂且不讨论它可能或已经引发"国体"或"政体"由于政治或国家的"泛化"现象而促成国家和社会的分离,而出现社会"缺失"现象。但是,"国体""政体"二分论,确实对行政学研究而言起到了唤醒我们关注中国实际国家治理特征的功用。同时,这也对本章第三节思考中国当前的国家治理现代化改革提供了重要契机。被学者称为中国未来实现"第五个现代化"的旨在加强国家统治、法治以及集权化国家治理的当前阶段的中国国家治理现代化改革,其最重要的意义应该在于提出了国家统治、国家治理和国家能力的现代化等中国现代国家建构的问题,从而引发了我们对"1978年体制"之下的中国国家治理模式的进一步思考。

二、"1978 年体制"与国家治理模式

（一）"中国模式"语境下的国家治理的总体特征

有关"中国模式"的讨论，现在已不多见，但是毋庸置疑，有关中国模式问题的讨论，对于我们思索"1978 年体制"乃至当前进行的中国的国家治理现代化改革都是非常必要的。以 1978 年的十一届三中全会为始端的中国改革开放直至中共十八大之间的三十多年，中国采取的公共政策可以表现为"经济国家"政策，而中国这一时期的国家治理模式应该是"经济国家"的建构模式，并在此基础之上确实实现了经济发展和巨大繁荣，因而"1978 年体制"之下的国家治理模式，基本上实现了中国宏观公共政策所追求的终极目标。那么，成为创造这一在十亿以上人口大国实现经济发展现代化的人类发展史上奇迹基础的制度、体制、机制到底是什么，则是本节需要探讨的问题。

一般而言，我们可以将发展模式定义为有效实现发展目标的政策手段的组合方式。那么，中国已经推进了中国经济发展的国家治理模式应该可以称得上是一个较为成功的发展模式。虽然"中国模式"一词现在鲜为人们所使用，但如"中国道路""中国特色社会主义"等用词，作为正式的意识形态话语，仍然继续存在。特别是在 2012 年的中共十八大政治报告等面世之后，诸如"道路自信""理论自信""制度自信"以及"文化自信"等表述，则更能确定正式的意识形态对中国国家治理基本模式的总体肯定。

一般来说，中共十一届三中全会使中国实现了向经济发展政策的基本转型，从而开始建立了"1978 年体制"这一"经济国家"模式，

并通过本章前文提到的坚持"党的领导"这一"政体"护持的社会主义国家基本属性的延续，以及本节看到的"分权型权威主义"国家治理模式的建构，中国迈向了实现工业化、现代化发展的"经济国家"历史阶段。这一阶段的总体特征主要表现为，一是新自由主义思想主导下的改革开放政策的实施，改革传统的计划经济管理方式，积极引入市场原理和竞争原理；二是采取和缓的国家统治方式，改革传统的一元化领导模式，开始强调法治和民主在国家治理中的作用；三是由此出现了最大动员型的国家和社会关系，最大限度地动员了政府（中央政府，特别是地方政府）、社会（包括传统的企事业单位在内的社会组织）、个人（公共部门和社会的广大成员），参与到经济发展之中。

与本章关于国家治理模式的探讨相关，这里需要注意的是，由于这是在从计划经济体制向市场经济体制转型过程中发生的，因此，对政府及其成员的动员则显得更为重要。这在一定程度上也体现在中国的行政学学科建设之中——即由传统的行政管理学向公共行政学乃至公共管理学变化的轨迹，实际上反映了中国的国家治理模式在这一阶段的发展变迁过程，并使其日渐成熟和稳定，具有非常强的象征意义。在此，需要回答"1978 年体制"之下的中国国家治理模式的基本结构具有哪些特点的问题。本节主要从"双重的组织结构""双重的分权结构""双重的价值结构""双重的效率结构"这四个方面来尝试加以回答。而如果从结论先行的方式预先设定这一讨论的结论，那么，"分权化"的形态或特征应该贯穿了这四个"双重"结构的始终。

（二）中国国家治理模式的四种结构

1.“双重”的组织结构

结合本章前述中国国家治理形象的特质探讨，中国国家治理模式特征中最具国别区分意义的内容，应该是中国特殊的政治结构——即与前述"国体"和"政体"二分论紧密联系的中华人民共和国成立以来长期形成的传统的党政体制，也就是党或执政党优越的"党治体制"——执政党－国家体制（一般简称为"党－国体制"）。

不过，同一般意义上我们对作为中国唯一执政党的中国共产党全面覆盖中国政治、国家以及社会整体的理解不同，"1978年"体制之下的"党国"国家治理方式，正如"国体"和"政体"二分论这一表述所展示的那样，经过改革开放以及20世纪80年代以来的国家治理改革等的洗礼，中国的国家治理结构呈现出了"党"和"国"的区分态势。这主要表现为，虽然中国仍然留存了"党"在重大政策决策权、干部管理人事权、整合意识形态的思想权、领导军队的统帅权等中国传统的国家治理特征，但是同时通过宪法结构的重新确立，作为国家重要实体的政府，也就是中国宪法规定的国家——具体表现为由宪法确定的多个国家机关构成的国家体——更鲜明地成为了对外具有代表性和对内具有合法性的基本中国国家载体。

而一般认为覆盖包括国家在内的对整个中国实施领导权的"党"的组织，并没有被包含在这一系列的国家机关之中，只是被笼统和概括性地描述在宪法序言中的政治话语里。因此，仅从宪法层面的观察来看，还是将"党"与"国"（国家）加以明确区别的，这也正是"1978

年体制"之下的中国国家治理模式最具象征意义的关键特征所在，使中国的国家治理结构出现了"党"和"国"二元区分的样态。并且与改革开放前的严格强调党的一元化领导的传统国家治理模式相比，甚至可以将此理解为中国出现了"党"向"国"让权的分权意涵。即便我们关于中国的国家治理模式实际运行的探讨，如何强调"党"的领导和优越也不为过，但是这一中国体制或国家治理结构的微妙变化是绝对不应该简单看过的。

而正是在这一微妙、复杂的中国国家治理结构变幻之中，虽然宪法意义上的"党"、中国的体制意涵等需要被不断地追问，法治意义上的中国的国家治理问题可能也会遭遇严厉的拷问，但是正如我们在"党"和"国"二分论中看到的那样，实际上，即便在国家机关的组织安排上存在"党"与"国"的机关重叠、重合、差别等组织机构现象，但是同改革开放前传统的中国国家治理模式相比，在中国的改革开放政策实施过程中和巨大的经济社会发展中，不仅国家的组织和人员的权力行使及能力结构发生了变化，而且在法治和民主政治推进过程中，要求它不断以不同以往的国家治理逻辑和规则规范自己，因而促使国家具有了一定的自主性、排他性乃至理性化、中性化特征。[1] 同时，实行向国家赋权或分权化了的"党"仍然在中国的国家治理结构中处于领导或优越地位，"1978年体制"之下其最为显著的功用在于，通过实现向旨在推动中国经济发展的经济国家政策转型，在这一绝对目标之下中国长期出现了为实现经济国家目标而对包括"国家"在内的

---

[1]　请参见本书第七章相关分析。

有的"双重"的组织结构和"双重"的分权结构特征，实际上已经引出了贯穿党与国家、政治与行政等的政治决策和政策实施过程中潜含的诸多价值结构要素。不过，结合旨在实现中国经济发展这一国家目标的"1978年体制"，我们需要关注的是那些可以直接促动或引爆中国发展繁荣的结构性价值要素的存在，当然，这主要与公共部门成员行为方式研究中的伦理规范相关。

"1978年体制"之下的中国国家治理模式，是建构在改革开放前的国家治理传统之上的。由于中国在这一国家治理模式的建构过程中，仍然延续了以党的领导为主要构成要件的中国社会主义国家的国家基本属性，因而强调"党""国家""集体"等绝对至上的价值观仍然被保留，"忠诚""无私"等公共部门成员的伦理规范仍然是对进入公共部门的成员的最高要求。对这一价值或伦理规范实际遵行的程度如何，我们暂且不去评判，但在"1978年体制"之下，符合这些价值或伦理规范的公共部门成员的行为方式被作为"典型"或"模范"等长期宣传褒扬，确实使其构成了中国国家治理模式中价值结构的一端。我们对其是否也是中国经济发展的体制性源泉这一现实功用需要展开进一步的深入研究，即便如此，既然经济建设和快速发展成为了党政体制长期追求的国家目标，那么，服从于这一国家目标的"忠诚""集体"的价值结构的存在本身则对本章而言就显得更为重要了。

这里我们需要进一步关注的是，除了上述"忠诚""无私""集体"等价值或伦理规范之外，"1978年体制"之下的中国国家治理模式中还存在不同以往的"另类"价值结构，从而构成了我们在这里需要深入思考的"双重"价值结构。这一另类的价值结构，应该说与上述传统的价值结构中突出的"无欲""奉献""精神"相反，更多地承认"权力""权利""利益""物质""金钱"的激励功用，实际上是一种将职务、晋升、荣誉、奖金、待遇等个人具体利益作为诱因而与改革绩效、经济发展绩效等对组织的贡献进行等价利益交换的公共部门人事管理机制或激励逻辑。这一利益诱因与组织贡献的利益交换机制所体现的价值结构，实际构成了"1978 年体制"之下中国国家治理模式中价值结构的另一端。其最大功用无疑在于，在中国经济社会发展水平较为低下和用于经济发展的可利用资源缺乏的中国现代化建设初始条件下，通过对较为丰富和较为卓越的公共部门人力资源的有效动员，不仅促动中国出现了最大动员型的现代化发展模式，同时也使得"1978 年体制"成为了投入和产出表现较好的效率型发展体制。

4. "双重"的效率结构

我们说"1978 年体制"是一种效率型发展体制，这主要是由于"1978 年体制"之下的国家治理模式所具有的以上三种"双重"结构促动产生或发挥的作用所致。同时，这一国家治理模式内含的效率结构仍然具有"双重"的特征。

首先，我们多次提到，"1978 年体制"之下的中国的国家治理模式，并非是在打碎改革开放之前的国家治理模式而全新建构起来的。这在本章前文中的关于"双重"的组织结构、"双重"的价值结构等中，都能明确观察得到，这也就是"1978 年体制"之下的中国国家治理模式所具有的低成本特征和低风险特征。而在对传统国家治理模式不进行根本性重构前提下的巨大中国经济发展和繁荣，我们应该认同其确实存在效率结构，或者已经构成了"1978 年体制"之下的中国国家治理模式的效率结构。实际上，如果深入探讨的话，本章探讨过的试验式改革方式、分权型政府体系等都与改革开放前的传统国家治理模式有着千丝万缕的联系，"1978 年体制"的形成本身更多地还需要在中国国家治理变迁的历史路径依赖中寻找其发展踪迹。

同时，在这里还需要关注的是，"1978 年体制"之下的中国国家治理模式虽然具有很强的分权特点，但是，实质上并没有放弃之前"举国体制"的国家治理传统。在中国的"经济国家"建构和创造经济繁荣的发展过程中，"举国体制"确实发挥了与之前不同意义上的"效率"功效。这一国家治理模式所爆发出的经济学意义上的效率特征主要是：通过大规模的政治动员，最大限度地运用现有和有限的资金资源、人力资源以及知识资源等而创出最多的产出，实现了传统党政体制护持条件下的经济发展的成功功效。这里所说的效率型发展模式，更在于对改革或发展巨大成本和风险的减降或规避，当然也内含了最大动员型的经济发展特征和对传统国家统治或国家治理结构的部分解体或分解。其最终的结果，还表现为在中国出现了显著的个人、社会、公共部门的个体或集团利益的形成或固化，而如何撬动"1978 年体制"之下的中国国家治理模式中业已形成的既得利益层，又成为了中共十八大后中国国家治理现代化改革的课题。

三、中国国家治理模式的课题与改革

（一）从国家治理现代化改革看"1978年体制"

"1978 年体制"之下的中国国家治理模式或改革开放后建构的以

"经济国家"的国家发展目标为前提的"1978 年体制",在实现了巨大经济发展绩效的同时,也内在了诸多需要改革的课题,当然这也成为中共十八大后中国国家治理现代化改革的部分内容。

首先,应该说,从行政学机械的效率观角度观察的话,"1978 年体制"之下中国国家治理模式中"双重"的组织结构所体现的传统党政体制的继续,确实使这一模式至少在促进中国的效率型发展上具有了"效率"功能,并使得中国这一时期的改革具有了"渐进式"改革的特点。在这里,我们应该承认在改革开放以来的中国国家治理模式之下中国所取得的政治、经济、社会等领域的巨大进步。不过,我们也应该看到,由于没有在这一模式持续三十多年的长期时段中完成实质性的国家治理调试或变革,同飞速发展变化的中国经济和社会形态或经济和社会的现代化相比,作为国家治理核心要件的法治乃至民主体制建构的现代化则表现的相对缓慢。如果从现代国家的国家治理而言,中国没有从根本上解决本章第一节也提到的中国的国家统治或国家治理乃至政治的缺失问题。特别是在中国社会利益急剧多元化、复杂化的经济社会长期高速发展变化过程中,也就是最需要国家统治或国家治理乃至政治的时代,而作为缓解和解决利益冲突最重要和主要手段的国家和政治却发生"缺失"现象,这不得不加剧了十八大后推进国家治理现代化改革的紧迫性。

其次,我们再具体观察"1978 年体制"之下的国家治理模式所具有的其他三种"双重"的结构特征。"1978 年体制"具有的最大功用应该在于中国经济发展国家目标实现的最大化,并且我们对其无论作出怎样的积极评价都显得不为过。不过,从中国的国家统治或国家治理的发展而言，该体制下中国国家治理模式中的"双重"的分权结构内在的问题，如它带来的国家统治或国家治理的混乱、无责任的管理体制、改革难以向深层次推进等，今天看来也确实比较明显，并成为了十八大后中国国家治理现代化改革首先需要面对而努力破解的课题。同样，与此相关联，"双重"的价值结构以及"双重"的效率结构中都内在了法治国家建设的不彻底、公共性的缺失、公众利益受损等对中国社会建构的破坏和高社会成本的课题。最显著的问题就是"1978 年体制"之下与中国的长期高速经济发展共生或产出的环境问题、腐败问题和收入差距这三大最为深刻的公共政策课题。

腐败问题可以说是十八大之后的国家治理现代化改革切入最深，也是治理成果最大的改革政策领域，也与环境问题和收入差距问题的发生有着密切联系，更与以政府主导型或地方政府主导型经济发展模式为主要特点的"1998 年体制"有着天然的联系。这是因为在这一体制之下，企业等经济主体只有依附于公共组织及其成员才能在激烈竞争的不完全市场中生存下去，使企业向政府及其成员寻租成为必然；而在又具有"双重"结构特征的这一体制之下的国家治理模式，长期高速经济发展的国家目标不自主地形成了对公权力约束和缓的制度条件，公共组织及其成员的经济利益等还成为了激励其追逐经济发展这一国家目标实现的正式诱因，因而也使得政府组织及其成员向企业等经济主体寻租成为必然。

这里实际上导出了"1978 年体制"之下中国国家治理模式的最后一个"双重"的结构——在国家不遗余力追逐经济发展目标和企业、社会、个人全身心追逐经济利益的过程中，二者形成了关于国家经济发展的完整的目标共识，这里的国家不仅具有经济政策的积极制定和实施的"经济国家"特征，而且还具有如地方政府等集体表现的积极引入企业经营方式来管理公共部门和地方事务的"公司型国家"治理特质，其实质就是国家及其组织成员在市场和竞争中求生存发展和企业等经济体也在市场和竞争中求生存发展的"双重"结构——即"双重"的生存结构，而深深地渗入中国的国家机体之中。其最终的结果就是，整个国家和社会在巨大的生存压力等的促发之下，经济发展目标和经济利益的追求成为这一"经济国家"和"公司型国家"得以运转的润滑剂，这时腐败甚至也同市场、法治一起成为了中国国家统治或国家治理的手段、工具或要件之一而得到默认，并成为十八大后中国的国家治理现代化改革首当其冲强力克服的国家治理课题。

（二）中国国家治理现代化的未来

通过以上讨论，我们完全可以得出这样一个结论：持续时间较长且显得比较成熟和稳定的"1978 年体制"之下的中国国家治理模式，虽然是在对改革开放之前的传统国家治理模式进行调试的基础上加以建构，而且在政策目标的实现和经济发展绩效层面产出了巨大成就的、比较成功的模式，但从十八大后中国进行的国家治理现代化改革来看，还不是中国最终完全确立的国家统治或国家治理模式。因此，我们或许可以说，中国还处在不断向稳定且可持续的国家统治或者国家治理模式的最终建构的方向发展变化之中。这可能就是中国推进被称为"第五个现代化"的国家治理现代化改革的终极目标和实际动机所在。

如果这一判断妥当的话，那么现阶段我们关于中国国家统治或国家治理现代化改革的未来，应该从当前中国公共政策层面的宏观结构和政策目标或国家目标角度加以展望。可以说，在"1978年体制"之下的国家治理模式作用之下，中国基本上完成了之前预先设定的"经济国家"政策目标，已经实现了向"福利国家"政策的转换，并通过多届政府的努力确实达到了一定的政策功效。从"福利国家"政策所具有的政策特性来看，其有效实现主要取决于国家统治或国家治理层面三个公共政策过程环节或功能实现的最大化：即相关公共政策的平准化设计、政策制定和实施的公正性体现以及政治控制的有效达成。为此，中国进行的国家治理现代化改革更需要促动以下五个方面的国家统治或国家治理体系建构，即新中央集权架构、制度性分权政府体系、国民权利保障体系、法治体系、政治责任体系的建构。

结合当前中国国家治理现代化改革，"福山热"现象非常值得关注。日裔美国学者福山关于现代国家建构的研究，联系到了中国的国家统治或国家治理建设，特别提到了现代国家统治或国家治理应该具备的体系化的官僚体制、法治国家和责任体系等三个现代性特征。而"福山热"对于中国而言更为重要的是，这一国家或国家统治、国家治理的探索和研究热情，很有可能是现代国家建构课题在中国的觉醒或自觉的表现。那么，以此为开端，中国能否通过中共十八大后推进的国家治理现代化改革朝着实现国家治理现代化——"第五个现代化"目标努力，而最终完成现代国家建构，创造继工业化、经济的现代化之后的新的中国"奇迹"，则是我们需要进一步深入观察的中国国家和政治现象。

而这一"国家治理体系和治理能力的现代化"改革，无疑会触及

和已经涉及法治国家建设和民主国家建设的现代国家建构的国家统治
或国家治理课题，正像中国已经提出"国家监察委员会的建立是一场
政治体制改革"的那样，中国的国家治理现代化改革已经向政治体制
改革延伸。2018 年召开的党的十九届二中全会审议通过了《中共中央
关于修改宪法部分内容的建议》，最终在宪法正文第一条第二款中规
定了"中国共产党领导是中国特色社会主义最本质的特征"的内容，
明确了宪法实体意义上的党的领导地位和作用。而通过十九届三中全
会之后直至当下强力推进的党和国家机构、职能的改革，中国最终完
整确定了正式化了的明晰的执政党——即中国共产党中心的国家治理
体系和国家治理架构，从而使十八大以来的国家治理现代化改革告一
段落。这些都深刻表明，中国当下推进的国家治理现代化改革不止于
对改革开放以来的国家治理模式的微调，中国的国家治理现代化改革
甚至是在促发中国国家统治或国家治理的结构性变动乃至范式转变。

　　通过本章以及本书第二章讨论中我们已经观察发现，从中共十八
大以来推行的中国国家治理现代化改革的表征来看，这一改革政策实
施的部分结果主要表现为对"1978 年体制"之下的国家治理模式之中
的"双重"的组织结构、分权结构、生存结构以及"双重"的价值结
构有较大幅度的修正。当然，这也势必作用或影响其他"双重"结构
的构成。因此，我们也可以说，中国国家治理现代化改革的实质意义
可能在于对"1978 年体制"之下的国家治理结构实施的较为全面的修正。

　　中共十九大确立了"习近平新时代中国特色社会主义思想"，适
时提出了中国近期和未来的国家发展目标，明确了中国国家发展的阶
段性特征，深刻阐明了中国国家今后面临的最主要的社会矛盾。其中

尤其重要和值得积极评价的是，十九大揭示出的当前和今后中国的主要社会矛盾被表现为"人民日益增长的美好生活需要和不平衡不充分的发展之间的矛盾"，而且这里所说的人民的"美好生活需要"，明确指向的是"在民主、法治、公平、正义、安全、环境等方面的要求"。可见，中国未来的改革发展任务异常艰巨。[①] 而这些标明中国进入"新时代"的国家发展特征，也确实部分体现在了当下推动的国家治理现代化改革之中。因此，我们可以说中国深入推进的国家治理现代化改革，可能是在通过国家治理变革，来努力确立有效克服"新时代"社会基本矛盾和有效实现国家发展目标的国家治理体系和治理结构，并且还在尝试努力给出一个社会主义国家成功解决国家治理发展课题的中国方案。

因此，这一修正"1978 年体制"之下的国家治理模式的中国国家治理现代化改革，是为了实现当下中国设定的国家目标而进行的改革路径选择，其成功达成的程度如何？还是为了修正传统国家统治或国家治理中存在的"弊端"的统治或治理机制的改革；还是一种国家统治或国家治理结构的变动或国家统治、国家治理的范式转换等，都是我们今后观察或评价中国的国家治理现代化改革的前提要素。但是如果联系本章前述的讨论，在此思索中国国家治理现代化改革发展的话，我们应该承认：中国特殊的政治结构之下实现法治、国家集权的课题，回归宪法、回归国家、回归政治的课题，克服国家与社会分离以及社会形成的国家治理改革课题等，都依然存在且艰巨，还需要中国进一

---

① 请参见本章余论。

步的努力。

最后，我们结合中国的国家治理变革实践，从比较行政改革研究的视角进而对中国改革政策中出现的"国家治理"政策话语或概念加以思索，以此结束本章的讨论。

本章中使用的"国家治理"概念，不同于近年来行政学研究中频繁出现的一般意义上的旨在诠释强调自下而上多元主体共治和政策网络管理的"治理"概念。相反，这里的"国家治理"概念更多地指向的是本来具有国家统治或国家治理合法性权威的国家执政体、立法府、政党等政治机关，通过自上而下合法性、权威性以及自主性的进一步提升，来促动公共问题解决的理想样态。纵观上世纪八十年代以来的世界范围的行政改革运动，虽然人们更多关注前者"治理"概念意涵了的公共服务领域多元主体大量出现的相关公共管理现象，但是，在此不能看过的是后者"国家治理"概念也同样对各国实际的行政改革实践具有较强的解释力。这主要是因为，在现代国家的行政国家现实特征表现深刻的当代，世界范围的行政改革活动还经常表现为行政改革与政治改革结合，以增进国家执政体等政治机关合法权威和优越，来积极应对艰巨的公共问题的发生。在深重的国际国内状况压力之下，这种形态的行政改革，确实已经在一些国家被强力推进。

从前述中国的国家治理变革实践状况来看，中国的国家治理现代化改革就是明显具有这种指向性的改革活动，应该说中国的国家治理变革不是孤立的国家现象，从全球规模的行政改革运动发展变化而言，中国的国家治理变革与其他国家改革活动具有共性，具有世界意义。同时，与改革实践密切联动出现在中国的"国家治理"概念，验证了处于一般意义上的"治理"概念另一端的"国家治理"概念的有用性，可以说中国等国的相关改革实践确实拓宽了我们关于治理问题的思考，也扩展了一般意义上的"治理"概念的内涵和外延。最后，从当前中国的国家治理变革状况来看，中国最终确立了较为系统完整的政党中心，也就是作为执政党的中国共产党中心的国家治理形态。这是当前形成的最具国别区分意义的中国国家治理形态的基本特点和最大特色。

余论：国家治理现代化改革视域下的十九大干部路线

（一）十九大报告宣示的中共干部路线

2017 年末中共十九大落幕，会议最为核心的内容应该在于适时提出了中国近期和未来国家发展目标，明确了国家发展的阶段性特征以及今后面临的主要社会矛盾。而与本文主题相关的是，在此基础之上，十九大还阐明了作为中国国家目标组织保障核心要件的中共干部路线。能否确立有效的干部路线是社会主义国家的国家治理基本课题，应该将其置于中共十八届三中全会确定的国家治理现代化改革视域中进行观察。

正如习近平总书记所作的十九大报告（以下简称为十九大报告）昭示的那样，中国国家发展的近期目标是"全面建成小康社会"，中期目标为"基本实现社会主义现代化"，长期目标在于"把我国建成富强民主文明和谐美丽的社会主义现代化强国"。与此同时，报告一方面确认了当前中国国家发展阶段的基本定位，一是中国仍然处于社会主义初级阶段，二是中国仍然是世界上最大的发展中国家；同时，更为重要的是在此基础上，重点揭示了当前和今后中国社会的主要矛盾，即"人民日益增长的美好生活需要和不平衡不充分的发展之间的矛盾"。这里所说的人民的"美好生活需要"，报告明确指向的是"在民主、法治、公平、正义、安全、环境等方面的要求"。

以上十九大报告对中国国家发展状况的基本认知，应该说比较准确和符合实际，具体提出了到21世纪中叶中国国家未来发展计划的时间安排。而十九大报告提出的相关中国主要矛盾的超越，更需要通过深化政治体制改革来实现。可以说今后中国国家改革和发展的任务异常艰巨，是在推动中国国家的发展从经济增长的量变走向社会发展乃至政治发展的质变。显然，这对作为中国国家发展的核心推动力量——也就是报告所说的"党和国家事业的中坚力量"——身为国家精英、政治精英的干部群体而言自然提出了更为高度的要求，非常需要明确新时期或"新时代"中国共产党的干部路线走向。

关于中国共产党的干部路线，主要出现在十九大报告的第十三部分"坚定不移全面从严治党，不断提高党的执政能力和领导水平"之中，是在阐述"党的政治建设"、思想建设之后加以阐明的。这一干部路线被报告概括为"建设高素质专业化的干部队伍"。这里提出的"建设高素质专业化的干部队伍"的中国"新时代"干部路线内容较为全面，几乎涵盖党的干部管理和组织人事工作的方方面面：不仅强调了党管干部的原则、干部选拔任用的导向、干部能力要求、干部激励评价机制，还涉及年轻干部、女干部、少数民族干部、党外干部、离退休干部、基层干部以及各方面人才等中国国家和社会中的多种精英群体。

不过，这里所说的干部路线内容虽然覆盖党的干部管理所有内容，但是在此首先不能忽视的是十九大报告强调了的"建设高素质专业化的干部队伍"这一干部路线所具有的基本意涵和主线。因为从报告通篇来看，这是在中国共产党确定了中国国家近期和未来发展的基本定位和基本发展课题之后提出的，更是在为了成功实现"新时代"中国国家发展目标而需要"不断提高党的执政能力和领导水平"的前提下提出的，因而对于中国的国家发展而言特别具有深远而重要的现实意义。

（二）向"政治标准"的重心偏移

十九大报告提出的中国共产党干部路线具有的另一个特点是将过去五年，即十八大以来的党的干部管理和改革实践写入或反映到了报告之中。过去的五年，应该说中国的干部管理发生了诸多变动。这不仅是近年来轰轰烈烈、自上而下的反腐运动所表现出的对中国干部问责与规制的整肃强化，更为重要的是通过干部管理方针和制度修正，从而扩宽了"党管干部"的干部任用决策和管理的途径与空间，强化了党对干部管理的主体性、自主性和主动性。

这在十九大报告关于中国共产党干部路线的阐述中主要出现在坚持"党管干部原则"和"正确选人用人导向"的相关论述上。如"以德为先""公道正派""事业为上""五湖四海""好干部标准""忠诚干净担当""突出政治标准"等表述，不仅已经体现在十八大后2014年修订的《党政领导干部选拔任用工作条例》以及2016年修订的《关于新形势下党内政治生活的若干准则》等中，而且在实际的干部任用管理中也被全面推行。

可以说十九大中国共产党干部路线的确立，是建立在对十八大以来干部管理的具体探索和改革实践总结基础之上的，将其最终以"建立高素质专业化的干部队伍"的方式加以提炼和总括，以此指出了中国近期和未来干部管理发展的方向。

对此加以进一步阐释的是新任中共中央组织部部长陈希发表在 2017 年 11 月 16 日《人民日报》上的《培养选拔干部必须突出政治标准》一文。文中结合十九大报告，专门就中国共产党确立的干部路线中所提到的"政治标准"进行了详细的解读，这也有助于加深我们对十九大报告"高素质专业化"一词的进一步理解。正如文章标题显示的那样，"新时代"中国干部路线的实质是在"突出政治标准"，而关于干部选拔任用的"政治标准"在这里被具体细化为了五方面的内容，即政治忠诚、政治定力、政治担当、政治能力、政治自律。

由此可见，十九大确立的"建立高素质专业化的干部队伍"干部路线中的"高素质"和"专业化"，特别是前者实际上凸显了的是"政治标准"意义上的"高素质"，即要求中国的干部更应具备符合前述五项"政治标准"的高度的"政治素质"，而干部路线中的"专业化"要求则让位于这一高度"政治素质"之后。

因此，虽然说中国共产党干部路线长期以来都是围绕"德"与"才"（如"德才兼备"）、"红"与"专"（如"又红又专"）展现，并试图努力寻找一个平衡与中和，但是不同时期干部选拔任用标准还是会表现出重心差异。从中共十九大报告，特别是中组部的发声来看，"新时代"中国干部路线彰显的是向"政治标准"的重心偏移。

（三）从干部路线看推进国家治理现代化改革

中国共产党干部路线向"政治标准"偏移，即"突出政治标准"的提法是在十九大报告关于"坚持正确选人用人导向"的论述中出现的。从陈希的阐释来看，"突出政治标准"的中国共产党干部路线表述，有其深刻的政治和历史背景。

这首先是本文前述提到了的中国经济社会从过去的量变向质变转型，而由此引发的是包括政府职能在内的国家权能也将出现质的变化，需要不断适应社会"在民主、法治、公平、正义、安全、环境等方面的要求"增大的变化，也就是要求作为国家精英和政治精英的干部积极应对当前和今后中国国家发展中出现的最主要的"社会矛盾"，向着"把我国建成富强民主文明和谐美丽的社会主义现代化强国"的国家发展方向不断奋进。

这些都构成了当前中国宏观公共政策环境的基本结构和国家未来发展的基本愿景。而与此相关联，从今后中国干部管理的课题与改革而言，就是十九大报告强调的"要坚持党管干部原则，建设高素质专业化干部队伍"。在这里，从以上分析来看，"高素质"可以换言之为高度的"政治素质"，希望通过建设具有高度政治素质的干部队伍，来促进中国国家发展和社会变革的实现。

其次，"突出政治标准"干部路线的提出，不仅在于为了"夺取新时代中国特色社会主义伟大胜利的迫切需要"，同时也是之前存在的深刻党内政治状况和国家治理危机的使然。陈希的文章将其表述为"一个时期以来，党内忽视政治、淡化政治、削弱政治的现象比较突出"，

"更有少数人无视党的政治纪律和政治规矩",党内甚至出现了"政治野心家、阴谋家"等。

可见,"突出政治标准"的干部路线在很大程度上还针对的是中国共产党内部以及国家治理存在的课题与问题,其目的在于通过"抓好选人用人这个源头和风向标,把紧把严政治标准这个硬杠杠,真正把党和人民需要的好干部选出来、用起来"。

如此看来,无论是十九大报告明确了的中国共产党干部路线,还是体现这一路线的干部选拔任用"突出政治标准"的"新时代"导向,都与中共十八届三中全会提出的"推进国家治理体系和治理能力现代化"改革方略密切相关。正如中国学者观察到了的那样,"国家治理体系和治理能力现代化"指向的是"中国特色社会主义制度的完善和发展,其核心是在坚持中国共产党领导下如何深化政治体制改革的问题"。

因此,如果以十九大报告明确了的中国共产党干部路线为契机,从国家治理体系和治理能力现代化改革的高度出发,在"新时代"中国国家发展目标的感召之下大力推动中国的政治体制改革,从而最终确立"真正把党和人民需要的好干部选出来"的有效机制,那么不仅必定大大地有利于中国国家基本目标的达成,同时,更为重要的是能够给出一个社会主义国家成功解决国家治理发展课题的中国方案,从而大大地丰富和发展社会主义国家理论,使社会主义建设和发展富有生机和活力。

就此,我们可以拭目以待。

【参考文献】

［1］习近平：《决胜全面建成小康社会　夺取新时代中国特色社会主义伟大胜利——在中国共产党第十九次全国代表大会上的报告》，2017年10月18日，《光明网》：

［2］http://politics.gmw.cn/2017-10/27/content_26628091.htm。

［3］陈希：《培养选拔干部必须突出政治标准》，《人民日报》，2017年11月16日。

［4］黄卫平、谷志军：《"国家治理体系与治理能力现代化"与政治体制改革》，王浦劬主编《国家治理现代化研究》（第一辑），中国社会科学出版社2017年版。

| 第四章 |

机关管理与现代行政官僚制组织建构

　　本章从微观的机关管理视角，专门探讨政府组织的治理变革课题。机关管理不仅在实际行政运作中，而且作为管理技术在行政管理学的研究中，改革开放以来长期受到了政府部门和学术界的重视和关注。在我国公共行政学的发展过程中，自改革开放后恢复行政管理学的研究之时起，就开始了有关机关管理领域的探索，并成为中国公共行政学的一个重要研究领域。中共十八大以来推进的以正式化、集权化、现代国家化和制度、机制、体制改革为主要内容的国家治理现代化改革，其中内含了较为明确的进一步确立制度型统治和现代国家治理规范的现代国家、现代行政官僚制组织建构的改革指向性。机关管理，理所当然地成为了其中重要的改革政策范畴。

本章由机关管理概述、财务管理、文书管理、会议管理、后勤管理五个部分组成，以此展示机关管理及其相关研究所涉及的一般特征、规律和主要内容。机关管理为行政系统内部组织管理活动的一部分，属于管理技术，即狭义行政管理的研究范畴。机关管理作为行政系统内部的组织管理活动，不同于政府对社会实施管理的行政职能活动，但为保证政府行政目标的实现发挥着不可忽视的重要作用。

改革开放以来的政府组织治理，是以建章立制、引入科学的管理理念、贯彻现代官僚制组织原则等为前提展开的。中共十八大以来的一系列制度、体制、机制等组织运行层面的严格的管理举措，进一步昭示了中国建构以制度型统治为主要特征的现代行政官僚制组织的紧迫性。而十九大报告再次确认中国仍然是世界上最大的发展中国家，则表明我国仍处于现代化的征程之上，还需要不断推进系统完备、制度明晰、科学合理、运行高效的现代政府组织建设。因此，机关管理的优化，就为实现政府组织的有效治理承载着非常重要的发展和改革责任。

一、机关管理概述

本节为本章的第一部分，主要通过概述机关管理的具体涵义来帮助读者理解把握作为组织内部管理活动的机关管理所具有的一般特征，为我们在本章中进一步了解机关管理的主要内容打下基础。本节主要探讨机关管理的涵义及特征、机关管理的意义、机关管理的原则、机关管理的现代化等与机关管理研究密切相关的四个主题。

（一）机关管理的涵义及特征

现代行政管理研究以及公共行政学中所说的机关行政或机关管理（Office Administration 或 Office Management），一般是指对作为行政组织办公地点的机关环境的完善、机关设施的营建、机关物财的配置、文书文件的处理、机关事务的分工或运行等，以提升行政组织运行的效率为目的而进行的有计划、有组织的系统化和合理化管理。而在我国的汉语词典中，"机关"一般指的是控制机械运行的部分；同时机关还指办理事务的部门，如行政机关、军事机关、机关工作等。[①]这些关于"机关"一词的描述和解释，也反映出了机关管理所具备的部分基本特征和内涵。

作为现代行政管理研究以及公共行政学分析对象的机关，实际上具有以下涵义和功能：首先，机关是指行政系统处理自身事务的部门、固定机构，及其所在处所、办公地点。前者一般等同于行政组织、政府部门，为广义的机关概念，而后者是指政府处理日常事务的场所或设施，为狭义的机关概念。其次，行政管理中的机关部分，其核心功能在于：作为行政组织的关键部位和枢纽，为组织目标的有效达成起到发动机的作用，发动、控制以及综合或统一协调管理组织整体的运行，为政府职能的实现提供组织、环境、条件等的保障。

在我国，机关管理的主体主要是各个行政部门中的办公厅（室），以及与其直接相关的文秘、后勤、总务等具体执行机关管理事务的专职附属办事机构。机关管理，就是由这些固定的机构，依据机关事务

---

① 中国社会科学院语言研究所词典编辑室编:《现代汉语词典》（第七版）[M]，商务印书馆 2016 年版，第 599 页。

处理的原则、制度、规章和技术，为保证机关有效运营而开展的管理活动。而机关管理不懈追求的现实目标就在于机关事务处理的快速性、准确性、经济性、简便性和规范性等，特别是作为政府公共部门的管理更应该强调机关管理费用的节约，杜绝浪费现象的发生。另外，从机关管理发展的角度，应该不断借鉴国外以及非公共部门的机关管理相关经验，通过对机关管理制度以及流程等加以科学合理的设计来完善和提升机关事务的处理效率。这还需要政府行政首脑的支持以及所有行政组织成员经常性的努力和机关事务处理经验的长期不断的积累，最终促进良好的机关文化的生成。

关于机关管理所涉及的相关行政事务，可以总结出以下特征：

1. 机关管理事务的多样性特征

由于机关管理是对政府部门的办公地点、设施、运行等的管理，因此机关管理所涉及的行政事务较为琐碎繁杂，而且种类较多。如，与组织日常运营和行政活动的开展密切相关的机关办公程序及财务的管理、与政府组织成员的工作和生活条件相关的机关后勤的管理、与政府组织信息的流动和合理利用相关的机关文书的管理、与行政决策密切相关的机关会议的管理等。无论是何种类别的机关事务，都是机关管理不可或缺的一个组成部分，共同构成机关管理系统，其相互作用和有效互动是政府部门连续正常运转和有效开展政府职能活动的前提和保证，共同为政府目标的实现提供前提条件和组织保障。

2. 机关管理事务的固定性特征

机关管理的对象是机关，即政府部门固定的办公处所、地点或设施。政府部门正是在"机关"处理相关行政事务，并通过机关与行政系统的外部环境发生联系，对外代表政府部门的是机关。固定的"机关"是政府部门的象征、物质表象和经常性工作的物理空间，正因为有了机关的存在，日常的政府活动才能例行，政府行政才能保持连续性，人们的社会经济生活才能稳定有序。总之，有效的机关管理是政府实施社会管理、履行政府职能的必要条件。

3. 机关管理事务的辅助性特征

实施组织内部管理的机关，一般直接隶属于行政首脑，是辅助行政首脑处理组织内部行政管理事务的办事机构，而负责机关管理事务的政府办公厅(室)则更具有辅助性、从属性、补充性、管理性的特点。[①]机关管理事务所具有的辅助性具体体现为保证行政首脑与各职能部门间联系的协调性特征，以及在综合性事务方面为各职能部门提供后方支援的服务性特征。因此，由于机关管理事务具有辅助性、协调性和服务性，这就决定了机关管理的评估标准不同于对政府职能活动部门的评估，一般把机关管理的成效与行政首脑和政府职能活动部门对机关管理的评价相联系。

4. 机关管理事务的技术性特征

机关管理事务纷繁复杂、种类多样，虽然机关管理事务一般具有定型、例行和程序化的特点，但无论是政府文书的处理，还是机关环境的安排，或者是机关财务管理的开展等，都需要一定的技术的、制度的和经验的积累，并且随着行政环境的变化而不断开发和创新机关管理的方法和技术，从而形成适应时代和环境变化的良好的机关管理

---

① 胡鸿杰、申琰、张莉敏编著：《办公室管理》［M］，中国人民大学出版社2001年版，第19—20页。

模式或文化。否则巨大规模的政府组织难以稳定运转和连续运营，这也是政府组织本身以及现代国家的行政活动特有的超大规模性特点所决定的。这一政府行政所具有的结构性特征，虽然随着行政改革活动的深化被部分调整和修正，但并没有发生本质上的变化。

总之，机关管理即政府组织的办公地点、处所或设施的管理，涉及面广、复杂多样，如机关办公的内外部环境的调整、机关物材的采购和保管利用、机关文书和财务的处理以及如何维持机关办公秩序、如何提高会议的效率、如何加强机关的后勤管理来保证机关工作正常进行等，机关管理的事务大量而繁杂。这些机关管理工作，将行政首脑与各个职能部门联结起来，在行政组织系统中发挥着协调和产出信息的作用，被称为"中枢神经"，是整个行政活动得以顺利开展，实现组织目标所不可缺少的一部分。

（二）机关管理的意义

大量繁杂而细化了的机关管理事务支撑着庞大的现代行政组织的运转，机关管理所具有的特点实际上也反映出现代公共行政组织的特征。在这里，我们结合现代行政组织的特点，进一步探讨行政组织中的机关管理活动所具有的意义。

一般而言，政府履行国家职能、管理社会的行政活动是最根本意义上的行政管理活动，其载体是行政组织。保证行政组织有效、正常运营的行政系统内部的组织管理活动也是一种必不可少的行政管理活动，其重要性也早已被人们所认识。而且正是二者的结合才构成了公共行政和现代行政管理的全貌。^①同时，公共行政学的诞生，是作为组织管理技术的研究开始起步的，这种行政管理学的原初形态一直影响着今天这门学问的发展趋向。因此，这也正是我们对作为行政系统内部组织管理活动一环的机关管理进行探讨的意义所在。

现代行政有别于传统行政的特点是政府职能的量变和质变，即政府组织所担负的管理国家和社会的职能活动或行政服务的大量增多和行政活动的专业化。而政府自身的组织管理事务亦随之大量增多，机关管理因此需要具有更高的技术性和熟练性，机关行政事务处理的专业化和科学化已成为当代政府行政发展的重要课题。也就是说，现代国家政府职能的扩展无论是在广度上还是深度上都已超出以往任何社会，而政府的机关管理事务，也随着政府职能、行政服务的增多和复杂化而发生变化。

另外，从机关管理的内涵和它所包含的具体内容分析，我们不难看出，机关管理虽然是政府运营管理的重要内容，但在企业等的一般社会组织管理中也存在着与行政系统的机关管理内容类似或相同的组织管理。因此，在这方面无论是企业管理还是行政管理，它在具体内容和实际操作上没有本质差别，是具有共性和普遍性的。而且，也并不因行政活动所具有的公共权力的特殊性而改变机关管理的这一特点。但由于长期以来的传统行政的影响和现代政府行政活动所具有的规模性、法律制约性、政治机制决定性等结构性因素依然存在，所以

---

① 黄达强、刘怡昌主编：《行政学》[M]，中国人民大学出版社 1988 年版，第 329 页；赵国俊、陈幽泓编著：《机关管理的原理与方法》[M]，中国人民大学出版社 1999 年版，第 3-5 页。

不仅在我国而且在其他国家,政府行政系统中的机关管理同企业相比特别是在效率上存在滞后现象。学习其他社会组织的管理经验,接受社会公众的监督,加强机关管理的研究和改进机关管理,严格遵循制度化、科学化、勤俭办事等原则,都对提高机关管理的效率至关重要,因此具有紧迫性和重要性。

总之,机关管理,即对机关的环境、物材、财务、文书、档案以及日常工作制度和后勤的管理等,其本身并不是目的,而是实现目的的手段。行政系统中的机关管理是为有效开展社会管理的政府行政活动服务的;机关管理问题的核心,是对大量繁杂的机关行政事务的有效处理;而实现现代机关管理的目标则应遵循制度化、科学化、效率化等根本原则。

(三)机关管理的原则

如前所述,机关管理问题的核心是对大量、复杂多样的机关事务的管理,无论其主体、目的有何不同,都存在共性,而且具有较强的连续性和稳定性,都有一定的内在规律可循。也是出于机关管理所具有的这一普遍性特征,我们在这里结合适用于所有现代大规模组织的韦伯关于现代官僚制组织运行形态的基本描述和行政管理研究中发现的组织管理法则[①],并与机关管理的具体内容相关联来思考和总结机关管理的相关原则。

1. 管理程序规范原则

---

① [日]西尾胜:《行政学》[M],有斐阁1997年版,第129—131页;[日]冈部史郎:《行政管理》[M],有斐阁1971年版,第246—263页。

行政组织中所有机关事务的开展都应按着行政组织客观规定的规则、规章制度连续进行，机关管理首先是严格的制度化和规范化的管理，机关办公程序的制度化和规范化使行政部门的正常、连续和稳定运转得到保证。履行机关管理的制度规范原则就是要彻底设定、规范和实施机关管理制度以及维持机关管理秩序。这是机关日常工作制度的管理内容，是机关管理的重要内容，也是保证机关管理的其他要素得以正常、连续运转的前提。

而且与这方面的管理内容相伴出现的具体行政事务，如办公秩序、办公时间、考勤制度的管理等，是现代行政组织管理必不可少的基本前提，也是评价行政效率、保证行政系统合理运营的重要因素。另外，管理制度和程序规范原则也可以进一步延伸为机关行政权责明确划分、行政组织内部分工结构明确合理的原则等。

2. 公私资材分离原则

机关管理的对象不仅包括机关中的人员，还广泛涵盖用于有效实施机关管理的大量资材和物品。而现代行政管理要求行政组织及其成员为完成实际行政工作所必需的设施、设备、用具等资材和物品，一切由办公地点提供。就是说，政府办公地点提供资材，任何行政组织中的成员个人不能任意占有和转为私用，不是私有资材，即管理者或办公人员的居住地点与办公地点以及行政组织所有的资材与其成员所有的资材的明确分离和公私分明。

这一原则，是公共行政组织的现代性特征所决定的，而且特别针对机关管理而言，具有明确的指向性。因此，机关管理的有效实施，则要求政府行政组织的办公地点，为保证所有行政活动的正常开展，向政府组织及其成员有效投入和装备相应的资材，同时机关要对这些资材的使用进行严格管理，不能流入私用。

3. 文书主义原则

现代行政组织运营的另一个结构性特征还表现为：行政系统内部的信息流动主要以文书的形式记录、传递和保存，即对现代行政组织作出的各种结论、处理结果、指令等，至少是最后的决定，都要求以文书的形式表示、记录、保存下来。我们甚至可以说，"机关"即办公地点就是建立在机关文书和机关人员二者共存的基础之上的。现代行政的正常运营管理，离不开文书这一手段，各种管理职能也是通过文书才得以实现的。

特别是在公共行政领域，由于行政本身的特殊性，而使得文书（即公务文书或公文）的重要性显得更为突出。就机关管理而言，大量的机关行政事务中，广泛涉及文书的处理，如发文、收文、立卷、档案管理等。与资材管理等一样，有关文书管理的机关管理也需要不断加强制度化、科学化、效率化和专业化的管理，否则难以适应现代行政的发展和社会经济环境的变化。

4. 技能转移的原则

在今天，处理行政事务越来越需要相当熟练的专业技能。随着公共行政专业化的深入，行政事务的管理内容不断技术化、科学化，则更加需要具有高度的技能。因此，从事机关管理的机关行政人员必须掌握高度熟练的技能，才能适应公共行政活动特别是机关管理本身专业化、复杂化的要求。机关管理技能和机关事务处理技能的转移，过去很大程度上依赖于有熟练经验的机关人员的传授。但在今天，行政组织内部的培训活动使技能转移合理化。当然，如在我国的大专院校的公共行政学或公共管理学专业开设的机关管理、档案管理、秘书学、公文写作等类别的课程，也在这方面发挥着不可忽视的作用。即使如此，有熟练经验的机关人员传授技能的"活字典"作用在今天也非常重要，而且只要不是将技能视为封闭的、一成不变的固定程序，而是能发展、创新的话，其存在价值也会大大提高，最终有助于良好的机关管理文化的生成，甚至能够促进一个国家的现代行政官僚体系的建构。

另外，技能的转移也是一种由人将技能向机械器材的转移。随着科技的发展，处理机关事务的机械器材得以进步和普及，同时也带来了机关管理的革命。电脑计算机的应用，复印机、打印机等进入机关管理，使处理机关行政事务的效率得到大大提高，同时也使机关管理更加合理化、高效化，促进了机关管理的进步。因此，行政事务处理的技能，在今天很快地由人向人转移，同时也大大地加快了由人向机械器材的转移。技能的获得和技能的合理转移使得机关管理更加合理化、效率化，同时也是机关管理科学化的第一步。

5. 例外的原则

即便看上去非常复杂、特殊的机关行政事务，如果将它进行具体分类分析的话，也能发现其定型的、单一化的例行特征。这样，就有必要将大量复杂的机关管理事务进行分解、程式化、规范化和标准化。作为管理者，除了将那些需要管理者来例外地、个别地判断决定和处理的行政事务保留在自己的手中外，其他事务则可分担给其他人员管理。

机关管理的事务具有较强的稳定性和连续性，在一定时间内是定型的、基本不变的，可以将其标准化后分配给属下管理；而例外的、保留在管理者手中的行政事务，是一些将来会有新的发展变化趋势或非日常发生的事务，是管理者要特别关心留意的"例外"事务。遵循例外的原则，就会使大量而复杂的机关管理事务得以分类和有效处理，使机关管理职责明确、合理化，同时能更好地应对新的行政环境的变化。

6. 集中管理的原则

集中管理的原则，即各职能部门中存在的相同、类似的机关行政事务，将其尽量归到一处进行集中处理的原则。被归到一处的相同的机关行政事务，都会使其在质和量上处理得更加合理化、效率化。如从部门中心主义来看，各部门都希望尽可能地自给自足，但因此会产生不必要的人员和开支的增加，购买物品的规格不统一等机关物材管理问题。这不仅不能提高行政效率，相反会增加行政成本，还会成为机构臃肿、人浮于事等行政弊端的根源。

可以集中管理的机关事务，一般有修缮、营建、采购、文书的收签和发件、机关资材的管理等。在我国，办公厅（室）及其直属办事部门，如机关事务管理局、总务处（科）等，作为专门的部门来集中处理这些机关管理的行政事务。今后我国如何进一步加强相同事务的集中管理，如何在行政改革中贯彻这一原则，是使我国机关管理现代化、高效化的前提条件，甚至可以说也是从根本上改革行政管理体制的关键。

7. 机械化的原则

前述技能转移的原则，必然产生机械化的原则。人类社会的发展方向是向高度的机械化、自动化社会迈进，行政活动也不能脱离这一发展潮流。信息化等现代技术革命将其推到一个更高的阶段，而且在社会活动的许多领域自动化程度越来越提高。机关管理的现代化、自动化在我国也是方兴未艾，前景可观。

现代社会信息传递手段和运送手段的飞速发展，不仅方便了人类的生活，也使世界瞬息万变。因此，行政环境的内涵及其变化的速度也与过去不同。如何快速、准确地适应不断变化的社会经济环境，提升政府有效管理和驾驭变化的能力，已成为世界各国政府不断追求的目标和行政变革的原则。同时，现代行政的专业化和规模化也成为深化行政管理机械化、自动化的前提。就机关管理而言，如何有效、合理地处理不断出现的大量的、日趋专业化的行政事务，将机关管理推向现代化已成为当前的重要课题。

事实上，对大量繁杂而且日趋专业化的机关行政事务的处理，已不能像过去那样仅依赖笔和算盘，解决它的方法只有普及推广机械化，使机关管理向科学化、自动化方向发展。例如，通过计算机对行政信息进行储存和计算、分类处理；机关管理部门与其所服务的部门联网，对资材的储存使用情况进行分析，随时提供所需要的办公用品以及利用电子邮件发送会议通知等；对办公地点进行自动化管理，控制火灾的发生，同时及时根据季节的变化调节办公环境等。

总之，上述机关事务处理的具体原则——管理程序规范原则、公私资材分离原则、文书主义原则、技能转移的原则、例外的原则、集中管理的原则、机械化的原则，是依照现代行政管理的效率性这一评价行政活动的根本价值基准，为适应当代社会行政环境复杂、快速多变的特征而提出来的。从根本上提高公共行政的效率，及时而有效地解决现代社会出现的各种问题从而保证社会的稳定，是各国政府的职责和现代国家发展的关键，也是当前各国公共行政改革的重要目标。

从整体上最终实现行政效率的提高，机关管理的现代化和高效化是一个不容忽视的课题，应当成为公共行政改革的内容之一。因为它不仅是保证其他行政活动得以顺利开展的基础，同时也是现代行政官僚制建立的重要指标。

通过对以上原则的简要分析我们不难发现，对机关管理的分析，应从如何构建合理的现代行政官僚制组织这一角度加以认识。政府部门的机关管理不仅仅从属于政府进行社会管理的行政活动，它在今天无论是规模上还是在技术上都发展到了很高的程度，在支撑、维系着庞大的现代行政系统稳定、连续运行。机关管理是保证行政系统实现其终极目标，行政系统得以高效运营的重要条件；同时，机关管理的正常、有效运营也是测定现代行政官僚制组织确立的重要标志。

（四）机关管理的现代化

机关管理的现代化包括双重涵义：一是指机关管理的现代性目标如何实现的问题，即如何按照上述机关管理的原则推行有效的机关管理。有关这一问题的讨论，在本章前述分析中已经得出了初步结论，在此不再赘述。二是具体到如何引进先进的科学技术设备，提高机关管理效率的问题。由于近年来电子传播手段、高科技研究成果开始广泛应用到人们的社会经济生活中，在政府活动的机关管理领域办公自动化、信息传递高速化、资讯储存规模化、办公环境高科技化管理的程度得到快速提高，节省了大量的人力和物力，极大地促进了政府公共行政的效率化和机关管理的科学合理化。

在机关管理现代化的进程中，作为机关管理的专业部门和管理者还需要关注以下问题：

首先，机关管理的现代化是一个系统工程，需要根据公共行政和政府机关管理的特点，基于效率和节约原则，确定整个政府部门机关管理现代化的总体目标，制定中长期实施方案。这需要根据政府的财力以及现阶段技术进步的实际分阶段推行，而且需要制定统一的标准和细则，否则无助于行政效率的提高。

其次，在机关管理现代化的推进过程中，机关管理的专业部门应该在政府的机关管理现代化目标的设计、计划的制订、标准和细则的完善上，确立机关管理发展的问题意识、把握好机关管理的特点和现状、了解世界各国以及其他社会组织的组织管理现代化发展的趋势以及存在的问题，进而不断与其他职能部门加强协调，全面引导机关管理现代化的进程。

再次，如何有效引入先进的机关办公设备等，还要对机关事务进行具体详细的分析，找出哪些机关行政事务最需要推进机关管理现代化，然后提供适合该项行政事务所需要的先进办公器材等，这样才能降低机关管理现代化的成本，使其效益最大化，从而提高机关管理的实效。

最后，同其他的行政系统内部的组织管理一样，要根据时间和行政环境的变化，根据需要对机关管理现代化的目标、功能、推进程序、实施方法等进行重新审视和变革。同其他的政府行政管理活动一样，机关管理的不断变革也是机关管理发展的必然规律。

因此，在现代行政的运营中，作为机关事务的管理者不能再像以往那样处于被动的地位，而应该作为机关事务卓越的管理者经常思考如何研发科学的机关事务管理的标准和系统，进行机关事务分析，进而确定科学的机关事务管理规范、流程和完善机关管理的计划，主动推动机关管理的良性发展。

二、财务管理

财务管理同其他的机关事务的管理最大的不同，在于管理对象的不同，即主要是对政府部门中的金钱或费用等进行的收支管理。现代国家中任何行政活动的开展，可以说无论是行政机关的日常维持运转，还是公共政策和行政计划的实施，都离不开一定的行政成本的投入以及相关管理。本节就机关财务管理的涵义和作用展开叙述，重点就政府部门的机关财务管理活动所具有的特殊性进行探讨，在此基础上介绍机关财务管理的主要内容。

（一）机关财务管理的涵义与作用

"财务"一般是指"机关、企业、团体等单位中，有关财产的管理或经营以及现金的出纳、保管、计算等事务"。[①] 这个定义虽然是普遍针对所有社会组织而得出的，但基本描述和解释出了行政机关的财务管理活动应该具有的基本涵义。以此，我们可以得出行政组织中的机关财务管理的基本涵义：即为保证政府机关的经常性维持管理以及公共政策和行政部门的行政活动的具体实施，政府机关中的财务管理主体，依照具体财务管理授权，严格本着合法合规、效率节约、廉

---

① 中国社会科学院语言研究所词典编辑室编：《现代汉语词典》（第七版）［M］，商务印书馆 2016 年版，第 119 页。

洁效能的基本规范要求，而对机关单位中的财产、费用等进行的有效管理。围绕机关财务管理的涵义，我们进一步思考其功能和作用，进行以下具体讨论。

首先，机关财务管理的本质问题，在于如何有效管理好社会公众委托给政府部门管理的相关财务事务。现代国家行政活动的开展，始于社会公众对政府行为的信任和委托。社会公众基于一定的政治过程、政府过程和政策过程，以缴纳税费等形式委托政府部门实施以增进社会福祉为目的的行政事务。而机关财务管理的内涵，恰恰具现了这一委托－代理关系，无论是对"财产"的管理，还是对"现金"等的管理，都需要致力于满足作为委托人的公众意愿和期待，即实现机关财务管理的有效性，这也是机关财务管理的根本目的所在。

其次，由于机关财务管理所具有的上述特点，合法合规性是评估机关财务活动开展的首要标准。当然，这与现代国家的法治行政特征相关，同时更与财务管理活动的具体内容有着密切的联系。在这里，一是机关财务管理的运行，无论是我国还是其他国家，都有严密严格的制度预设，甚至关于相关管理程序以及财务管理者的赔偿责任等，还被规定在专门法律条文中；二是由于机关财务管理的对象和范围是对巨额政府预算、钱款等的管理，因此也是容易滋生贪污腐败等不良行政现象的特殊管理领域，更需要严格和彻底合法合规性的管理规范。[1] 当前，在我国如何有效预防腐败的发生已经成为重大公共政策

---

[1] 如我国《公务员法》第五十三条，就将公务员"违反财经纪律，浪费国家资财"的行为，列入公务员惩戒的范围之中。同时，在该法第六十八条中，由于机关财务管理的性质较为特殊，而将财务工作人员纳入任职回避的对象。

课题，而有效的机关财务管理首先是如何有效实现清正廉洁的政策目标。当然，进一步推进机关财务公开、不断深化制度性的审计监督与非制度性的媒体监督和社会公众监督，也是当务之急。而加强和健全机关财务管理则是这些外部或准外部监督有效实现的重要条件。

再次，现代国家有效的机关财务管理的目标，其基本定位还应该在于如何促动公共政策和政府行政活动的效能提升。机关财务管理的课题在于如何提高机关财务活动的效率性、节约性和有效性。如通过有效的机关财务管理，使公共政策以及政府活动的开展能够在压缩成本投入的前提下实现最大的行政产出，实现效率和节约的行政管理目标。在这里还要强调作为机关财务管理者的公务员的管理行为：需要在合法合规这一机关财务管理原则的前提之下，着眼于公共政策和政府行政活动的目标，通过具体的机关财务管理活动，从机关财务管理专家的角度积极参与到相关行政决策过程中，促进机关财务管理和行政活动开展的有效性提升。

最后，与以上讨论相关，特别是机关财务管理涉及的是对机关"物财"，即物和财的管理，具有较高的专业性特征。在这里，一是涉及会计、出纳等具体财务知识的专门性，因此需要具有一定财务学习经验的人员担负起机关财务管理工作；二是在以上的叙述中我们已经看到，由于机关财务工作的特殊性，担当机关财务管理工作的公务员，必须是相关任职限制之外的具体人员；三是针对机关财务管理人员的基本要求不仅在于严格的职业规范和专业技术技能条件，同时正如前述讨论过的那样，在现代国家的行政发展中，如何使机关财务管理有效促进政府效能提升，则更需要具有相关的公共政策、公共管理等基本涵养和专门训练。

　　总之，从以上的讨论中我们不难导出机关财务管理者的基本行政责任，即现代国家行政活动实施过程中服从正式职务命令的责任以及积极回应政府行政的终极监督者社会公众的诉求、意识和情感的现代行政责任。特别是后者，随着中国社会成熟度和行政参与热情的提高，相关机关财务管理以及财务信息等更需要得到社会公众的理解和认同。因此，财务管理作为机关管理事务，一方面要辅助行政首脑不断提高行政组织管理的效率，加强财务管理者的专业性；另一方面还要正确面对作为委托人的社会公众监督，使相关机关财务管理的基本信息能让一般公众看得懂，推动公共行政或公共管理的变革。

（二）机关财务的管理

　　机关财务与整个政府活动的开展紧密关联、不可或缺，甚至与其他机关管理事务还有部分重叠，其具体内容大体可以分为预算和决算编制等的管理、资金和资产的管理以及财务报销的管理等。相关的机关财务管理还包含了具体制度框架、管理职责分工、操作规范程序和管理流程等具体内容。其目的在于：通过一系列的管理制度和过程，实现机关财务管理预设的相关原则和目标，保证政府行政活动的连续、有序和有效开展。

1. 预算管理

　　现代国家行政活动的开展，都是紧密围绕预算管理活动展开的，也成了机关财务管理的首要内容。我们在这里主要观察机关财务管理中的预算编制管理。

由于现代国家财政民主主义原则的确立，加上很多国家的政府部门担负起了预算编制的职责，因此预算编制管理就被涵盖进了行政部门中的机关财务管理活动中。当然，这种预算编制管理，是机关财务管理主体根据被授予的具体管理职责，对行政组织内部的预算编制整个过程进行的综合协调管理，以保证该项工作按计划推进、按具体标准实施以及顺利按时完成。这是因为，如果没有机关财务管理的协调推动，涉及多项政策领域或行政部门中各单位的预算编制方案得不到整合，就更谈不到国家预算能否顺利编制。

因此，机关财务管理中的预算编制管理是一项行政组织内部围绕如何通过有效成本支出来实现政府部门基本责任的年度方案或计划，能否最终成立当然一般要通过人民的代表机关议决，不过它还是政府部门中的机关财务主体每个财政年度都要反复进行、必须例行的经常性管理活动。也正是因为机关财务管理，特别是预算编制管理或预算管理所具有的特殊性，很多国家又以法律的形式对其加以规范，如我国除了《中华人民共和国预算法》外，还制定了相关实施条例和管理办法等。可以说包括预算编制等的预算管理被严格置于相关法律、法规等制度规范下，其具体实施的时限、标准、规程、流程等构成了预算管理的基本要件。

2. 决算管理

在机关财务管理中，与预算管理的关系最为密切的应该是决算管理，即决算编制管理，是对预算计划执行的数字统计，具有较强的监督控制功能。这是因为按照现代国家行政管理的基本规范，预算管理－决算管理如果能够形成一个很好的管理循环，决算管理的结果就能反馈到下一年度的预算编制和实施过程中，则可以更好地提高预算计划以及预算支出的效率性和有效性。在我国，相关决算管理与预算管理一样也由预算法及其实施条例严格规范，将预算－决算过程纳入同一部法律中统一管理。而机关财务管理的主体，正是在这样的制度环境下推动决算管理的。正是由于预算－决算管理循环周期较长且为周而复始的连续反复进行，因此也具有了我们前述的机关事务的特征。

机关财务管理主体对决算的管理过程，与预算管理的过程有一定的相近之处，就是协调本部门中的各单位计算、统计决算数据，这是其主要管理活动内容。不过在这里，我们联系作为政府部门中的机关财务管理主体所具有的综合管理功能和基本作用，本节前述中的预算管理更是如此，进一步强调这一领域可以开拓的机关管理空间。也就是说机关财务管理的主体通过对部门中各单位的预算、决算方案的整合等实施管理行为，不应该仅局限在是否符合相关指标、要求、规定的合法合规性层面，同时还需要从机关财务管理专家的专业和技术层面积极主动地辅助行政首脑，更好地将本年度决算结果进行科学总结分析，有效反馈到下一年度的预算编制中，使决算与预算实现有效衔接，真正起到参谋幕僚的作用。

3. 资产管理

资产管理与本章后述的后勤管理有所重叠，在此我们作一些初步探讨。一般而言，我们在这里所说的资产管理主要是指机关财务管理的主体，基于专门的财务管理授权等而对与机关发展相关的固定资产的购置和处置以及政府采购工作等进行的管理活动。由于机关资产管理同时涉及机关物材的具体保管等管理以及与此相关的费用成本支出，因此包括后勤管理在内的其他机关管理活动也与资产管理这一机关财务管理活动发生联系。

与资产管理相关的国有资产的管理、公务用车的购置使用、政府采购工作等，我们国家也有相关的规定，也应该属于被严格规范的财务管理范畴。由于机关管理中的资产管理涉及金额巨大以及公务员工作条件的变化和行政效率的保障等因素，使得如何有效开展资产管理变得非常微妙和复杂。特别是现代国家的社会意识发生的较大变化，人们对涉及巨大财政支出的行政活动的监督比以往都有了加强，因此该领域管理的最大问题是如何贯彻合法合规性这一机关管理的原则，并做到公开透明，杜绝违规和特权现象的发生。因此，有关资产管理，不仅需要本章后述后勤管理等的进一步合理化和规范化，财务管理主体的积极介入和控制、监督等仍然显得非常重要和必要。

4. 报销管理

报销管理可能就是人们一般认知意义上的机关财务管理，或最常见的机关管理事务之一，如政府人员为保证行政活动的正常开展所必要的差旅费的报销、会议经费的报销等。这是因为在人们的一般印象中，上述预算、决算的管理或资产管理等，由于不涉及所有组织中的成员，或者并不为人所熟知，所以很难将其等同于行政机关的日常财务管理来看待。而财务报销则是很多行政机关中的公务员都会常常遇到的管理过程，当然在这一过程中他（她）们就自然成了机关财务管理的对象，报销管理更具有日常性、经常性管理的特征。

日常行政活动的开展所必需的相关费用支出的报销管理，可以理解为政府机关维持运营和经常性行政活动开展的必要支出，及时履行报销程序，按照既定的报销流程有效率地完成财务报销过程等是促进行政活动的效率化的必要前提。这与前述预算管理相关，报销管理还需要建立在一定的年度支出计划前提之下，同时相关报销标准和审批环节的明确化、机关内部的周知等，也是提升报销管理效率的基本条件。这一系列管理活动的开展及其完善，更需要机关财务管理者有意识地提高报销管理的效率性，即不断通过改良和修正既有的报销流程等，来努力减少报销程序以及简化相关手续，减轻管理对象的成本和负担，克服官僚主义，最终实现机关管理的变革，促进良好机关文化的形成。

三、文书管理

机关文书管理，简而言之就是对机关中的文书的管理。机关文书，即公务文书，不同于私人文书，就是我们平常所说的公文，是政府部门及公务员为了公共事务的有效开展，在政府部门的决策、沟通、协调、处理、执行等行政活动的过程中，以文本形式，表达和传递政府公共组织的意志、联系各方的最为常用的手段或工具。在社会组织中，特别是公共行政组织中，信息的流动和传播，主要是以公文为媒介进行的。在电子政务、政务公开等政府行政民主化改革、政府治理变革不断推进的今天，公文在公共行政活动中发挥的作用更受到政府及社会的广泛重视，而且也正是由于这些原因，有关公文的处理和管理，作为机关管理的重要内容，其地位也得到了进一步提高。

（一）机关文书管理的涵义与作用

我国的政府机关公文种类很多，一般可以分为决议、决定、命令（令）、公告、公报、通告、意见、通知、通报、报告、请示、批复、议案、函、纪要等，是政府机关在推行公共行政活动中形成的具有特定效力和规范体式的文本，是依法行政和进行公务活动的依据。另外，公文根据保密程度还可以分为"绝密""机密""秘密"类的文书；根据紧急程度，可以分为"特急""加急"等。[①] 政府机关中，经常有大量的文书在流动和保存，是重要的公共行政资源，如果不加以有效的管理，机关文书很快会堆积如山、难以利用，无法发挥应有的功效。

在我们的日常生活中，个人或组织内部的决策或对外的意志表达，以及我们与他人或其他组织的沟通或联系，通过口头表达，即口述的方式也可以基本实现。但随着社会经济生活的日益复杂化和深化，仅用口头表达的方式，很难保证人们的公共生活得以有效运营。所以，人们常常借助于文本、文书的作用来提高公共生活的质量，适应现代社会的发展。

这一结局的出现，在很大程度上是由于文书同口述方式相比所具有的优越性和重要作用决定的。首先是文书的记忆保存功能，即作为记忆手段的文书，在它未受到破损销毁的情况下，可以长期存留，保持功用，并可以随时利用。其次是文书所具有的准确、客观性，即文书能够原原本本记载保留人们或组织决定的结果或表达出的意图。再次是文书所具有的依据或凭证的作用。最后是文书作为信息的传递手

---

① 中共中央办公厅、国务院办公厅：《党政机关公文处理工作条例》，2012 年7 月 1 日施行。

段的快速性，即能够在较短的时间里广泛传播，被广泛利用。

由于文书在信息的传递和信息的保存方面所具有这些特点和重要功用，因此政府组织在行政事务的处理过程中更为重视公务文书的作用。这还与政府组织所具有的特殊性相关：

一是与现代行政组织的规模化特征相关。由于现代行政组织以及行政活动的规模巨大、管理的类型和管理的内容复杂多样，要保证公共政策的连续性、稳定性和政府整体效率的提高，非常需要运用公文的方式开展行政事务。换言之，现代公共行政管理的效率目标决定了在政府机关管理中需要广泛运用文书手段。

二是与公共行政活动以及政府组织运营的法制特征相关。政府部门的行政活动，大部分涉及对社会和国家的管理，是国家公共权力的行使，并被时刻置于全体公众的监督之下；同时任何政府行为都受到法律法规的严格制约，法治行政是现代国家公共行政的最基本特征。而政府方针政策的提出、法律法规的颁布、行政处分的决定以及对公众诉求的回应等等，只有以公文的形式出现，才被看作是政府意志的表达，也才具有合法性或强制力，才能被政策相对人所接受，成为政府作为或不作为的依据，同时也使人们对政府的监督具有实效性，保证政府部门真正履行行政责任。这也是我们在本章前半部分关于机关管理原则的讨论中，提到文书主义原则是机关管理所要遵循的原则的原因所在。而且，以公务文书为基本要件的规范化、制度化、科学化的机关管理更是行政民主化、透明化、公开化等政府治理变革成功的前提。

（二）机关文书的管理

我国各级政府中的办公厅（室），专掌机关公文的管理，负责本机关的公文处理工作，同时指导和督促检查下级机关的文书管理，是公文处理的管理机构。2012 年 4 月中共中央办公厅和国务院办公厅联合印发的《党政机关公文处理工作条例》，还要求在各级政府的办公厅（室）中设立文秘部门或者配备专职人员负责机关文书处理工作，提出了机关文书管理专业化要求，表现出我国政府对机关文书管理组织和制度建设的高度重视。

机关文书管理流程大体包括公文的收文办理、发文办理、立卷整理、归档管理等内容。流程中的各个环节联系非常密切，规范和加强每个环节的管理，是提高机关文书管理效率和效能的关键。另外，关于机关文书的处理，《党政机关公文处理工作条例》还就此提出了明确的要求和必须遵循的原则，这也是构筑有效机关文书管理的基础。如，实事求是的原则、准确规范的原则、精简高效的原则和安全保密的原则等。这些原则应该说对机关文书处理的要求是非常严格的，而且很好地把握了政府公共部门中的机关文书管理的特点，原则的具体遵守，一定有助于我国机关管理的发展。

机关文书的管理具体包括公文格式、行文、发文办理、收文办理、分类整理、保管保存、归档和销毁等主要内容。一般而言，政府组织对机关文书处理的规范化要求很高，每一个环节都需要按照统一的标准办理，不能因人而异，需要标准化管理。因此，非常有必要专门配置专业人员或文秘部门直接实施机关文书的处理，或需要有专业人员指导和监督这项工作。另外，机关文书是政府组织的重要资源，即是与政府人力、财务、物材相并列的行政信息资源，对其活用、发挥政府信息的最大效用是政府机关文书管理成功的关键。因此，应该做到其中的绝大部分机关文书能够及时地为政府组织中的大多数成员阅览，并被有效利用，这样才能提高机关文书管理的地位和重要性。①

　　另外，随着政务公开制度化改革在我国的不断深化，机关文书的利用已经开始不限于政府组织中的成员，开始向一般公众开放，如何保证社会大众有效利用政府机关文书，提高行政监督的实效，已经成为我国机关文书管理制度改革的当务之急。当前要使得机关文书广泛应用到现实行政活动和人们的公共生活中，为公共行政目标的实现做出最大的贡献，重要的是通过强化机关文书管理来提高机关文书的利用率，即如何根据需要，将一些必要的机关文书放在相关人员随时可以阅览的地方，使得政府组织中的成员都能在最短的时间里，查找到所需要的公务文书，杜绝政府组织内部的公共行政信息被垄断的现象发生。同时，还要使得社会公众能以更为简便和低成本的方式阅览到自己需要的公务文书。为此，机关中的文书，不应该成为机关中某个个人的专有物，任何个人不能独占公务文书的使用，也不应该完全成为政府组织的资源，而永远远离社会大众。为此，作为现实的管理技术问题，机关文书制作、保管、检索、获取、利用的效率化问题则显得尤为重要。

---

① ［日］冈部史郎：《行政管理》［M］，有斐阁 1971 年版，第 261—262 页。本章写作过程中，受到该书诸多启发。

机关文书的保管、保存管理，在机关文书管理中占较大比重，而且该项工作的专业性较强，需要具有文秘或档案学方面的专业知识技能，同时需要机关文书管理人员的大量劳务付出，以及需要有一定的机关文书保存空间、文件柜、管理费开支等机关物材和财务方面的支持。首先，需要将日常收到的和机关产出的机关文书根据具体类别进行分类整理的管理。如，根据发文或收文的机构名称进行分类，还可以根据不同的具体行政活动进行分类整理等。其次，将分类整理过的机关文书进行集中存放管理。最后，对机关文书中由于时间等原因利用率较低或为已经处理过的公文书等，根据《中华人民共和国档案法》等规定，进行归档管理。

总之，机关文书管理在政府管理中具有无法取代的作用。政府行政活动的开展，甚至可以说是通过公务文书的管理来实现的。因此，机关文书管理虽然属于辅助性、事务性的工作，但由于现代公共行政具有的规模性、法制性等特点，使机关文书管理的特殊作用被进一步放大。更由于全球规模的现代国家行政民主化、公共行政公开化、透明化等政府治理变革的趋势不断加强，也为我国今后机关文书管理的改革提出了诸多课题。

四、会议管理

"文山会海"，一般是指政府机关运转中的公文、会议过多的现象，是一般社会公众对政府机关存在的低效率行政现象的批判性描述，也被看做是官僚主义的一种表现形式。在本章第三节中我们谈到机关文书管理应该遵循"实事求是""精简高效"的原则，实际上也是针对同样的问题提出要警惕机关文书的"反功能""逆功能"现象，不要陷入我们国家也极力反对的文牍主义和繁文缛节的形式主义和官僚主义中，使得本来应该发挥效率功能的公务文书，最终阻碍了公共行政活动的有效开展。同样，为了避免政府部门的会议出现类似不良效果，有必要加强对会议的有效管理。

（一）机关会议管理的涵义及作用

会议和文书一样，作为社会生活的开展和具体工作的推进的方式、手段或方法，广泛存在于一般社会组织或公共生活的管理运营中，而且会议在政府活动开展中也是被经常运用的组织管理手段和方式。政府部门的会议是政府组织及其成员等为决策、沟通、协商、协调、听取意见、解决问题，而有目的、有组织地召集相关人员，汇聚参与、共同议事，来整合组织、推进工作的方法。政府中的机关，除了为推进自身机关管理工作而召开会议、议事决策、解决问题外，同时还负责政府部门中的各类会议的管理工作，因此在我国的机关管理、行政事务研究中，将机关会议管理也作为机关管理的重要组成部分。本节所探讨的会议管理，包含这两部分的内容，但以前者为中心，因为这类机关会议是开展机关日常工作的核心方法和手段。

召开会议的方式是政府为有效开展行政活动而采用的既传统而又重要的工作手段或程序。在远古社会，为处理部落中的公共事务和问题，就已经采取会议的方式协调各方意见，集思广益来实现部落内部的决策和运营。会议方式能够一直延续至今，之所以在政府部门中仍然被广泛和经常运用，重要的原因是它具有多种适应现代社会和现代公共行政活动的功用。机关会议的种类有很多，作为组织管理的手段，机关会议一般是为了商讨和处理机关日常事务，进行沟通和协调，汇集意见和信息、发现问题、寻求解决问题的途径，而最终达成共识、进行决策的会议。这些也是机关会议具有的功能和作用所在。如机关办公会等，是机关组织管理中最为常见的会议形态。

除此之外，根据规模、对象、主题、周期等不同的标准，还有联席会议、动员会、发布会、听证会、学习会、研讨会、各类仪式等。这些会议的规模大小不一，而且参加对象较为多元，都为各自特定的组织和社会管理目标服务；有些形态的会议不为组织内部管理的一环，还具有目的单一、参与者缺乏主动性等特点。但有关这些会议的筹办、举行、管理，都作为机关管理的一部分，是重要的机关管理事务，即机关为开好各项会议，要对会议的准备、会议的进行、会议的结束等会议的整个过程进行全程管理。

一般而言，机关会议具有的特点之一是会议的组织性和目的性。政府部门的会议，一般是由部门内部的机关办公室根据行政首脑的正式职务命令召集相关人员，为了实现某一组织目标开展的活动。这一特点存在于现代行政管理中，实际上也是机关会议的构成要件，否则不成为会议，而且轻视机关会议的组织性和目的性特点的会议，也一定是非常低效率的。

同时，会议过多也是政府机关会议的一个特点，仿佛所有的问题和事项只有通过相关人员参与的、召开面对面的会议的形式才能有效做到周知、配合、协调、服从和贯彻执行，这是"会海"现象形成的原因之一。这一机关会议泛滥的现象，实际上使得会议成为目的、成为机关工作的重心和政府推行政务的唯一可行有效的手段和方法，甚至成了一道必须履行的工作程序，出现了目标与手段置换的机关会议异化现象。这不仅会影响到机关内部日常工作和政府职能活动的有效开展，也使得机关会议形式化和无效率，无端浪费机关人员的时间、精力和劳力，影响人们开展工作的热情和兴趣，最终给政府行政服务的对象——普通公众带来极大不便和影响。

在电子政务和办公手段日益现代化的今天，政府中的公共管理者有必要变革传统的行政事务处理手法和管理思维，尽量减少大规模的动员会、仪式典礼等会议的召开，尤其需要避免在正常工作时间安排学习会等。同时，更有必要提高机关会议的效率，实现对机关会议的合理有效管理。

（二）机关会议的管理

"聚众议事的过程"是会议，因此任何有效的会议都应该具备共同的议题、有会议的组织者和相关成员三人以上的参与。[①] 效率最低的机关会议，应该是无目的的和毫无结果的无意义的会议。因此，有效的机关会议管理，首先需要确定会议为何而开，会议要达到什么目的，会议会得出哪些结果等。这样会消除会议决策者的随意性，也能提高会议的效率和效益，避免不必要的浪费和成本投入，使得机关会议变得有意义。同时，设计和制定机关会议管理的程序，对保证机关会议的实效和效率的提高，也非常具有现实意义。

---

① 胡鸿杰、申琰、张莉敏编著：《办公室管理》［M］，中国人民大学出版社2001年版，第196页。

确定了机关会议召开的目标、得到举行会议的正式职务命令授权之后，就要进入具体的机关会议管理程序。一般而言，机关会议管理的实效，要受制于人、财、物、信息等公共行政资源的质与量的程度。机关会议能否成立，首先是由参与会议的一定的人员数量所决定的，三人以上人员的参与才使得会议成为可能。而且需要根据会议目标、会议主要议事事项来决定总体的参加会议的人数，适当合理的与会人员人数对机关会议的实效性的提高影响较大。没有必要为了表现机关会议的规模、政府决心的坚决和公众配合热情的高涨，而盲目扩大会议规模，强制召集大量人员为会议"捧场"或"凑数"。因为与会人数越多，对现实日常行政工作带来的影响也越大，会议带来的潜在成本也越高，是极端的形式主义的机关工作作风。机关会议管理所追求的目标是机关会议的高效率，机关会议管理追求的最大目标也应该是机关行政效率的最大化。

除了人员数量的问题之外，与会者与机关会议的相关度，也是决定谁来参加会议的主要条件。这里最为重要的是决定会议成败的会议组织者、会议主持人。机关会议的组织者、主持人，在机关会议管理中处于中心地位，对保证会议的效率提高作用很大。机关会议的组织者、主持人，应该由机关内部的管理者或相关负责人员担任，依据职务权威实施对会议的管理，这样能够提高机关会议的实效。如，明确会议目标和议题、监督与会者的出席情况、保证会议按照预定时间进行、为避免会议开的冗长而进行会议时间管理、规定具体会议细则、依照细则管理会议完成会议程序、酿造活泼民主令人畅所欲言的氛围、围绕会议中心议题来诱导与会者的发言、不时做出阶段性总结、最终得出一定的结论和决定等。当然，仅有主持人的会议是不能成立的，而且机关会议也决不能成为主持人个人自我表现的会议，不应该让会议成为主持人的一言堂和独角戏，这无助于机关会议效率的实现。

确定会议主题和决定召开机关会议后，有时还要做出会议预算，申请机关会议经费，特别是大规模的会议，如果没有机关财政支出的支持则无法实现。在一些政府机关会议管理中，无视会议成本和效果，只追求会议规模、大造声势、显示气派的问题较多，出现一些浪费公共行政资源的高成本、低效益的会议。因此，在机关会议管理中需要强调会议成本意识和会议效益意识。明确划分哪些是必要的机关会议开支，哪些为参加会议者的合理负担等。越是政府机关会议，越应该厉行节约，反对铺张浪费。会议预算规模及成本效益分析结果应该成为机关会议管理绩效评估的标准。可见，本章前述文书处理工作的相关原则，完全可以原原本本地套入这里的机关会议管理。

会议地点、会场选定、会场的装饰、会议时间的安排、会议资料的准备、会议安排的周知等，关于机关会议管理的具体内容还有很多。虽然都是些繁杂琐碎的机关行政事务，但是对机关事务管理者而言都是重要的机关会议管理程序和步骤，不仅要规范，还要认真有效完成每一项具体程序，否则都会影响整个会议的实际效果。机关会议的成功与会议准备的如何关系十分密切。既然机关会议具有目的性和组织性的特点，是正式的政府机关会议，是政府部门的一项行政管理活动，就应该为保证其成功而进行非常周密的准备。如，预先将会议使用的资料认真准备好，通知与会者做好充分准备，安排好正式会议时间和休息时间，计划好会议的各个程序和发言顺序等。

所以，有研究指出：要减少会议数量、缩短会议时间、降低会议成本、提高会议效率，则需要坚持"六 W"原则，特别是会议决策者要在会前、会中经常思考六个"W"[①]：

(1) Why——为什么要召开会议？即会议的目的、理由、要求、方针是什么；

(2) What——召开什么会议？即会议的内容、议题是什么；

(3) When——什么时间开会？即从何时、到何时；

(4) Who——哪些人开会？即与会人员、会议对象；

(5) Where——在什么地方开会？即会议的地点、场所、会场；

(6) How——怎样召开会议？即会议召开的方法、手段、步骤、程序等。

五、后勤管理

机关后勤管理工作综合性强，涉及前述的机关财务管理、机关文书管理、机关会议管理等的相关内容，属于为行政活动的开展和机关管理的实现提供后方物质供应保证的、组织内部管理的重要环节。应该说凡是有办公处所、"机关"的地方，都需要机关后勤提供服务。因此，机关后勤管理也是机关管理的一项重要内容，机关后勤管理提供的服务是行政组织得以运转的物质前提，还涉及政府组织成员的工作条件和生活条件。当然，机关后勤管理的内容也随着社会经济环境的变化和政府行政改革的深化而在不断调整和变革。

---

① 杨志贤、钱志群编著：《现代机关科学管理概论》［M］，中国发展出版社1993年版，第270-271页。

（一）机关后勤管理的涵义及作用

我国的机关后勤管理工作，主要由机关管理综合部门的直属办事机构，如总务、后勤处（科）或机关事务管理局等负责管理。机关物材的筹措、保管、储存、分配、利用的管理；机关环境、工作场所的安排、配置和完善的管理；机关建筑设施的修缮、营建、分配的管理；机关食堂、宾馆、招待所、澡堂、用车、班车的管理；机关住房、卫生保健、托幼等，都是机关后勤管理事务。机关后勤工作涉及面广，内容复杂且琐碎。但每项机关后勤管理事务都对政府机关的正常运转和改善政府组织成员的工作、生活条件具有重要作用。而且，机关管理事务所具有的服务性特点，通过机关后勤管理的实施表现得最为明显。

政府机关、政府部门的办公场所，首先是由一定的物理空间、建筑设施构建组合而成的，然后配之相应的机关物材、办公用品等才能最终形成完整的机关办公、开展行政活动的办公环境。这些不仅是政府机关成立的要件，同时也是在机关办公的政府组织成员得以在组织内生存发展和职业发展的物质条件和前提。即其管理的好坏、机关办公和工作条件如何直接影响到机关人员的行政效率的提高和个人的安全、身心健康以及权利的维护，最终影响整个政府部门行政效率的提高。

同时，机关后勤管理除了具有供给机关工作条件的功能外，还具有向机关成员提供生活条件的福利功能，这一功能在过去表现得更为明显，因为我国政府机关成员的福利供给很大程度上是通过机关后勤管理来实现的。如何向机关中的工作人员提供较好的后勤服务保证其生活条件，解除机关人员的工作后顾之忧，激励其以饱满的工作热情和干劲发挥更大的效率，应该说也是机关后勤管理的重要功能。

但在这方面，我国传统的政府机关后勤管理模式具有"大而全"、"小而全"的特点。即，传统的后勤管理事务可谓包罗万象，政府机关直接经营幼儿园、食堂、招待所、住宅、澡堂、理发店、医务室、班车等，在政府的机关系统中形成了一个自我封闭、自给自足的内部自循环、自我保障型的小社会，出现了被称为"机关办社会"的特权行政现象。其结果是出现了机关后勤人员增多、机关后勤管理机构膨胀、机关后勤管理内容过于多样化、复杂化的效率低下问题，也成为我国传统行政管理的特征。这一在计划经济条件下形成的传统机关后勤管理模式，一直影响我国现今行政体系的发展，仍在影响我国行政管理的效率化和合理化进程，并已经成为我国行政改革的对象。因此，当前我国机关后勤管理改革的价值取向是机关后勤事务的社会化和市场化，也就是人们所说的"社会办后勤"，特别是在机关后勤管理的福利供给功能的改革上有必要进一步推进。①

这一改革的意义非常深远。可以想象，生活在自我封闭、后勤和生活福利条件充裕的小社会中的政府机关成员，他（她）们所关心的只是小社会内部的利益得失和机关后勤是否充实的问题，而有可能由此而失去培育和生成公共意识的契机。既然政府机关人员的公共意识和精神难以得以培育和健康成长，就无法从根本上实现行政活动的公共性，更无法要求整个社会和所有公众都具有健全的公共意识和精神。因此，机关后勤管理事务的减量经营、政府机关人员后勤福利的货币

---

① 段甲强、李积万编著：《公共部门机关管理》[M]，中国国际广播出版社2002年版，第252-253页。

化改革以及后勤管理事务的市场化、社会化变革，实现由"机关办社会"到"社会办后勤"的机关后勤管理模式的转型，正在和已经成为我国公共行政管理变革的重要内容。同时，这项改革的成败也决定着我国公共行政系统的高效化是否能够实现，甚至决定着在我国现代公共行政管理体制以及市场经济体制和健全的公民社会能否最终成功建立。

（二）机关后勤的管理

机关环境管理是机关后勤管理中的经常性的工作。有效的机关环境管理，首先应该有助于机关办公效率的提高，使机关环境能够有助于机关工作人员的工作热情和士气的高扬；有效的机关环境管理还应该有助于作为公共行政对象的普通公众容易接近、亲近和利用政府机关，使机关环境更加人性化，便于公共行政活动的顺利推行；同时，有效的机关环境管理应该有助于机关工作人员的劳动条件的改善；另外，机关环境管理还应该具有灵活性，能够不断适应组织变革的需要。①

机关环境管理直接引出的是机关物材管理，因为机关环境管理的实现是以机关物材的有效配置为依托的。而且几乎所有的机关后勤管理事务，甚至所有的机关管理事务，也都是在机关物材得以有效筹措、分配和利用的前提下开展的。因此，机关后勤管理、机关管理的实施需要大量的机关办公用品等机关物材，是任何国家政府预算的经常性支出和日常政府消费或消耗的重要组成部分，是开展行政活动所必需的支出和成本。

---

① ［日］衣川光正：《例解·事务管理》［M］，公务职员研修学会 1982 年版，第 78 页。本章写作过程中，受到该书诸多启发。

一般而言，政府机关人员的薪酬支出和日常办公用品等机关物材支出，构成政府消费的重要内容。但这部分的管理消耗如果过大，势必影响为开展政府职能活动而投入的政策性支出规模，难以实现有效的社会管理和稳定的经济生活，因而需要维持一个适度的规模。因此，机关物材管理、机关后勤管理活动中，无时无刻不在强调节约、效率的原则。同时，机关物材管理以及与此相关度较大的机关设施的维持修缮等，都是各级政府部门为了日常事务的开展和有效地为公众提供公共服务而进行的必要投入，需要通过基建和采购、购买等方式得以实现，政府在这方面消费的规模也较大。

正因为后勤管理具有的规模性特点，因而非常有必要在机关财务等财政监督管理下，以法定的方式、方法和程序，公开、透明地购买机关物材、工程或服务，这是我国推行政府采购制度或公共采购制度的缘由所在。[1] 这首先是要通过对机关资材的集中管理来提高机关后勤管理的效率，以此来降低行政成本、减少投入、节约机关经费开支。世界各国的政府采购制度中，一般较多地采用集中采购模式和半集中半分散的采购模式，其主要目的也在于节约人力和财力，提高资金的使用效益，实际上体现了我们前述的相同机关管理事务的集中管理原则。其次对我们国家来说更具有现实意义的是，通过现代政府采购制度的引进来预防和从源头上遏制多发于政府部门机关基建、机关物材采购领域的寻租和腐败现象，实现公正和廉洁政府。

随着我国近年来经济建设的高速发展，政府的财政收入也有了较

---

① 楼继伟主编：《政府采购》［M］，经济科学出版社 1998 年版，第 1 页。

大提高，这为机关事务的管理，特别是机关后勤工作的开展提供了非常有利的条件。而且，实际上近年来我国许多政府机关的设施、办公条件、机关环境等都有了较大的改善，机关资材的供应也较为稳定，办公自动化、办公设施和环境的现代化得到了基本实现。但同时我们还要清醒地看到我国机关后勤、机关设施、机关资材管理中存在的一些问题。如，一些政府部门动用教育和扶贫款项、养老保险资金营建豪华机关设施，购入高级豪华公务用车等，甚至出现了争相攀比的恶劣行政现象。这必然会加重政府的财政负担，使政府预算不能优先投入到政府的社会管理职能活动中，也就难以向公众提供足够的高质量的公共产品。这当然不利于经济社会的稳定发展和和谐社会的建立，有悖于公共行政活动所追求的目标，也是我们国家的社会主义性质所不容的，并成为十八大以来重点治理的对象和范畴。

因此，通过对机关后勤管理存在的问题的分析我们可以发现，机关管理的发展和现代化还要从我国的国情和实际出发，将机关管理的着眼点放在如何以最小的投入换取最大的效益上，以经济性、效率性还有程序规范性、合规性为基准，时刻遵循勤俭办事的原则，应该注意机关管理的现代化，不仅仅是办公设施和环境的现代化。

余论："下级糊弄上级"，如何治理

"下级糊弄上级"的话题我们早就耳熟能详，讨论多了甚至感觉有些麻木了。针对这一问题，一些学者和专家也开过治理的药方。但政府官员的虚假、浮夸之风还是愈演愈烈，仿佛成了难以治愈的官场流行病，长期以来广为中国社会所诟病。

有两点需要严重关注：一是"下级糊弄上级"的官场流行病，不仅仅是对组织内部上级领导的"叛逆"，更是对公共政策和行政权力的终极监督者和终极委托人——公众的背叛，是极端恶劣的违反《公务员法》规定的公务员义务和纪律的违法行为，需要严格依法追究；二是这种长期受到社会诟病的违法行为在公共组织中却大行其道，我们则不得不担心：我们的公共部门是否完全沦落为"官场"，政府的正式规则和制度是否已被"官场"中人集体认同的非正式制度或官场特有的行政文化所取代？

（一）委任制下的官僚制组织"逆功能病"病理剖析

"下级糊弄上级"现象的成因，不能完全归因于领导干部个人的道德水准和法律意识。从行政学关于官僚制组织研究的一般理解而言：凡是官僚制组织，特别是政府官僚制组织，都会与生俱来地普遍带有类似的"官僚主义"通病，以及"下级糊弄上级"的行政病理现象。只不过在不同国家和地区表现的程度不同，所带来的后果和危害强弱有异而已。

我国某些地方的某些领导干部，"下级糊弄上级"的行为方式非常突出，危害非常严重，甚至已经显现为官场集体认同的共同价值和组织文化了。但领导干部"下级糊弄上级"等现象，能够被深刻地展现和剖析出来，应该说得益于当前中国社会的进步和政治的发展。

我们国家领导干部的产生，可以说基本来源于上级领导的任命，上级的任命伴随着管理权限的授予和转移，而这一"委任制"的人事管理恰恰是官僚制组织的形成原理和基本原则。其目的是通过上下级之间的职务任用关系，确立组织中的命令服从机制，以实现组织的命令和方针政策的效率最大化。虽然我们国家的部分领导干部，如地方行政首长等采取选举的方式产生，但由于选任制执行得不够彻底，下级官员忠诚的对象常常被异化为手握任命大权的上级。

除了任命制、委任制的原则之外，官僚制组织的形成原理还有权责明晰和统一的原则。也就是说，行政权力授予和转移的同时，还伴随相应责任的履行，即要求下级对拥有任命权的上级负责的官僚组织原理。如果在一个组织中这些原则贯彻的过于彻底，过度与任用管理相联系，那么政府组织中的成员，为了避免因被追责或来自上级的问责而影响个人的职业发展和安定的生活，一般会采取"工作做在嘴上，做在文件里，做在报表里，做在汇报材料里，以文件落实文件，以会议落实会议"等形式主义的自卫手段保护自己。

更为严重的是：这些貌似合理的向上级领导负责的行政制度原理，可能会异化为下级对上级领导在人格和人身上的依附关系。这种依附一旦形成，那么下级不糊弄上级"好像不正常"、上级好像也"挺好糊弄"等，好像就不难理解了。

（二）"逆功能病"治理与干部人事制度改革

当然，官僚制组织形成和运行的基本原则和原理，在现阶段仍然有其巨大的生命力。问题在于，如何面对官僚制组织与生俱来的"逆功能"病理现象，结合中国的实际加以克服和完善，将其危害程度降低到最低点，实现最好的政府治理。

当前我国领导干部管理的方式比较单一，基本上都采取委任制，领导干部忠诚的对象主要为拥有任命权的上级。而上级对下级的管理，仅存在于组织内部的指挥命令系统中，对其监督和控制主要是上级对下级的组织人事部门的考核和评估，即上级下达的目标、指标完成度的考评。这种任用方式较为简便，容易实施和操作，也能够促进上级政策方针的贯彻和执行，但却容易造成 GDP 增长，而人民幸福指数并没有提高的情况。

近年来，我国虽对干部考核、绩效评估等进行了改革，但考评系统以及指标是否准确和完备，却值得商榷。国外行政学者研究发现：从世界各国以往的经验来看，由于公共政策包含的价值不一，时间、空间等因素较为复杂，至今为止还没有真正开发出非常准确完备的政策评估体系和测评工具。如果将不尽完备的考评方法，运用到领导干部的政策决定与执行的评估中，甚至直接运用到任用管理中，将会直接左右公共政策的走向，一旦出现问题，后果和危害无法计量。所以，我国的干部人事改革虽然在推进，但官场领导干部"下级糊弄上级"的形式主义行政病却还是严重，甚至严重到虚报政绩、浮夸 GDP 等违法乱纪的程度。笔者认为在完善干部考评的指标体系中，非常需要重视的是加入领导干部应该负责的真正"上级领导"——即人大中的人民的代表的评价，他们才是干部真正的任命权者和能够评价其政绩的合法监督主体。

（三）抵制"下级糊弄上级"文化腐蚀的制度性安排

现代公务员制的形成原理和基本原则，最为强调的是干部管理的制度性，即干部管理的各个环节都被预设在相关具体客观规定的制度秩序中。其前提是职位分类制度，要求领导干部和公务员认真履行制度规定的职位职责和要求，这些职务要求是评价其绩效和业绩的唯一标准，除此之外不承担任何别的责任，当然也不能被追究其他责任。

应该说只要领导干部认真履行职责，不逾越这些制度和标准就是合格的领导干部。但是，为什么还会出现"下级糊弄上级"等明显违背公务员行为准则的现象？一方面是上述体制、标准不完备的问题，另一方面还有公务员为了某种私利而违规的原因。所以，消除官场领导干部"下级糊弄上级"等现象，需要完备考评体系，还需要加大舆论监督，强化人大、司法等国家机关的外部问责和政治控制。

但同时，领导干部在当今整体"官场"条件下，自律性难以维持，也是糊弄病存在的一个很大原因。"官场"是领导干部形成各种人际关系和实现个人职业发展的职场。长期一起工作，自然会有大家共同认同的工作习惯或集体价值，约束领导干部的个人行为规范，也就是所谓的"官场文化"。

若"官场文化"与组织正式规则高度一致，则能够推动官僚制组织更好地实现组织目标，但反之的表象也经常出现，比如"下级糊弄上级"的官场文化，则会腐蚀组织的正式规则，是需要坚决抵制的。对于身在江湖的"官场中人"而言，面对后者的腐蚀，想要毅然决然地与之对决并不是简单的事情。

首先，"下级糊弄上级"的组织文化，有时表现为对领导干部赖以生存的组织利益的维护，与此对决则意味着对所属组织利益的背叛，会引发其他官僚制组织成员的"众怒"，这也是不正当的部门利益得以生存的基础；其次，"下级糊弄上级"的组织文化，有时还表现为来自上级或官僚制组织中其他成员的直接压力，如果不去服从，就意味着对自身组织成员的背叛；最后，公务员个人要保持公务员操守和自律性，或许只能选择辞职而逃离官场的话，最终还可能引发对家庭的背叛。实际上，公务员要经常面对忠诚与背叛的价值选择，这也是行政学关于公务员行为研究的重要命题。所以，以下想要强调的是公务员个体的自律性如何确保的问题。

如何抵制"下级糊弄上级"的组织文化和官场集体价值？除了加强遵法守规的自律意识外，从外部制度上保证公务员个体的自律性也是一个重要条件。即当公务员个人遭遇到"下级糊弄上级"的行政文化或者组织行为时，如何保持自我和公务员操守，真正履行公务员的义务？这涉及公务员或官场领导干部的权利保障问题。首先需要通过正式的制度安排建立具有较强独立性的第三方人事仲裁机构，来客观保障公务员不因守法而遭到不公平的任用管理的制裁；其次，需要进一步拓宽面向公务员的司法救助渠道，通过公开的司法审判程序确保公务员个体的自律性，最终实现公共组织内部行政活动的公平和公正。因此，公务员的管理可以说包含规范管理与权利保障两个层面，两者具有较强的互补性，如何保障公务员参与任用管理的行政民主权利，也是需要我们认真对待的课题。

【参考文献】

[1] 张国庆主编：《公共行政学》（第四版），北京大学出版社2017年版。

[2] [日] 西尾胜，《行政学》，毛桂荣等译，中国人民大学出版社2006年版。

| 第五章 |

试验式分权化改革与中国的地方治理

　　本章主要探讨我国的政府体系与国家治理、地方治理
课题。中国改革开放政策实施以来的改革，一般都具有明
显的试验式分权化特点。这一改革方式，一方面创造了中
国经济发展的巨大繁荣，另一方面也出现了需要通过改革
来进一步克服的地方治理课题。本章首先探讨中国试验式
改革的类型，进而观察相关改革带来的分权化的实际结果，
最后思考地方治理视角下中国改革的未来发展趋向，以期
对今后的国家治理改革提供有益的参考。

一、问题的提出

一般而言，中国改革开放政策实施以来所取得的经济社会的巨大发展，得益于对渐进改革路线的选择。而渐进改革路线的最大特征在于，通过容许特别是地方政府这一改革主体积极试错，实现广泛的分权或地方扩权，从而最大限度地调动了各方面的积极性。由此中国形成了最大动员型分权治理体制，甚至构成了"中国模式"的主体内容。

通过本书第二、三章的相关分析我们可以看到，中国当前虽然体现出了着力强调关于改革政策的"顶层设计"这一新中央集权化取向，但并没有完全放弃"摸着石头过河"的试验式分权化改革模式。因此，我们更有必要思考这一改革模式在中国国家治理中的定位，以及与未来地方治理之间的关系。本章将着眼于中国业已常态化的试验式改革方法，通过对既往具体事例的考察，分析中国地方政府行政改革的特质与意义。文末部分将在此基础上，提出中国今后地方治理的课题。也就是说，本章将就改革开放政策实施以来，中国的中央与地方关系中不断变得常态化的试验式改革方式的发展展开讨论，将讨论的重心放在这种改革方法与地方治理的问题上，并针对今后的改革发展课题展开分析。

首先，由于存在以下几点制度性和传统性基本要因，导致中国生成了高度集权的中央与地方关系。

第一，从政治结构来看，由于至今仍保有基于"民主集中制""党管干部的原则"等① 中国共产党（以下简称为党）对党的组织及国家、社会的统治规范和规则，因而形成了向中央层面的最高党政机关集权的统治结构；

第二，从政治经济体制来看，在过去漫长的历史时段中，由于中国有计划经济体制下的中央政府强势行政指导的施政经验，因而向市场经济体制转型之后仍然存在中央的政府部门对地方的经济和社会实施管理的统一规制；

第三，从国家的统治制度这一基本要素来看，中国不仅是单一制国家，而且将地方政府视为"设在地方的国家机构"②，具有一般意义上的社会主义国家普遍存在的过度集权特征。③

但同时我们还可以看到，改革开放之后告别了计划经济的中国，逐步向经济发展和市场经济体制转变。正是在这一转型变化过程中，地方分权化得到进一步推进，因而使得地方政府成为了推动中国经济高速发展的重要力量。关于这一点，我们需要注意以下三个问题。

第一，这一分权化的发展潮流与改革开放之前具有一定的连续性，而且还称不上是改变以往中国传统统治结构的"分权改革"；

第二，如果我们以现今的中国政治结构不发生变动为前提进行观察的话，那么中央与地方的关系依然包含着旧有的随意性与不稳定性，

① 日本学者指出，这种"民主集中制的政体"，"在原理、制度、实际状态等各方面均强有力地约束着"中国的中央与地方关系。［日］毛里和子：《新版现代中国政治》［M］，名古屋大学出版会 2004 年版，第 125 页。

② 这是由于"中国不存在地方自治单位"。［日］高原明生：《中国的政治体制与共产党》［M］，日本比较政治学会主编《比较中的中国政治》，早稻田大学出版部 2004 年版，第 26 页。

③ 白智立：《日本行政改革比较研究》［M］，国家行政学院出版社 2012 年版，第 271–272 页。

同时可以认为，对于构建中央与地方、国家与社会、地方政府与地方公众之间的合理的关系而言，切实有效的制度性"地方分权"改革已经成为现今中国最为重要的课题；

第三，由于中国不存在"地方自治"等地方公众实施地方管理的民主统治，从而使得权力集中于地方政府，尤其是"地方党政领导人"手中，因而尽管分权化改革确实带来了地方乃至整个国家的经济繁荣现象，但并没有真正促进民主政治的发展、市场经济的确立和地方公众利益的实现，还引发了众多问题，这尤其不能忽视。

当然，这其中包含着中国地方治理的改革课题。本章以作为分权化改革政策具体化的重要政策手段——试验式改革方式为中心展开讨论，并通过对这一改革方式或改革政策手段的实际运用进行考察进而提出以下假设：即实验式改革方式不仅仅是传统意义上的旨在贯彻中央的政策方针或促使地方分权化出现的政策手段，其本身就构成了一种"分权"，同时还作为中央管理地方的统治规范而逐渐固化。当然，关于这一假设的论证，最终可能诱发我们对未来中国地方治理的课题和展望的进一步思考。

二、试验式改革方式与分权化

（一）试验式改革及其类型

20世纪90年代，中国除了在分税制改革方面取得巨大进展之外，地方统治结构也出现了显著变化，即村民自治的确立。1998年中国制定了《村民委员会组织法》，根据该法的具体规定，村民可以直接选举村长，这可以说是中国农村治理发生的巨变。不过，与本章的主题相关联，我们在这里需要强调的是，实际上这种村民自治制度的创设是历经了自发产生（1980—1987 年）、示范地区"试点"（1987—1998 年）和全国性展开（1998 年—现在）三个阶段的渐进式、试验式改革后所取得成果 ①。虽然中国用近 20 年的时间将村民自治改革最终推向制度化或法律化，但与此同时我们还应该看到，时至今日地方层面围绕村民自治的这一试验式改革仍然没有结束。

旅日中国学者赵宏伟将这种体现实验式改革活动的"试点制度"定义为，中国"在具体决策之前，会在一个或多个地方预先进行试验的行为"。同时他还指出了这一"试点制度"所具有的连续性特征，即"早在毛泽东时代"就已被提出，并作为党的"工作方法"而固定下来 ②。日本学者也进一步指出，"在向市场经济转型的过程中"，中国政府的改革政策展现出以下三种定式：第一，在国内部分地区先行试验后再推向全国的渐进主义；第二，改革之初虽然没有设定明确的改革目标，但会"在实践中不断寻找新的解决方案"，因而表现为是一种"反复摸索"的试错过程；第三，中国的改革还表现为，中央在促使地方政府和企业接受改革政策或措施的前提下，"向地方等基

---

① 张文明：《中国村民自治的实证研究》[M]，御茶之水书房 2006 年版，第 78–86 页。

② 赵宏伟还提出了以下观点："地方领导往往希望自己所在地区被选为'试点'，这是因为，作为'试点'，意味着可以能动地参与中央的政策决定过程，而且'试点'成功后，就可以成为改革的先行者。"这种制度"还具有为地方领导提供推进自主政策，或促进中央决策的方法和理由的作用"。参见赵宏伟：《省党委员会书记的权力》[M]，[日] 天儿慧主编《现代中国的结构变动 4 政治——中央与地方的构图》，东京大学出版会 2000 年版，第 147–148 页。

层单位部分让渡权益"的改革方式①。

正如以上探讨的那样，改革开放政策实施以来中国的改革呈现出了渐进性的特点，而使之成为可能的则是这一试验式改革方式。旅日中国学者朱建荣进一步指出，"可以说，过去绝大部分改革措施的引入都经历了这种'试点'的过程"——从 1978 年农民自发实施的生产承包责任制形成制度，到 1979 年"经济特区"的设立，此后的村民委员会制度和分税制改革，以及本章将进行讨论的"省直管县"改革等均可归类为试验式改革②。此外，从 20 世纪 90 年代开始，又广泛开展了干部任用管理等"基层民主的改革试验"，而且这并不意味着全面推进基于自上而下的统一政策、统一标准的强制改革，而是一场以中央对试点地区的指定、指导、引导、鼓励、谅解、默认、许可为前提的"体制改革"，允许先行试验和反复试错探索③。如此一来，在地方治理层面，地方政府广泛地获得了通过试验式改革方式进行制度或政策创新的可能性和空间。

人们固然期待这种业已成功的改革试验成果，可以为未来的制度化或整体改革提供足够的参考，在现实中也确实存在这样的改革效用。

---

① ［日］石原享一：《中国型市场经济与政府的作用》［M］，［日］中兼和津次主编《现代中国的结构变动（2）经济—结构变动与市场化》，东京大学出版会 2000 年版，第 52-53 页。

② 朱建荣：《江泽民的中国》［M］，中央公论社 1994 年版，第 104-105 页。此外，干部任用管理的试验式改革更是十分常见。比如，中央政府曾要求到 2015 年，各级政府每年新提拔厅局级以下党政干部中采用竞争式选拔方式上任的人员比例要达到三分之一以上。其具体选拔方式也"将交由各省市自行探索"。于泽远：《领跑全国 吉林在媒体监督下票选干部》，2010 年 11 月 11 日，《联合早报网》：http://www.zaobao.com/zg/zg101111_003。

③ 徐湘林：《寻求渐进政治改革的理性——理论、路径与政策过程》［M］，中国物资出版社 2009 年版，第 95 页。这里的"体制改革"，侧重于体制的运作。

但同时这还是发生在具体地方的制度设计的改革，当然也会出现地方试验成果在各地区的固化以及各地制度多样性现象。在这个意义上，或许我们可以将这种试验式改革称为地方分权化的改革。正如本章将讨论的试验式改革案例所表现的那样，进入本世纪之后，这种试验式改革的范围进一步扩展，发展到了地方制度的构建、地方治理和政府管理等多项领域中。

不过，这些涉及中国地方的试验式改革有些是类型一，即中央事后追认的突破地方制度的地方自发性改革，并将其视为改革的试验；有些则属于类型二，即中央积极指定具体的试点地区，开展的改革试验；有的还可以归为类型三，即地方依据中央提出的相关改革方针或大的改革方向，自主选择、实施的改革试验。其中当然存在地方在自身固有权限范围内，为解决本地方特有的问题而开展的改革试验。但由于地方的改革者往往将这一改革的理由归结为地方对中央改革方针的贯彻落实，因而使其与类型三的情形重叠。

关于类型一，尽管可能还存在类似前述农村生产承包制和村民自治的实验式改革事例，但由于这些事例出现于改革开放政策实施初期，可能包含了更多的偶然性因素，因此在这里我们可以不将其作为考察的对象。本章进一步将类型三细分为中央改革方针条件下的实验式改革和中央指导性意见前提下的实验式改革，结合类型二就试验式改革和地方分权化展开讨论。这里的讨论不涉及与改革政策相关的政治过程，同时由于篇幅所限，加上相关探讨在笔者以往研究中已经部分涉

及 [1]，在此仅作总结性探讨和思考。

（二）试验式改革在地方的展开

1. 中央指导性意见条件下的"省直管县"改革

过去在全国不断铺开的"省直管县"改革，也是地方制度和管理方面的一大变化。2005 年中央政府为推进县乡级财政管理方式的改革，提出了在条件具备的地方，由省直管县和县管理乡财政工作的改革方针，到 2007 年全国已有 22 个省级政府开始实施改革 [2]。此外，2008年 8 月中共中央、国务院印发《关于地方政府机构改革的意见》，促进了县财政管理权限从过去的地级市手中转移到省里。

此项改革是在财政部的相关指导性意见指导之下进行的。关于这一问题的探讨尽管需要做更为深入的实证研究，但可以确定的是：除了财政部的权限问题外，在具体实施该指导性意见时，为了贴近地方的实际情况，中央给予了地方很高的自主性，期待地方能够独立克服出现的问题，而且这一点对本章的讨论非常重要。然而，既然中央已经要求在全国推行和实施此项全国性的改革，那么这一改革的前期试验就看似已经取得了成功。也可以认为，在这种情形之下应当暂时中断试验式改革，进入到将过去的改革试验成果转化为现实制度的过程，努力实现地方运行的稳定化。但是正如财政部提出的全面推进该项改

---

① 白智立：《中国地方政府改革的案例分析》[J]，明治学院大学主编《法律科学研究所年报》，2011 年第 27 期。

② 关于这项改革的考察，参见 [日] 佐佐木智弘：《县级经济发展与管理体制》[M]，佐佐木智弘主编《现代中国的政治稳定》，亚洲经济研究所 2009 年版；[日] 绪方俊则：《近期中国地方财政形势与省直管县财政改革》[J]，《地方财政》，2010 年 9 月。

革的意见中所表述的那样，中央继续要求地方灵活应对，继续开展改革试验。这就使这一试验式改革，呈现出无止境的、持续开展的状态。

最终，在赋予了地方较大自主性和自律性的此项改革中，中央提出的改革指导性意见成为了原则规定，在此范围内的具体地方制度的构建权力甚至被委任给了地方，各地由此可能出现富有多样性的制度运作方式，我们或许也可以将这一行为看作一项较为重大的地方分权。

2. 中央改革方针条件下的引入项目评估制度的改革

改革开放政策实施后，中国推进了政府行政管理的现代化。作为其中的一环，鉴于政府行政的低效率和行政腐败等问题，监督、监察、审计等的政府行政管理功能也开始得到重视。尤其是上世纪 90 年代之后在全球范围内兴起的新公共管理运动对中国产生了巨大的影响，干部和政府的绩效评估活动也盛行起来。而且在中央制定的政府行政改革以及地方政府改革方针等中被多次明确提出，因而促进了许多地方政府引入绩效评估制度。

陕西省某地级市实施的引入项目评估制度的改革试验，就是遵从了中央的相关改革方针。即便如此，我们仍可以说它是一次构建和创新制度的积极改革，是一次在地方治理层面非常大胆的改革。有关地方政府引入项目评估制度的改革，在当时还很罕见，而且是以人大为主体积极推进的，并且将诸多公众参与等民主行政要素纳入到了该制度中。它与"省直管县"的情况不同，由于不存在中央政府提出的具体改革指导意见，所以即使是陕西省某地级市这样的内陆偏远地区，也得以引入一些发达国家实施的项目评估制度。

不过，需要注意的是：之所以能够实施这样变化巨大的改革，之所以鲜明地反映了中央的改革方针，或许也是因为改革推进的主体将具体的制度设计工作委托给了中央政府的研究机构。然而，尽管我们还无法判断这样的改革试验最终能否真正实现地方治理结构的根本转变，但是在这里我们可以说的是，地方能够独立开展有关地方治理制度改革的试验本身就是一场轰轰烈烈的分权改革。

3. 中央制定的法律原则条件下的公务员分类改革

深圳市作为中国改革开放政策的实验区，在改革开放过程中进行了多项崭新的改革试验，并取得了辉煌的经济发展成果，至今仍受到全国瞩目。该市于 2008 年 8 月被中央政府的国家公务员局（2018 年并入中组部）正式指定为"公务员分类管理改革试点市"，人们对此寄予厚望，认为或许能够实施大胆的改革。之后，该市启动了行政机关公务员分类试点改革的准备工作。我国没有国家公务员和地方公务员的分类，一律统称为公务员，中央和地方公务员均按《中华人民共和国公务员法》（以下简称为公务员法）进行管理。因此我们可以说，该市的公务员分类改革一旦获得中央政府的认可，即获得成功后，其改革成果甚至有可能作为一种制度在全国范围全面应用。

在中央政府直接指定的前提下开展的深圳市公务员分类改革，可以说被限定在了中央政策方针和公务员法的框架及法律原则内。然而，在公务员分类改革与扩大聘任制公务员范围的改革中，即在中国公务员法规定的公务员制度的实际运用层面，可以认为深圳市的改革尝试非常有魄力且具有制度创新性，并通过精细的制度设计的改革，在结果上提高了公务员法律制度的实行可能性。

不过，深圳市的公务员分类改革与传统的公务员管理迥然不同，其结果能否立刻转变为全国性的制度，或许还是一个难解的课题。深圳在很早以前就成为了中国经济体制改革的范本，作为新兴城市的深圳市是一个传统体制色彩淡薄的经济特区，更是市场经济和法治化程度非常高的一个地方。因此，同中国其他地方相比，深圳市的行政环境明显不同，是一个非常特殊的地方。可以认为，如果将深圳市的行政管理改革成果作为全国性的制度，原封不动地移植到其他地方，恐将遭遇巨大的难题。

因此，这一实验式改革的最终结果很有可能是保留深圳市的成功经验，并对其进行调整后在其他地方采用不同的制度。这样一来，尽管存在公务员法这一制约全国范围公务员管理的大的制度框架，但在具体法律运用过程中会出现多种制度并存的样态。这或许也是上述试验式改革最终引发的改革结果。深圳市的改革试验具有设计公务员法实施细则的功用，也就是具有设计源自地方改革试验的全国性制度的作用，这一改革试验是旨在实现这一目标的试验。但实际上，在制定公务员法之前已经开展了众多类似的试验，而今后可能进一步融合该市的试验成果，继续延续试验式改革。此外，即便该市的试验取得成功，受到了中央的认可，但正如"省直管县"的改革所看到那样，一度成立的制度也很有可能再由各个地方进一步试验式地推进实施。我们在这里暂且不就这一问题作出价值判断，但我们也可以认为，深圳市的试验式改革与之前的考察一样，都包含着大量地方分权性质的要素。

三、试验式分权化改革与地方治理

（一）实验式改革的总结

上文以试验式改革方式为重点，分析了中国部分地方进行的相关改革尝试，但不可否认的是，如此庞大的问题设定远远超出了笔者的能力范围。同时我们还可以说，中国特殊的"党—国家"结构、政治过程的复杂性与不透明性、多重政府层级等原因都进一步增大了研究中国地方分权化过程及改革问题的难度 ①。在此，我们对以上探讨的关于实验式改革的考察分析加以总结。

第一，中国试验式改革方式的运用确实具有向地方让渡部分权限、扩大地方自主性的作用，并且已经出现了所谓符合"地方实际"的地方行政多样化现象。然而，或许以下的理解或解释更为妥当——也就是说，这是在传统的政治结构中实施的政府行为，至少是在中央整体指导方针的范围内开展的改革活动。同时，虽然实施了以上改革试验，但在之后很长的一段时间内，由于包括这种分权化和试验式改革等在内的、约束和决定中国中央与地方关系运行的法律等正式制度仍未得到充分建立或完善，因此这不仅妨碍了我们对地方分权制度变化的考察，甚至可以认为，本章所探讨的长期以来的分权化改革并没有改变中央与地方关系中的中央集权式统治结构。

第二，虽然试验式改革方式的运用等使中国长期存在地方分权化

① 日本的中国问题专家指出，尽管"中国经常被认为处于分权状态"，但由于"地方党委和国家机关"之间的关系等"会随着时代和具体情况而变化"，因此我们还未能对此准确把握。参见［日］高原明生：《中国的政治体制与共产党》［M］，日本比较政治学会主编《比较中的中国政治》，早稻田大学出版部 2004 年版，第 26 页。

的行政现象，但中国的这一分权化改革并不是基于包含分权改革目标、规划和愿景等内容的整体改革政策演进的，而且地方分权还尚未在中国政治、行政改革中显现出其核心的定位①。因此，关于当代中国"地方分权"改革的研究不得不用"地方分权化""地方分权性改革""试验式改革方式"等相关命题的考察来代替。换言之，以传统中央集权统治结构为前提的这一地方分权化改革远不同于以转变中央与地方关系为目标的"地方分权改革"，或许可以认为，它在本质上不过是中央向地方就中央不同时期的政策变动而寻求有效实施、协助或支持的一种政策机制。

第三，假如上述总结是妥当的，那么我们可以认为，中国实施的、本章考察过的试验式改革方式最终追求的目标，并非是对中央与地方传统统治结构的变革，其目的更在于如何有利于解决或克服现有体制运行中出现的多种弊端或问题②。然而由于存在本节前述提到的"第一""第二"等因素，所以包括中央与地方关系的制度构建、改革原则的提出在内的结构性"地方分权"改革，今后将对中国产生越来越重要的意义，理应成为政治与行政改革的核心课题。

第四，地方分权化改革很有可能会因中国改革的渐进性特征而出现试验式改革方式运用的固化的现象，或者我们可以说这一试验式改

---

① 中国学者的研究进一步指出，由于中国自古以来就存在过于强烈的集权意识，所以这种政治文化不仅制约了自治和地方分权，还制约了中国近代民主国家的形成。中华人民共和国成立后，在中央集权得到强化等历史背景下，地方独立性的发挥等被作为"地方主义"遭到否定和批判，最终导致分权与自治未能成为中国现代政治的核心。参见谢玉华、何包钢：《自治、地方分权与地方保护》［J］，《政治学》，2010 年第 8 期，第 48 页。

② 徐湘林：《寻求渐进政治改革的理性——理论、路径与政策过程》［M］，中国物资出版社 2009 年版，第 94 页。

革方式继续成为中国改革的主要方式。由此会形成这样一种结构：这一试验式改革方式，很有可能使得中央对地方的指导和管理基本上停留在大的原则方针上，这也将催生一定的地方分权化的改革态势，地方在这一范围内将作为中央政策承揽实施主体，而具有较为广泛的自主性。不过，这如果从与以往地方分权化改革的历史连续性角度观察的话，过去的分权化过程中所包含的随意性、不稳定性的特点则无法回避，而且不容忽视。

第五，一般认为：中国实验式改革所带来的地方分权化，既是承包中央政策的地方政府依据各地方的情理所表现出的政府行为，同时更具有依赖地方官僚的廉价且宽松的中国中央集权统治的结构特征。如果确实如此，那么我们不得不认为试验式改革不仅是具有分权性质的改革、是一种分权的方式，甚至不仅是分权行为本身，更成为了中国国家统治的规范。不过正如本章前述讨论过的那样，作为中国当前的政治行政课题，尽管存在法律制度不健全这一重大课题，但在当前政治结构之下，如何就现行法律制度以及中央政策方针等实施过程中的试验式改革加以组织和管理则显得更为迫切和必要。

在这里，我们简要探讨上述分权化与试验式改革方式在中国的政策过程中被经常化或固化的主要原因。

首先，不仅中国宪法明确规定要尊重地方的自主性和能动性，而且中国幅员辽阔，从国土规模和多样性的特点来看，试验式改革方式的运用也是理所当然的，具有相应的合理性。同时，既然中国改革的大前提是维持现行政治结构，那么就有可能最终不会采用建立地方自治以及联邦制等体制改革政策，这样传统的试验式改革方式的重要性将会进一步提升。此外，从尊重和促进地方自主性、能动性的角度来看，由于试验式改革方式是在向地方转移改革权限，或是制度创设权限的分权，因此在以中央的权益让渡为交换条件的基础上，确实能够促进中央政策和方针在地方得到贯彻、实施。

　　同时以此为契机，通过部分地方实施中央政策的改革试验及成果积累，也可以逐渐促成全国性政策或制度的形成。在改革开放和现代国家建设等方面，中国由于缺乏足够的经验和知识储备，使得中央改革政策的制度设计能力和推进改革政策的财力、权威、权力等出现不足，所以"摸着石头过河"式的试验式、渐进性的改革不仅可以规避巨大的社会风险，而且对于中央而言，让地方开展先行试验，替中央分担具体的制度设计责任确实合理且具效率性。当然，这也可以表现为是一种中央与地方相互依存或合作、利益交换的关系结构：最终，无论是中央还是地方只要共同维续实施中央方针——这两者都能接受的基本原则，那么不仅试验式改革方式带来的现代化发展成果可以归功于中央，而且地方也可以将中央的评价等政绩转化为实际的利益[1]。

（二）结构性"地方分权改革"的可能性

　　如上所述，中国确实存在地方分权化或地方分权性质的改革，而

---

[1]　徐湘林关于20世纪90年代地方政府开始积极致力于干部管理体制等"基层民主改革试验"的动机做过有趣的分析。他认为，90年代的市场化改革导致社会问题频发，党修改了过去作为干部晋升前提的、重视经济发展指标的干部考核评价制度，根据《党政领导干部考核工作暂行规定》（1998年），将组织建设、社会管理等指标纳入干部评价管理体系，改变了经济发展一边倒的人事评价方法。这对于经济发展条件不好的地方来说是有利的，尤其是在基层民主的扩大与干部人事制度改革的领域，这使干部可以通过非经济领域的改革及其成果来创建个人政绩。参见徐湘林：《寻求渐进政治改革的理性——理论、路径与政策过程》[M]，中国物资出版社2009年版，第97页。

且经过不断累积试验式改革，中国出现了很强的分权倾向。然而，中国并不存在像日本那样的，自 20 世纪 90 年代以来实施的地方分权改革相匹敌的、意欲改变明治国家以来的集权统治结构的，中央与地方关系的结构性改革。[①] 这一点应该也是毋庸置疑的。不过，这并不表明中国不存在类似于日本社会长期讨论的旨在推动结构性"地方分权"改革的政治和行政课题。对于中国社会而言，特别是从建立规范中央地方关系的法律制度等国内制度的建构、已经向"福利国家"政策转型的中国更应积极推动分权、自治进程，以及从解决社会问题和完善社会管理等公共治理与危机管理来看，结构性地方分权都应该是极其重要的改革课题[②]。

但是，中国还没有实际推进结构性地方分权改革。这当然可以从历史与制度的连续性中寻找到足够的理由，可以理解为这是古代中国的传统统治的历史和现代中国的政治结构的特质等[③] 造成的。此外，以往的分权化改革所引发的地方管理的混乱等也会时而强化中国的集权意愿，而既得利益阶层的形成也可能导致改革的复杂化。尽管应对这些问题需要更加深入地推进结构性地方分权改革，但由于还牵涉到以下两个问题，不得不使改革的难度进一步增幅。

第一，在中国推动结构性"地方分权"改革，尚未成为政府改革的正式政治话语，这不仅是由于相关问题意识还不尽充足，同时渐进

---

① 白智立：《日本行政改革比较研究》[M]，国家行政学院出版社 2012 年版。
② 白智立：《日本行政改革比较研究》[M]，国家行政学院出版社 2012 年版，第 268-269 页。
③ [日]毛里和子：《新版 现代中国政治》[M]，名古屋大学出版会 2004 年版，第 126-127 页；白智立：《日本行政改革比较研究》，国家行政学院出版社 2012 年版，第 271-274 页。

式政治体制改革的路径选择也是重要原因。与之相关的改革，在中国并不被理解为单纯的"行政体制改革"——虽不及推进民主政治和完善党的领导体制的改革，但也一直将其视为"政治体制改革"的重要部分。1989 年以来，由于中国一直将政治体制的改革定位为"渐进改革"，并且着力追求政治与社会的稳定[①]，所以在形式上反映了这一定位或倾向的地方分权性质的改革会经常采取试验式改革方式，仍然走的是渐进的道路。

第二，不推动结构性"地方分权"改革，可能还与近年来中国的经济发展有关联。这主要是由于特别是近年来中国将取得经济发展和现代化成功的主要原因归结为了现行政治体制和行政体制的有效性。很显然，这是基于经济发展与政治体制的相关关系得出的结论，或是针对以往人们关于中国政治体制改革滞后于经济发展的非均衡论作出的修正。因此，当下在中国还不会产生必然开展结构性"地方分权改革"的紧迫感。

关于这一点，《人民日报》在 2010 年 10 月 27 日刊登的一篇题为《沿着正确政治方向积极稳妥推进政治体制改革》的文章早就谈到，1949 年中华人民共和国成立以来，尤其是改革开放 30 多年来我们国家面貌的历史性变化和巨大的发展表明"我们实行的政治制度符合我国国情"且"具有强大的生命力"[②]。与此同时，文章指出中国特色社会

---

① 1989 年之后，中国一直未进行大规模的政治改革，但在 1998 年进行了大规模的机构改革，还向地方下放了部分权限。白智立：《中国政治变动的条件与展望》［J］，国际问题研究所《国际问题》，2001 年 3 月。
② 郑青原：《沿着正确政治方向积极稳妥推进政治体制改革——三论牢牢抓住历史机遇，全面建设小康社会》［N］，《人民日报》，2010 年 10 月 27 日。

主义政治的发展成果为人类政治发展和政治文明提供了重要经验，同时还批评那种认为改革开放 30 多年，经济发展取得举世瞩目的成就却政治体制改革严重滞后的看法既有悖于客观规律，也不符合客观事实的观点[①]。

（三）中国地方治理的课题

当然，《人民日报》的这篇评论也承认中国过去的改革中存在的问题和弊端，主张有必要实施进一步的改革。在此基础上，又强调现阶段应在此基础上加强党的领导、坚持社会主义政治制度、坚持不同于西方各国政治体制且具有中国特色的政治发展道路、继续走渐进路线等，即采用"走自己的路"的形式来推进改革[②]。关于这一点，在中共十八大报告等中也可以进一步得到确认。我们可以说有关今后中国结构性"地方分权改革"的短期展望还很难预测，同时，基于试验式改革方式的地方分权化的改革可能会持续下去。但这是否能够促进中国的制度结构转变，从本文已探讨的前期改革历程来看，中国今后仍然面临结构性"地方分权"的改革课题。

2007 年，笔者曾总结当时中国部分学者的讨论，并与日本结构性地方分权改革的变迁进行比较，立足于比较公共行政的研究视角进而

[①] 中国政府人士也认为，经过长年的努力，我国行政体制改革取得了显著成果，整体基本上符合中国经济发展的要求，否则就无法说明当前中国的经济发展。而且，中国要在 2020 年前完成建立符合中国实际的行政管理体制。根据笔者参加的"中国行政体制改革研究会成立大会"（2010 年 4 月 18 日）上的专家讲话。

[②] 郑青原：《沿着正确政治方向积极稳妥推进政治体制改革——三论牢牢抓住历史机遇，全面建设小康社会》［N］，《人民日报》，2010 年 10 月 27 日。

提出了中国未来地方分权的改革课题[①]，即建立并完善旨在规范中央与地方关系的法律制度、纠正制度与现实的分离现象、依法开展分权改革、通过建立完全自治单位来确立地方自治、重新构建并在制度上保障中央与地方关系。

针对这些改革课题的讨论，现在虽然主要限于中国部分学者的研究活动，但已经出现积极推动实际改革的迹象。2016 年《国务院关于推进中央与地方财政事权和支出责任划分改革的指导意见》中明确指出，要在 2019 年到 2020 年研究起草"政府间财政关系法，推动形成保障财政事权和支出责任划分科学合理的法律体系"，[②]这应该是十八大以来的重要改革举措，非常值得积极评价。由此而言，即便今天看来，这些改革课题可能还会继续留存下去。不过我们同时还要看到，这一改革课题的提出以及问题意识的表露已经存在于中国国内公共议题的讨论之中，这一知识的积累也可能有助于今后的分权改革。在本章的最后，笔者联系本章前文的考察分析，重点强调以下中国地方治理的课题。

第一，由于宪法明确规定了尊重地方实际的原则，而且地方的作用和影响也随着中国的经济发展而不断增强，因此今后出于尊重地方实际的现实考量，试验式改革方式或将继续被实践下去。如何实现试验式改革成果的法律制度化，借以最大限度地用于地方分权，这无疑将是一项重要工作。否则，我们就不得不怀疑究竟为了什么而试验、

---

① 白智立：《日本行政改革比较研究》［M］，国家行政学院出版社，第281—285 页。

② 《国务院关于推进中央与地方财政事权和支出责任划分改革的指导意见》（国发〔2016〕49 号）。

是不是为了试验而试验。特别是基于地方试验的政治、行政和社会经济等领域的改革，在某些情况下，也存在无法挽回的风险与弊端。就现状而言，由于不存在保障改革对象权利和尽可能减小对社会成员造成危害的制度设计，因此也存在诸多问题。此外，由于中国不存在地方自治，缺乏驾驭试验式改革的地方政治主体，因此可能为此承担更大的成本和风险。换言之，中国面临着改革成果制度化与试验式改革制度化的双重课题。

第二，与此相关联，就需要推动结构性地方分权改革，也就是说中国需要转变以往的试验式改革方式，或者修正和结束过去反复摸索的"摸着石头过河"的改革方式，进行旨在实现结构转变的改革。换言之，改革开放政策的实施已经过去了40年的时间，通过试验式改革方式摸索前进道路的改革方法已经告一段落，需要对其认真总结和反思。同时在此基础之上，今后中国完全可以从政治发展的高度明确提出确切方向——如或从重视中国国内制度脆弱性的角度，就存在于制度背后的改革目标、计划、理念、原则和整体蓝图展开讨论，进而设计和创新基本制度，通过达成共识来推动结构性改革。

第三，尽管中国过去的试验式改革确实扩大了地方权限，促进了国内经济的发展和繁荣，但同时也产生了诸多社会问题，如地方政府对地方公众权利的侵害、地方政府与地方社会紧张关系的形成、地方产业政策造成环境问题和农民失地现象严重等。未能有效解决社会问题，甚至成为了地方社会的麻烦制造者，这一现实使地方政府的行为与其本来追求的社会治理目标发生严重分离[①]。因此，为了解决这些现实问题，可能一方面需要改革并强化过去由中央政府对地方的管理，另一方面也非常需要通过建立地方自治和进行结构性改革来实现地方政治对地方政府及成员的管控。换言之，地方行政首长、地方公众代表的选举制度的有效落实，或将变得越来越重要。因此对于中国而言，实现中国宪法承认的"人民主权"、向"法治"这一宪法规定的回归，或将构成真正意义上的"地方分权"和地方治理。

---

① 中国学者指出，尤其是分税制后，中央政府可以凭借充足的财政维持权威和实现其再生产，但在统一的中央权威下，各级地方统治单位反而无法站在自主这一基础上与中央实现更加良好的协作，甚至无法保证对地方社会的良好统治。在此之上，提到了中央与地方关系的制度化，今后"中央有必要帮助、监督地方建立带有民主性质的地方统治结构。因此建议各地方政府也可在制度性框架中实现民主运作。刘伟：《迈向现代国家——新中国建国六十年国家政权建设的回顾、总结与展望》[J]，《中国政治》，2010 年第 2 期，第 16 页。相关事例如，谷棣：《山东诸城撤村建区改革悬念》[J]，《亚洲周刊》，2010 年 10 月 17 日，第 36-37 页。

| 第六章 |

党政精英选拔制度变迁

在可利用资源较为匮乏的现代化发展初始条件下，我国如何有效动员公共部门中较为丰富的人力资源，成为了推进改革开放政策和经济发展，以及实现从计划经济向市场经济体制转型的关键。因此，中国改革开放之初就大力倡导干部革命化、年轻化、知识化、专业化的"四化"原则，着力推进干部人事制度改革，而引入现代公务员制成为了中国干部人事制度改革的重要组成部分。以党政精英选拔制度为主体内容的现代公务员制在中国的成功建构，为改革开放政策的有效实施提供了组织保障，做出了巨大贡献。

　　2006 年是中国实施《中华人民共和国公务员法》（以下简称《公务员法》）的第一年。同年 10 月 11 日，中国共产党第十六届中央委员会第六次会议通过了《中共中央关于构建社会主义和谐社会若干重大问题的决定》（以下简称《决定》）这一纲领性文件。《决定》是中国当时的领导集体，针对"新世纪新阶段"中国面临的新的危机和挑战提出的带有整体性和全局性的应对方略。这里值得关注的是《决定》中党对中国现实矛盾和不安定因素的认知——首先是社会经济领域存在的问题和矛盾；其次是体制和民主法制的不健全；然后就是中国干部管理危机问题，即领导干部的"素质、能力和作风与新形势新任务的要求"不相适应，并存在严重的腐败问题。

　　换言之，中国的执政党意识到公共部门成员的能力不足和伦理缺位已经成为"影响社会和谐的矛盾和问题"之一。如何有效选拔公共部门成员，理所当然地成为了中国需要积极面对的核心问题。中国自 20 世纪 80 年代后半期启动了引进现代公务员制的历史进程，之后又不断尝试性地进行了"竞争上岗""公开选拔"等党政精英选拔制度的改革试验，最终以制定和实施《公务员法》的方式法律化。本章拟就这些制度设计和制度变革展开讨论，分析中国是如何通过对党政干部管理制度的变革来应对干部管理危机的。

一、干部管理与《公务员法》

　　一般而言，中国社会"官本位"传统根深蒂固，还由于 1949 年中华人民共和国成立以来中国在社会主义建设过程中，过于强调党和政治在社会价值中的核心地位，因而进一步凸现了本来是公共部门成员的"官"或"干部"在国家政治生活乃至社会秩序中的领导和统治特征。长期以来,这一群体一直被称作"干部",不仅表现其拥有一定的公共权力,更重要的是已经内化为一种身份或特权,或为精英的标志。

2006 年 1 月 1 日,中国开始施行《公务员法》,这在中华人民共和国的历史上还是第一次。有关公务员的范围,《公务员法》只是做了笼统的概括,没有采取列举的方式,但实际上该法涉及的管理对象几乎涵盖了原来被称为"干部"的所有人群——中国共产党机关、人大机关、行政机关、政协机关、审判机关、检察机关、民主党派机关和工商联等七类机关的领导成员和工作人员。[①] 这七类人群是中国公务员的实际范围,其中工勤人员同过去一样未被列入公务员序列,[②] 这也使公务员仍然保留了"干部"传统的身份特征和特权属性。关于这一中国现代公务员制向传统干部管理的制度回归,我们暂且不去讨论它对中国未来政治发展将会带来怎样的影响,但在这里至少可以指出:本章所要探讨的中国干部管理危机问题或者党政精英的遴选机制问题等,实际上可以换言之为中国公务员的选拔管理问题。

在向市场经济转型过程中,中国的经济体制和社会结构发生了剧烈和急速变动,党政精英、公务员群体也在发生剧烈变动,他们受到中国社会的强烈关注,甚至更多的是对这一群体的不信任和诟病。诸

---

① 1993 年 10 月 1 日施行的《国家公务员暂行条例》第三条规定,该条例仅适用于各级行政机关中除工勤人员以外的工作人员,公务员范围较为狭窄。伴随《公务员法》的施行,该条例也同时废止,中国公务员的范围被极大拓宽。

② 杨景宇、李飞主编:《中华人民共和国公务员法释义》[M],法律出版社2005 年版,第 7—9 页。

如有关公务员钱权交易和寻租等腐败案件的发生、卖官鬻爵等有关公务员晋升管理问题的增多，以及虽然这些公务员职业"风险"不断加大，但在就业压力等因素的影响下，公务员职业仍然是中国社会最抢手的职业之一，等等现象的出现，都表明干部管理危机不仅仅表现在公共部门内部，而正像中国的执政党也担忧的那样：已经成为引发社会危机的根源，或者说是中国社会危机的一种表现。

改革开放以来，中国的社会利益结构发生了剧烈而深刻的变化，甚至引发了剧烈的社会矛盾。而在进入 21 世纪之后，这一中国社会的变动趋势不但没有减弱，反而不断增强。随着社会主义市场经济进程的不断加速，以及经济的持续高速增长，国家与社会、公共部门与私人部门、政府与公众、公共权力与个人的关系也在被重新建构，它们之间的关联越发密切，公共权力的触角也越来越深入到公众的日常生活之中。这使公共部门公共权力的行使更多地被置于多重利益的相互博弈之中。同时，公共权力在越来越多的利益分割情境中，特别是在公共部门和成员的传统地位和权威在市场经济条件下仍旧保留下来，而中国的经济高速增长又使其可支配公共资源同过去相比出现巨大增幅的前提下，公共权力已经被大大强化，公共权力与经济利益间的交易机会增多。

这一变化我们不妨理解为，随着现代化政策的深入，中国也开始显现出现代国家的部分特征——政府主导多元利益整合、行政服务（公共服务）的剧增和质变，以及公共部门在公共生活中的角色凸现等。但是，这里问题的所在是：正如前述《决定》中所表述的那样，虽然中国的执政党和政府也已经意识到"统筹兼顾各方面利益任务艰巨而繁重"，但公共部门及其成员在没有经验上、制度上、心理上的充分准备的情况下，就被不自觉地推入复杂而多元的利益纠葛中，同时执政党和社会公众要求他们做出更为积极、合理、公正、公平、效率的判断并进行实际的利益分割。①

我们可以说：这一角色转变由于是在较短时间里出现的，而使公共部门，特别是公共部门中的成员难以有效适应，因而出现了"吏治腐败""吏治危机"现象的增幅，并在中国连锁引发深刻的社会危机，公众对政府的信任和执政党的合法性、执政能力也经受严厉的考验。如在 2004 年 9 月 19 日中国共产党第十六届中央委员会第四次全体会议通过的《中共中央关于加强党的执政能力建设的决定》中，明确指出影响党的执政能力、执政成效的因素包括："领导干部和领导班子思想理论水平不高、依法执政能力不强、解决复杂矛盾本领不大，素质和能力同贯彻落实'三个代表'重要思想、全面建设小康社会的要求不适应；一些党员干部事业心和责任感不强、思想作风不端正、工作作风不扎实、脱离群众等问题比较突出"，"一些党员不能发挥先锋模范作用"，并存在较为严重的腐败现象等。这成为了中国的执政党和政府以及社会公众普遍关注"吏治"问题，即干部管理危机问题的最主要和最直接的原因。

而这时中国提出构建"和谐社会"，实际上是在表明中国的公共政策已经开始向现代国家的"福利国家"政策方向作出调整，也使中

---

① 当时的中共领导人提出的构建"和谐社会""科学发展观"以及公共政策的制定和执行要贴近人民群众等，实际上都在不同程度地要求公共部门及其成员的行为要较高地体现积极的政治回应性。

国政治管理、公共管理的宏观环境变动成为不可逆转的现实，今后还会长期持续下去。同时，中国将在 20 个世纪 90 年代之后推行的多项包括"竞争上岗""公开选拔"等在内的、旨在变化传统的党政精英选拔方式的改革实践以法律的形式固定下来，实现了党政组织人事制度改革实验成果的制度转化。这一变化，我们可以将其理解为中国应对公共管理环境变动以及在此背景下的干部管理危机的积极政策。

本章的基本问题意识或假设是：中国出于自身发展和维系的强烈危机感，以《公务员法》施行为标志，在试图通过制定法律、法规和利用法律手段等，通过现代公务员制在中国的构建力图实现对党政干部的有效管理，最终促进对中国社会的有效治理。如果结论真的如此，那么中国《公务员法》颁布实施所具有的政治上的象征意义，可能大于法律本身所具有实质意义。这就需要我们在评估中国干部管理危机的深刻程度的基础上，有必要认真思考和探究：干部管理危机生成的宏观背景和制度性原因，以及相关制度设计是否能够很好地应对结构性干部管理危机、能否推动中国的干部管理变革——即实现中国的执政党和社会公众所期待的能力和伦理的提升，中国的干部管理的变革最终是否能够最好地实现公共利益，最大程度地体现公共精神，达到有助于中国发展和维系的目标，以及现代公务员制在中国的成功确立。

本章的具体研究主要以公务员选拔任用制度为切入点，选取公务员考试、竞争上岗以及公开选拔这三项中国推行的公务员遴选和晋升制度为考察对象，主要围绕现代公务员制的构建和中国干部管理危机的有效治理问题展开具体讨论和分析。试图通过中国推进的公务员立法，观察党政精英选拔制度的变化，进而讨论现代公务员制的构建对于中国政治和公共行政发展的现实意义和存在的问题。因此，本章仅讨论改革开放政策实施之后一直到《公务员法》颁布这一时段的相关问题，《公务员法》实施之后的制度变化等则不是本章所要讨论的内容。

二、现代公务员制导入之前的改革实践

中国在 20 世纪 80 年代后期开始了构建现代公务员制的历史进程。虽然当时的制度设计者们出于深化政治体制改革的思考，使这一制度建设具有了与 19 世纪职能国家现象出现过程中欧美国家类似的制度生成动机——即"党政分开"和效率的双重制度需求。这两种制度需求在后来，特别是《公务员法》实施引发的诸如公务员范围的拓宽以及"党管干部"原则的法定化等向传统的"干部"管理制度的回归现象，可以说今天中国构建现代公务员制的实际动机是建立在对前一制度需求的否定，并限定在与基于当前中国政治结构的"现行干部管理体制的要求"相统一的现实的效率追求范畴之内的。[1] 究其原因，我们可以回顾自 1989 年之后的改革进程——中国的改革逻辑一直带有较为强烈的党的权力集中指向性[2]。

欧美国家现代公务员制的建立是以"公务员考试"制度的推行为标志的。中国在引进这一制度时，也许曾经有过长期的科举考试传统，因此也不例外地将通过考试选拔公务员作为中国现代公务员制建立的

---

[1] 这一点，在当时国家人事部部长张柏林关于《公务员法》的立法原则和立法指导思想的说明中表明得较为具体。张柏林：《关于〈中华人民共和国公务员法（草案）〉的说明》，2004 年 11 月 25 日，http://www.npc.cn/zgrdw/common/zw.jsp?label=WXZLK&id=341710。

[2] 白智立：《中国政治变动的条件与展望》[J]，《国际问题》，2001 年 3 月，第 17-22 页。

重要制度象征，并毫不犹豫地从推行"凡进必考"开始构建中国的公务员制度。这一制度建设进程的次序与欧美国家一致。

不过，以1993年中国颁布和实施《国家公务员暂行条例》为标志，参考发达国家公共部门人事管理经验正式引入现代公务员制之前，被称为改革开放"总设计师"的前中国共产党最高领导人邓小平，针对"文革"结束后存在的传统干部管理制度不能有效地选拔和培养党政精英人才的弊端——干部管理权力过度集中、管理制度不健全、缺乏科学和有效的选拔人才的方法和制度、陈旧单一的人才管理方式以及选拔任用存在严重不正之风等问题，已经提出了相应的干部人事制度改革构想。[①] 这些构想的提出主要体现在1980年8月题为《党和国家领导制度的改革》的著名讲话中。可以说邓小平的这篇讲话促进了中国建构现代公务员制的进程，而且长期以来对中国共产党党政精英选拔制度改革发挥了不可忽视的重要指导作用。

当时的中国提出了实现包括工业、农业、国防和科学技术现代化的"四个现代化"（简称"四化"）国家发展目标。在当时人才紧缺和干部"老化"的情况下，为了尽快发现和培养实现"四化""急需"的人才，则需要改革传统的党政精英选拔任用管理方式，并提出了干部四化的原则——革命化、年轻化、知识化、专业化。干部四化原则实际上包含了一直影响至今的党政精英选拔的三项基本标准：一是"革命化"中对公共组织成员所谓"德"的最基本要求，但这里最为强调

---

① 徐颂陶主编：《新编国家公务员制度教程》[M]，中国人事出版社1994年版，第11—12页。

的是"坚持四项基本原则"①的选拔标准，即对党和意识形态的忠诚，而不是一般意义上的现代公务员伦理规范；二是"年轻化"中包含的年龄标准，虽然多年后领导干部的"老化"问题已经没有"文革"结束初期那么严重，但仍然作为党政精英选拔的指针发挥了重要作用；三是"知识化""专业化"中包含的对公共组织中成员所谓"才"的概括性要求，虽然随着不同时期国家改革目标需求的不同，有关知识和专业要求的具体内容可能发生变化，但强调和重视知识和专业性的选拔标准今后还会得到深化。

邓小平的这篇讲话对本章而言更为重要的是提出了发现和选拔符合这些标准的急需人才的方法，并提出将其制度化的必要性和紧迫性。如"将来很多职务、职称，只要考试合格，就应当录用或者授予""关键是要健全干部的选举、招考、任免、考核、弹劾、轮换制度"等。这里提出的"考试录用""招考"等有关公务员考试制度的思路在13年后中国建立国家公务员制度时得以最终确立。②

邓小平讲话之后的具体改革推进过程是：1982年原劳动人事部颁布了中国"第一个关于干部录用工作的综合性文件"——《吸收录用干部问题的若干规定》，对公共组织成员的录用选拔"首次提出了'考试录用'的要求"——面向社会"公开招收""自愿报名""统一招考""择

---

① 即"坚持社会主义道路；坚持无产阶级专政；坚持共产党的领导；坚持马列主义、毛泽东思想"。

② 即1993年10月1日施行的《国家公务员暂行条例》。该条例是中国在总结自身的干部人事管理经验和参考西方现代公务员制的基础上形成的，规定了国家公务员的义务与权利、职位分类、录用、考核、奖励、纪律、职务升降、职务任免、培训、交流、回避、工资保险福利、辞职辞退、退休、申诉控告、管理与监督等各项人事行政管理制度，形成了中国现代公务员制的基本制度框架，而且基本上被后来的《公务员法》继承下来。

优录用";1987 年中共十三大提出建立国家公务员制度,强调通过"法定考试""公开竞争"选拔"业务类公务员",以区别于所谓"政务类"公务员,较接近现代公务员制的管理模式;1988 年第七届全国人大第一次会议提出应依法"通过考试,择优选拔"公务员;1988 年底中国开始试行考试录用干部,初步确立了"面向社会""公开报名""统一考试"的原则,之后"凡进必考"制度得到进一步确立和推进。也就是从这一年开始,中国的中央和地方开始试行考试录用干部的制度。1989 年中国提出"凡进入国家行政机关一律实行考试","这意味着国家行政机关录用工作人员,考试将作为一种主要的途径和方法",标志着中国"考试录用工作的初步确立"。[①]

三、《公务员法》与考试录用制度

(一)公务员管理权、改革连续性与《公务员法》

中国《公务员法》的立法进程始于 1984 年着手起草《国家工作人员法》,后来经历 1989 年的政治动荡、1992 年的邓小平视察南方谈话,以及中共十四大报告提出建立国家公务员制度之后,终于在1993 年颁布《国家公务员暂行条例》(以下简称《暂行条例》)。虽然在后来的十余年,中国经历了经济的高速发展和社会巨变,而且公务员管理法律化的呼声十分强烈,但该《暂行条例》还是"暂行"了十多个春秋,一直到进入 21 世纪的 2005 年才得以颁布。如果将《公务员法》立法进程的起点设定在 1984 年,那么可以说中国为公务员

---

① 徐颂陶主编:《新编国家公务员制度教程》[M],中国人事出版社 1994 年版,第 76-79 页。

立法付出了长达 20 年的艰辛努力。

中国共产党为了保持其在国家政治生活中的主导地位，长期以来主要是通过党直接掌管干部管理权来管理党政精英、直接掌管军队指挥权来最终保证其执政地位，以及通过直接掌管宣传权来管理社会思想，以实现党对国家和社会的绝对领导。对执政党来说，这三种统治路径的微调或修正都有可能影响政权和统治的稳定。因此如前所述，中国共产党虽然也提出要推行社会主义民主、政治改革以及公共行政的法律化改革等，但从《公务员法》立法进程来看，中国共产党在关乎国家统治领导权的干部人事制度变革上表现得非常谨慎。[①] 不仅如此，1989 年之后的公共行政领域的改革，包括《公务员法》在内多带有强化党的领导的强烈指向性。

中国进入 21 世纪后出台的《公务员法》还是具有鲜明的目的性和现实回应性的。一是同本章前述内容相关，最终以法律形式将党的机关工作人员等纳入公务员序列以及将党的组织部门正式置于公务员管理的综合主管部门。虽然在是否与政府行政权矛盾的问题上有待进一步讨论，但毋庸置疑公务员管理的法律化具有进一步强化党的干部管理权的政治内涵。通过法律的形式确定和固化"党管干部的原则"（《公务员法》第四条），这在中华人民共和国立法史上还是第一次。这或许可以解释为中国存在深刻的干部管理危机之使然，我们还可以通过《公务员法》总则中有关立法目标的相关规定进一步得出一些有

---

① 这里探讨的是法律层面的制度结构变革。干部组织人事制度的改革，同其他改革模式基本相同，就是先试验、后总结和最后推广的过程。实际上包括"竞争上岗""公开选拔"等在内，《公务员法》包含了许多改革试验成果。

益的结论。

《公务员法》第一条明确规定：为了规范公务员管理、加强公务员监督、建设高素质公务员队伍、促进廉政勤政、提高工作效能等制定该法。这一该法立法目标同本章开头部分有关干部管理危机和党的执政能力的讨论形成强烈的呼应；同时总则中有关中国公务员管理的基本原则，则可以联系本章前述内容，用前人事部长宋德福说过的一句"老话"来概括：中国实行现代公务员制"实际上是一个不断落实邓小平同志干部人事制度改革要求的过程"①。强调公务员管理和公务员对意识形态的忠诚（第4条）以及公务员管理的"德才兼备"原则（第7条），公务员管理的"公开、平等、竞争、择优"原则（第5条），都可以说同20世纪80年代以来的干部人事制度改革有着密切的连续性。这些原则也同样体现在本章后述"竞争上岗""公开选拔"制度上。或许中国试图引入和强化竞争机制，来具体应对时下的干部管理危机，提高党治理国家的执政能力。

（二）"进口"公开选拔——公务员考录准入制度

公务员考试或许是当今中国最能体现"竞争"效应的事物。一般而言，在中国法律规定凡拥有中国国籍、年满18周岁（《公务员法》第11条）都可以报考公务员，而对其他报考资格要件则规定得不是非常具体。

《公务员法》颁布实施之初，由于相关《公务员法》配套法规没

---

① 徐颂陶主编：《新编国家公务员制度教程》[M]，中国人事出版社1994年版，第3页。

有出台，仍然继续"暂行"适用 1994 年 6 月人事部发布的《国家公务员录用暂行规定》，①其中共有七项资格条件要求：（1）具有中华人民共和国国籍，享有公民的政治权利；（2）拥护中国共产党的领导，热爱社会主义；（3）遵纪守法，品行端正，具有为人民服务的精神；（4）报考省级以上政府工作部门的应具有大专以上文化程度。报考市（地）以下政府工作部门的文化程度由省级录用主管机关决定；（5）报考省级以上政府工作部门的须具有两年以上基层工作经历，国家有特殊规定的除外；（6）身体健康，年龄为 35 岁以下；（7）具有录用主管机关批准的其他条件。

该规定同《公务员法》相比，进一步细化和强调了公务员的政治性，即对党和中国现行政治体制的忠诚；同时，对公务员报考者提出了学历和能力的要求，即现代公务员制的功绩制原则，而且在设定学历下限的基础上，强调了实际能力。②当然还包含了公务员的道德伦理要求。从这些资格要件中，我们不难发现中国要选拔什么样的公共部门成员。这里还需要关注的是公务员录用选拔的集权倾向——中央和省级录用主管机关。在《公务员法》制度框架下，具体而言：通过采取向中组部、当时的国家人事部以及省级地方组织部和人事厅集中公务员录用管理

---

① 《国家公务员录用暂行规定》（1994 年 6 月 7 日人事部发布），收录于人事部政策法规司审定：《国家公务员常用法规文件选编》，中国人事出版社 2002 年版，第 70 页。

② "基层工作经历"成为测量报考者实际工作能力的一项指标。由于大学生就业状况的变动，这项标准在实际操作时也在发生变化。不管怎样，同学历要件一起，实际能力作为公务员的另一项资格要件已经确定下来。如，规定没有基层工作经历的新录用公务员应安排到基层工作 1—2 年（《国家公务员录用暂行规定》第 31 条）。同时《公务员法》还规定新录用公务员试用期为一年，从制度设计上看，中国的录用选拔标准还是较为严格的。

权的方式（《公务员法》第 22 条），以保证中央地方公务员队伍整体的质量提升。①

　　为进一步体现公务员的"知识化"和"专业化"，学历要件已经同新录用公务员的任职定级联动、挂钩。《新录用国家公务员任职定级暂行规定》（1997 年 3 月 28 日人事部发布）中规定了录用时未明确报考职位且试用期满考核合格的公务员，根据学历和资历条件，在主任科员以下非领导职务的任职定级：②（1）高中和中专毕业生，可任命为办事员，定级为十五级；（2）大学专科毕业生，可任命为科员，定级为十四级；（3）大学本科毕业生，获得第二学士学位的大学本科毕业生、研究生班毕业和未获得硕士学位的研究生，可任命为科员，定为十三级；（4）获得硕士学位的研究生，可任命为副主任科员，定为十二级；（5）获得博士学位的研究生，可任命为主任科员，定为十一级。

---

①　即便如此，中国公共部门人事管理的实际运作，从整体上看仍然存在诸多混乱和问题。人事管理权——这里主要是人事行政规则的决策权的集中是在试图解决这些问题。同时《公务员法》继承了这一点，而且进一步强调了管理与监督（如第 7 章法律责任）。另外，中国的人事行政专家认为，考录的功用不仅在于能够选拔优秀的和"德才兼备"的人才，还能"抵制用人上的不正之风"，具有"促进机关的廉政建设"的"社会效果"。参见，徐颂陶主编：《新编国家公务员制度教程》，第 81—82 页。

②　即《暂行条例》第 10 条规定：（1）国务院总理：一级；（2）国务院副总理，国务委员：二至三级；（3）部级正职，省级正职：三至四级；（4）部级副职，省级副职：四至五级；（5）司级正职，厅级正职，巡视员：五至七级；（6）司级副职，厅级副职，副巡视员：六至八级；（7）处级正职，县级正职，调研员：七至十级；（8）处级副职，县级副职，助理调研员：八至十一级；（9）科级正职，乡级正职，主任科员：九至十二级；（10）科级副职，乡级副职，副主任科员：九至十三级；（11）科员：九至十四级；（12）办事员：十至十五级。有关党的机关工作者的职务与级别对应关系，参照《暂行规定》规定在《中共中央组织部关于中国共产党机关参照试行〈国家公务员暂行条例〉的实施意见》（1993 年 8 月 24 日）之二"职务设置与人员分级"中。

与《暂行条例》一样，综合管理类非领导职务在《公务员法》中仍被分为巡视员、副巡视员、调研员、副调研员、主任科员、副主任科员、科员、办事员八种。这实际上在"入口"阶段就已经开始了人才的选拔和区别，而且高学历与低学历新录用公务员之间从一开始就形成较大的差距。可能出于之后改革公务员薪酬制度的考虑，与《暂行条例》不同的是《公务员法》中并没有规定与公务员职务相对应的级别，而是以委任立法的形式授权给了国务院（第 19 条）。[①] 无论怎样，一般而言学历程度越高，初任公务员的职务级别也越高的趋势还将保持下去。这种高学历优越的公务员录用管理制度，对那些求职者的择业行为能够产生较大的导向作用，会吸引更多的高学历毕业生报考公务员，自然会在整体上提高中国公务员队伍的学历水平和受教育水平。

如何从那些拥有高学历和一定实际能力的公务员报考者中发现和选拔出公共部门最需要的人才呢？中国同其他实行现代公务员制的国家一样，也不例外地采用了"公开考试"的考录制度。这在有着长期科举制传统的中国，通过考试录用官员实际上并不新鲜，而且中国在正式引入现代公务员制之前，由于邓小平的积极倡导就已经推广实行过，因此这种选拔方法在人口众多且多民族国家的中国很容易被社会公众所接受。

《公务员法》对录用考试的规定相对较为详尽：一是规定了"公开考试、严格考察、平等竞争、择优录取"（第 21 条）的原则；其

---

① 一般认为，《公务员法》之所以只规定了职务与级别相对应的基本原则，而没有规定具体的对应关系，是要"为改革留下了空间"，将来有可能增加"级别数量"，以"体现向基层倾斜的指导思想"。杨景宇、李飞主编：《中华人民共和国公务员法释义》[M]，法律出版社 2005 年版，第 64 页。

次是要求发布招考公报，做到公开和周知（第 26 条）；三是招考基本程序包括：资格审查、笔试和面试，以此来测试报考人员的资格条件、基本能力和专业水平（第 27、28 条）；四是对考试合格者进行资格复查、考察和体检（第 29 条）；五是公示拟录用人员名单；六是公示期满后，招录机关（即用人单位）将拟录用人员名单报中央或省级等公务员主管部门备案或审批。

　　除此之外，当时有关公务员招录的规定还包括：《国家公务员录用暂行规定》、《人事部办公厅关于统一确定国家公务员录用考试公共科目的通知》（1995 年 4 月 19 日）、《人事部关于中央国家行政机关公务员考试录用工作经费有关问题的通知》（1995 年 6 月 28 日）、《人事部关于聘请国家公务员考试录用监督巡视员的通知》（1996 年 3 月 28 日）、《人事部办公厅关于加强国家公务员录用考试笔试命题管理工作的通知》（1997 年 1 月 23 日）、《新录用国家公务员任职定级暂行规定》（1997 年 3 月 28 日人事部发布）、《人事部办公厅关于建立国家公务员录用考试公共科目与通用专业试题库的通知》（1998 年 2 月 19 日）、《关于严肃人事工作纪律认真处理违规进人严格录用考试纪律的通知》（2000 年 6 月 21 日）、《人事部关于印发〈国家公务员录用面试暂行办法〉和〈国务院工作部门面试考官资格管理暂行细则〉的通知》（2001 年 6 月 28 日）、《人事部卫生部关于印发〈公务员录用体检通用标准（试行）〉的通知》（2005 年 1 月 20 日）等。

　　中国的公共部门人事管理实务者将公务员制度理解为"进口""管

理"和"出口"三个环节，[①] 即考录准入制度、进入公务员队伍后的管理制度、退出制度。从以上繁多的规定以及中国领导人对考录制度的定位来看，都凸现了中国对被称作"进口"的公务员选拔准入管理的重要性及其制度化建设的高度关注，试图通过种种严格的制度设计和建立达到选拔和发现适合"新形势新任务"要求的具备相应素质和能力的人才。

在这里，强调客观规定的规则或制度以及将功绩制原则引入公共部门成员的选拔任用，恰恰是一般意义上的现代公务员制的基本内涵。由此我们可以看到中国在构建现代公务员制过程中所付出的艰辛和努力。但同时，我们就考录制度本身的选拔技术有效性问题暂且不做探讨，而现实的制度实行过程中的诸如选拔公正性、公平性等传统的干部管理危机问题，在《公务员法》实施之初还看不到通过制度的建立而得到最终解决。[②] 因而，现代公务员制真正确立还有待于更长时期的中国政治、社会的深刻变革。

四、现代公务员制导入之后的改革探索——竞争上岗、公开选拔

（一）传统选拔机制失灵、干部管理危机与新的选拔制度设计

在本章的上一节中，我们主要探讨了中国公共部门"入口"选拔

---

① 徐颂陶主编：《新编国家公务员制度教程》［M］，中国人事出版社1994年版，第7-8页。

② 根据笔者自2006年4月至2007年10月的访谈调查，中央和地方的公共部门都不同程度地存在着"因人设岗""因人考录"，基层部门考录制度推行不够彻底，以及考试中，特别是面试环节"不正之风"严重等现象。

录用的公务员准入基本制度安排，其管理对象主要是参加公务员统一公开考试的非领导职务的新录用公务员。我们已经看到，严格的"入口"选拔制度在中国历史上早已存在，加上中国改革开放后通过"高考"制度成功地将人才选拔付诸现实，因此在人们的心理上和制度设计者的政策设计和产出成本、风险上都不存在太大的障碍和影响。而在公务员——公共部门成员的"管理"阶段，即在领导干部的晋升任用制度中引入公开、竞争的选拔机制则可以说是一种全新的尝试，存在较大的成本和风险问题。

这项改革实践虽然带有一定的成本和风险，但是中国的执政党和政府还是锐意推行，经过世纪之交的一番改革试验之后，最后结果于中共中央印发的《党政领导干部选拔任用工作条例》（2002 年 7 月 9 日）和后来的《公务员法》之中，作为一项正式制度而存续下来。这一改革是在中国建立市场经济体制和建立法治、民主国家进程中推进的，笔者认为其动因可以主要概括为以下两个方面[1]。

一是传统的领导人员选拔机制、准入制度的失灵。这可以理解为传统的领导干部内部晋升制度滞后于中国市场经济的发展，难以选拔出适应中国发展和需要的人才，不能对公共组织领导人员进行有效选拔，阻碍了公共部门的现代化、科学化和高效化，同时无法适应中国社会经济的飞速发展和急剧变化。

其二就是作为前一动因结果的所谓中国人事管理中的严重腐败现

---

[1]　白智立：《第六章　管理人员选拔与配置》［M］，萧鸣政主编《人力资源开发与管理——在公共组织中的应用》（第二版），北京大学出版社 2009 年版，第 208 页。

象，即我们在本章开头阐述过的一般所说的吏治危机。这是由于在新的市场经济条件下，中国社会出现了巨大变动甚至混乱，同时也使公共组织中拥有公共权力的领导人员职位开始含有巨大的潜在经济利益，在中国围绕公共权力或职位的获得，出现了大规模的"卖官鬻爵""买官卖官""跑官要官""批发乌纱"等向前近代官僚制回归的丑恶官场现象。①

以上问题带来的不仅是公务员队伍的混乱和道德伦理的下滑，也引发了中国公共部门领导人员忠诚目标或对象的转移，政策目标无法达成以及公共政策和公共利益无法有效实现的结构性问题，同时也严重危及到政权的合法性和政治统治的实效性，因此成为促使中国变革公共部门领导人员选拔制度得以推进的现实要因。

在《公务员法》颁布之前，中国共产党于 2002 年出台了《党政领导干部选拔任用工作条例》（以下简称《条例》），专门列出"第九章公开选拔和竞争上岗"。②该条例规定，公开选拔是面向社会公开选拔党政领导干部的方式；而竞争上岗是"本单位或者本系统内部"选拔党政领导干部的方式。条例还提出公开选拔和竞争上岗是党政领导干部选拔任用的"一种方式"（第 49 条），因此并没有预计将其全面推广下去。具体程序主要包括（第 51 条）：公告预定选拔的职位、

---

① 当时最具有典型意义的是原黑龙江省绥化市委书记"马德卖官案"，卖官受贿案涉及 260 名官员，被称为中华人民共和国成立以来查处的最大卖官案。（《三联生活周刊》2005 年 4 月 11 日，第 13 期，第 16—34 页）。

② 该条例是在对《党政领导干部选拔任用工作暂行条例》（1995 年 2 月 9 日中共中央发布）修正的基础上制定颁布的。虽然《党政领导干部选拔任用工作暂行条例》也提出了领导干部选拔应该坚持的"公开、平等、竞争、择优"原则，但特别是在"竞争"上没有具体制度化。

资格、程序和方法；资格审查；民主测评（仅限于竞争上岗）；统一考试；组织考察，研究提出人选方案；党委讨论决定。

但能够参加公开选拔和竞争上岗的基本资格条件要求较多，其中除了第六条规定的六项政治素质、忠诚要求等之外，第七条中还列举出了七项资格条件要求：（1）提任县（处）级领导职务的，应当具有 5 年以上工龄和 2 年以上基层工作经历；（2）提任县（处）级以上领导职务的，一般应当具有在下一级两个以上职位任职的经历；（3）提任县（处）级以上领导职务，由副职提任正职的，应当在副职岗位工作两年以上，由下级正职提任上级副职的，应当在下级正职岗位工作 3 年以上；（4）一般应当具有大学专科以上文化程度，其中地（厅）、司（局）级以上领导干部一般应当具有大学本科以上文化程度；（5）应当经过党校、行政院校或者组织（人事）部门认可的其他培训机构 5 年内累计 3 个月以上的培训，确因特殊情况在提任前未达到培训要求的，应当在提任后一年内完成培训；（6）身体健康；（7）提任党的领导职务的，应该符合《中国共产党章程》规定的党龄要求。

另外还规定，特别优秀的年轻干部或者工作特殊需要，可以破格提拔。破格提拔程序另行规定。这里虽然特别规定了"破格提拔"的例外，但更为强调了"逐级提拔"的原则，并规定了具体的现任职务任职年限等资历、经历、实际工作能力的资格条件，目的是使领导干部的选拔任用进一步制度化和程序化，避免因制度缺位而产生选拔秩序混乱和随意性的弊端。"逐级提拔"本身体现了普遍意义上的现代公务员制中功绩制的原则——即根据资历、能力选拔晋升，也是中国的干部制度改革和现代公务员制度的设计者，为打破党政领导干部选拔任用的传统模式，而长期探索的制度内容。① 而《条例》虽然导入了公开竞争的选拔机制，同时又以制度的形式进一步将"逐级提拔"秩序化和固化，进而使中国对真正的政治权力实体——党政领导干部的管理，置于现代公务员制（或曰现代行政官僚制）的管理模块之内，这种官僚制特征对之后的中国政治和社会的发展将产生何种影响，非常值得关注。

同时，同我们对招考选拔录用制度的考察一样，《条例》通过对学历资格条件的限定，以提升公务员队伍中领导干部的知识水平和受教育水平，也是对干部能力要求的体现。总之，这一中国组织人事政策目标就在于在明确任用标准的前提下，通过引入竞争来发现和选拔适合组织目标的人才，同时也对公共部门领导人员的自我开发等行为产生导向作用。

相关领导干部选拔任用的制度内容还具体规定在以下文件中：《公开选拔领导干部工作暂行规定》（2004 年 4 月 8 日）、《党政机关竞争上岗工作暂行规定》（2004 年 4 月 8 日）、《中共中央组织部关于进一步做好公开选拔领导干部工作的通知》（1999 年 3 月 3 日）、《党政领导干部选拔任用工作监督检查办法（试行）》（2003 年 6 月 19 日）、《中共中央组织部办公厅关于印发〈党政领导干部选拔任用工作条例〉若干问题的答复意见（一）》（2003 年 4 月 3 日）、《中共中央组织部关于坚决防止和纠正选拔任用干部工作中不正之风》（1994 年 10 月 29 日）、《中共中央纪委中共中央组织部关于坚决防止和查

---

① 赵东宛：《论人事制度改革》［M］，中国人事出版社 1995 年，第 18、60 页。

处干部选拔任用工作中的不正之风和违纪违法行为》（2001年5月1日）等。同本章前文考察过的录考选拔制度一样，也是旨在通过强化制度安排，提升党政精英选拔的规范性和有效性。

（二）竞争上岗：内部竞争选拔模式

有关竞争上岗的领导干部选拔任用制度，在《公务员法》中也涉及不多。仅在第15条中规定："机关内设机构厅局级以下正职领导职务出现空缺时，可以在本机关或者本系统内通过竞争上岗的方式，产生任职人选。"但即便如此，以法律的形式规定竞争上岗这一竞争选拔模式为中国领导干部选拔的正式制度之一，就已经表明了中国要变动具有浓厚集权人治色彩的传统领导干部选拔任用制度的决心。同时，相关任职人选可以面向整个机关，甚至扩展到系统内，应该说这一内部竞争选拔模式还带有一定的开放性，可以说是一种"准开放"的任用管理模式。而且在中国的一些公共部门，竞争上岗的领导干部选拔制度推进的较为深入。如当时的国家人事部95%以上司处级领导干部竞争上岗产生："近年来，共组织了17次竞争上岗，任用了副司级行政领导干部和88名部机关的处级领导干部"——国家人事部"部机关和事业单位副司级行政领导职务以及部机关处级领导职务出现空缺时，都通过竞争上岗产生"（《中国人事报》2007年8月20日）。

《党政机关竞争上岗工作暂行规定》（2004年4月8日）对竞争上岗如何操作作了较为详细的规定。首先在第一章总则第一条中提出，竞争上岗的选拔方式实施的目的在于实现干部工作的"科学化、民主化、制度化，促使优秀人才脱颖而出"。这表明中国试图用科学的管理方法、民主的参与方式和明文化的制度程序构建能够选拔符合组织目标的领导人才。这种选拔方式的目标和行为导向则具体表现为竞争性、开放性、公开性和民主性，而且包含在以下具体制度安排之中。

竞争上岗方式适用对象较为广泛，基本涵盖选任制以外的领导干部：拟选拔任用的中央、国家机关内设的司局级、处级机构领导成员，县级以上地方各级党委、人大常委会、政府、政协、纪委、人民法院、人民检察院机关或者工作部门的内设机构领导成员；

竞争上岗方式的开放度：一般在本机关内部实施，也可以允许所属机关、事业单位符合条件的人员参加；

竞争上岗方式的竞争性：公开、公平、公正和考试与考察相结合的原则；

竞争上岗方式的程序性：实施方案的公示、资格审查、笔试和面试、民主测评和组织考察、党委决定。

"科学化"在制度设计中主要体现在计划性等人事管理科学化上——"竞争上岗应该制订实施方案"（第8条）、"面试小组培训"（第12条）、"笔试、面试并量化计分"具体测试职务要求的能力和基本素质、专家参与面试小组（第13、14、15、16条）、民主测评的量化计分（第17条）等。

"民主化"在制度设计中主要体现在群众参与和民主监督上——"实施方案应当征求干部群众意见"（第8条）、公示制度、"面试小组一般由本单位领导、干部（人事）部门和相关单位领导及专家组成，一般不得少于7人，其中外单位人员应占一定比例"、"面试应当允许本单位人员旁听"（第16条）、民主测评要在机关全体人员中进行、民主测评结果要通知本人、民主测评分数过低人员不列入考察对象或者取消笔试和面试资格（第 17、18、21 条）、^① 考察要注重工作实绩和群众公认度（第 23 条）、党委集体讨论决定拟任人选（第 24 条）、任前公示（第 25 条）、不准事先内定人选（第 27 条）等。

"制度化"在制度设计中主要体现在制度的建立和严格的规范上——竞争上岗实施方案，"不准在实施过程中随意更改（第27条）"等。^②

（三）公开选拔：外部开放选拔模式

虽然竞争上岗和公开选拔这两种党政领导精英的选拔模式，在一些原则理念和程序上有一定相似性，但与《党政机关竞争上岗工作暂行规定》同时施行的《公开选拔领导干部工作暂行规定》（2004 年 4 月 8 日）也显示出了这两种选拔模式存在的一些具体不同点。特别是有关公开选拔的规定同竞争上岗相比多出 10 条，规定得更加细致和严格，由此我们可以察觉到中国对引进公开选拔模式的谨慎。即便如此，根据原国家人事部张柏林部长 2005 年提供的数据，"目前全国有 600 多万公务员，竞争上岗、公开选拔制度广泛推开，已经成为公务员晋升的重要方式，每年通过这种方式选拔的人数占同年晋升领导职务人数的 60%"。^③

《公开选拔领导干部工作暂行规定》将"公开选拔"定义为"公开选拔党政领导干部，是指党委（党组）及其组织（人事）部门面向

---

① 根据笔者自 2006 年 4 月至 2007 年 10 月的访谈调查，民主测评的结果在公共部门领导干部竞争上岗的选拔任用中，所占的权重不断提升，对领导干部选拔任用会产生较大影响。
② 《公开选拔领导干部工作暂行规定》也严格规定："严格按着公开选拔工作方案规定的内容和程序操作，不准在实施过程中随意更改"（第 36 条）。
③ 张柏林：《我国现有公务员超 600 万　60% 通过公开选拔晋升》，2005 年 7 月 13 日，http://www.xhby.net/xhby/content/2005-07/13/content_860962.htm。

社会采取公开报名,考试与考察相结合的办法,选拔党政领导干部。(第2条)"这种方式的主要选拔对象是"地方党委、人大常委会、政府、政协、纪委工作部门或者工作机构的领导成员或者其人选,以及其他适于公开选拔的领导成员及其人选。(第4条)"该《规定》要求有计划地进行公开选拔,并要逐步制度化和经常化(第5条)。还规定了进行公开选拔任用党政领导干部的五种前提条件:(1)为了改善领导班子结构,需要集中选拔领导干部;(2)领导职位空缺较多,需要集中选拔领导干部;(3)领导职位出现空缺,本单位无合适人选;(4)选拔专业性较强职位和紧缺专业职位的领导干部;(5)其他需要进行公开选拔的情形。

因此公开选拔首先是面向社会开展的,具有较强的开放性;同时公开选拔虽然适用对象较竞争上岗少,但多是在需要集中选拔时选拔,因而具有一定规模性和灵活性;公开选拔是在选拔"紧需"的或者专业性较强的领导人才时进行,另外不是本单位而是由党委组织部门统一实施,因此更具有公开性和权威性。

特别是在第9条中规定,"公开选拔应当在调查研究和分析预测的基础上,根据选拔职位的层次、人才分布情况和国家有关政策,合理确定报名人员的范围"。由此可见,中国又将公开选拔作为实现宏观人才计划的实施手段之一,在权衡人才,特别是领导人才需求和供给的前提下,当传统的和现有的选拔方式不能发挥作用时,通过新的公开选拔领导干部的方式,补充内部人才市场所无法提供的相应急需人才。

这里包括从国有企业和事业单位公开选拔党政领导人才(第10

条）；还包括从海外归国人员、非公有制经济组织和社会组织的人员等中公开选拔领导人才（第12条）。为了选拔"急需"的和优秀的年轻领导人才，在公开选拔的规定中，对后者的报名条件和资格不断放宽，可由公开选拔的部门根据"有关政策确定（第12条）"，将更多的不同社会组织或群体中的优秀人才，通过公开选拔的开放竞争模式选拔进公共部门，并成为党政领导干部，这也许是中国改革传统的领导干部选拔模式，导入公开选拔模式的初衷和政策意图所在。[①]

如重庆市早在2000年就面向全国，根据"公开、平等、竞争、择优"的原则，采取"组织推荐、个人自荐和考试、考核"的方式，公开选拔19名副厅局级领导干部——市发展计划委员会副主任、市教育委员会副主任、市科学技术委员会副主任、市对外经济贸易委员会副主任、市建设委员会副主任、市政府外事办公室副主任、市政府侨务办公室副主任、市药品监督管理局副局长、市林业局副局长、市旅游局副局长、市规划局副局长、市广播电视局副局长、市信息产业局副局长、市体育局副局长、市统计局副局长、市环境保护局副局长、市政府高新技术开发区管委会副主任、重庆经济技术开发区管委会副主任、市第三人民医院院长。选拔中，重庆市规定：报考人员年龄要在45周岁以下，具有大学本科以上学历；"报名人数少于10人的职位不进行公开选拔"。由于宣传力度大，引来了570位报考者，其中硕士博

---

① 根据笔者自2006年4月至2007年10月的访谈调查，公开选拔产生了巨大的社会影响，对公共部门聚集精英、选拔优秀人才、提高领导干部选拔的公开性和开放性意义重大。但也存在诸如宣传操作等成本高、岗位匹配不当（上岗后还需培训）、公开选拔的职位多为"无实权"等经济性、任用问题。同时这种向体制内聚集社会精英的选拔模式，对中国未来政治、社会发展产生何种影响，还有待进一步深入观察。

士高学历者近半数。而且来自重庆市以外地区的报名者多达 304 人；还有海外留学人员 19 人，"都获得了博士学位"，重庆市还对这类人群放宽了资格要求。①

结论：党政精英选拔制度变化的意义及课题

以上我们主要从"进口"公务员的考录选拔以及"管理"阶段的内部晋升制度改革——竞争上岗和公开选拔制度的导入两方面，探讨了截止到《公务员法》实施之初的中国党政精英选拔制度的变化，试图通过制度分析发现中国制度变革所隐含的制度或政策的动机、初衷，以回答我们在本章导论中提出的假设和"为什么"的问题，而引出我们的结论。

首先我们应该指出的是，这些党政精英选拔制度的变化，虽然还是被置于中国共产党的严格管控之中，但仍可以说是大胆的干部管理变革运动，无论是从宏观上的中国未来发展角度来看，还是从中微观的人事行政改革来看，都具有深远的历史和现实意义——这在中华人民共和国的历史上还是第一次尝试，同时又与世界各国的公共部门人事管理制度改革形成了良性呼应。

其次，虽然中国不再提 20 世纪 80 年代政治体制改革的有关"党政分开"的改革初衷，但从我们探讨的党政精英选拔制度变化看，中国开始了新一轮"政治运动"——与"三个代表"政策转换相联动的从更多和更广泛的社会组织或阶层中"科学选拔""民主选拔"和"制

---

① 萧鸣政主编：《人力资源开发与管理——在公共组织中的应用》［M］，北京大学出版社 2005 年版，第 174-179 页。

度选拔"党政精英甚至领导人才的运动，在努力适应或回应中国社会经济新变化，非常具有象征意义。

最后，这一党政精英选拔制度的变化，虽然可以理解为是应对中国干部管理危机等产物，但是我们还很难看到其有效性，以及特别是未来能否应对中国更大危机的可能性，我们只能说中国在努力或者已经在制度安排上发生了变化。因为一般来说，任何一项公共部门的人事制度都不是孤立存在的，其成功与否多是由一个国家的政治结构、社会经济的发展以及教育制度和人事管理传统所决定的。需要我们对这些制度变化的实施状况进行进一步实证追踪。

余论：从三方面评估竞争性选拔质量

竞争性选拔是从更大的范围通过民主、平等、竞争、择优以及公开、公平、公正等方式选拔干部。这是我国对上个世纪90年代以来人事行政改革成果的制度化，是我国对政府人事管理政策作出的巨大调整。探讨竞争性选拔干部的质量，实际上是在探讨竞争性选拔政策的有效性或绩效。我们可从以下三个方面展开讨论：

首先，上世纪90年代我国推行干部竞争性选拔改革实验及其制度化的初衷，主要是为了解决干部任用工作中存在的不正之风问题。因此，评估竞争性选拔干部政策的有效性，则要看我国的吏治危机是否得到了控制，买官卖官、跑官要官现象是否得到了遏制，人民群众诟病的干部腐败问题是否得到了有效解决。

其次，伴随我国市场经济的建立，社会矛盾复杂多样，公共政策开始向基本公共服务均等化、构建和谐社会转换，我国试图通过竞争性选拔，来优化公务员队伍，选拔出适应复杂形势和公共政策转型的有能力的干部。因此，评估现阶段竞争性选拔干部的质量，则要看中国的社会问题是否得到了有效解决，当下公共政策是否得到了很好的贯彻和执行，人民群众是否对政府行为有最大的认同。

最后，对竞争性选拔干部政策进行绩效评估，我们不能撇去该政策对干部系统内部组织管理的影响。这不仅关乎政策的现实可行性，同时也关系到干部队伍的稳定。任何制度，都有利弊两面性。而真正有效的竞争性选拔管理制度，只能是将政策效果控制在利大于弊的合理程度上。

总之，思考竞争性选拔干部的质量，或者说对干部竞争性选拔政策有效性进行评估，不仅要看选拔出的干部素质或能力这些方面，还要看能否消除卖官鬻爵这一历代官僚制下的陋习，能否保证组织内部和干部队伍整体的活力。政府人事行政或人事管理政策都包含两方面的特征，即政治性特征和技术性特征，而干部的竞争性选拔则体现得更为明显。因此，提升竞争性选拔干部的质量，即保证干部竞争性选拔政策的有效性、实效性的问题，同时还是对公众情感的回应问题和干部群体的感受问题。

当然，现阶段干部竞争性选拔的技术和方法，还不是十分完善。今后只能通过进一步创新选拔技术，完善竞争性选拔干部的任后内部管理，甚至通过政治体制改革、加强对干部系统的外部政治制衡和变革人事行政文化，才能使竞争性选拔干部的质量接近我们预设的政策目标。

第七章

中国公务员的政治意识与现代行政官僚制

　　本章以公务员调查样本群体为研究对象，试图通过对问卷调查结果的分析，描述出中国公务员政治意识的基本轮廓，主要包括五个方面：第一，对政治体制改革及公共政策的认识；第二，对人民代表大会制度及法制建设的认识；第三，对党组织的认识；第四，对意识形态的认识；第五，对个人政治参与的认识；进而对中国现代行政官僚制的形成和今后中国政府治理的发展加以展望。

一、研究范围及方法

2008 年 10 月，北京大学政府管理学院"政府治理研究课题组"，为了解人们对政府治理问题的认识启动了"政府治理研究课题调查问卷"的发放，并于 2009 年 5 月全部回收完毕，同年 8 月将基本数据汇集成册形成了《政府治理研究课题调查报告》。本章的研究是在该报告及问卷调查结果的基础上，主要围绕中国公务员的政治意识与政府治理问题，特别是围绕中国现代行政官僚制的形成问题，基于比较公共行政研究的分析视角，对调查问卷结果所展开的初步分析。

官僚制分析视角，不仅是政治学、公共行政学、政治经济学、组织社会学等的重要分析工具，更是比较公共行政研究的重要研究方法，主要涉及官僚制组织、官僚制组织成员以及官僚制组织与外部系统（主要是政治系统）之间的联系等三个层面的问题。本章的研究，主要从第三个层面对调查结果展开分析，本研究的基本问题意识是发现当前中国公务员的政治意识呈现出了哪些特征或者行为倾向，这些政治意识特征对现代行政官僚制的形成以及今后的中国政府治理将会带来哪些影响。具体而言，本章研究主要涉及中国公务员关于政治课题的行为倾向，公务员群体在公共政策过程中的作用，以及外部控制的有效性等问题。

一般而言，政治意识是人们对政治课题的看法、态度、关注等意识或行为倾向的总称，政治意识的概念广泛包含在政治文化概念之中，最终会决定人们对政治课题的价值判断或者价值选择。本研究所探讨的政治意识，是中国公务员的政治意识，即中国行政官僚制组织成员对包括政治、政府及其关系、合法性等在内的中国政治课题的看法、态度、关注，由此所表现出的意识特征或行为倾向。其概念也包含在行政文化概念之中，是我们了解行政官僚制组织成员基本价值观念的主要途径。

联系中国基本政治制度以及政治与行政官僚制的关系，结合《政府治理研究课题调查问卷》的基本设问，本研究有关中国公务员政治意识的分析主要分为五个部分：第一，对政治体制改革及公共政策的认识；第二，对人民代表大会制度及法制建设的认识；第三，对党组织的认识；第四，对意识形态的认识；第五，对个人政治参与的认识。这里需要留意的是，当前中国被称为公务员，具有公务员身份的人群主要是指以下机关中不含工勤人员的所有成员：中国共产党机关、人大机关、政府机关、政协机关、法院机关、检察院机关、民主党派和工商联机关。

本次问卷调查采取了问卷设计及发放的形式对被调查群体进行了考察。被调查群体通过抽样取得并发放问卷，综合采取了类型抽样、整群抽样和简单随机抽样等多种方法。调查对象包括在校本科生、研究生和在职人员；在职人员的具体抽样则主要采取了整群抽样的形式，即抽取某地方或某系统或某部门的在职人员进行问卷调查。

本次问卷调查共发放 1864 份问卷，回收问卷 1807 份，其中有效问卷 1785 份。本次调查获得公务员有效问卷 593 份。为了使本文的研究更为精确，我们对公务员有效问卷进行了整理，剔除掉部分回答不够完整的问卷，保留了 513 份回答较为完整的问卷，作为本章分析的主要对象。513 位作为调查对象的公务员中，性别分布：男性占

66.5%，女性占 33.5%，男性高于女性 30 多个百分点；年龄分布：20-30 岁占 34.5%，31-40 岁占 33.7%，41-59 岁占 31.8%，年龄分布基本均衡；地域分布：东部（北京、河北、山东、江苏、广东）占 33.33%、中部（黑龙江、吉林、辽宁、河南、安徽、山西、湖南）占 30.99%、西部（甘肃、内蒙古、陕西、四川、重庆、贵州、云南）占 35.28%，地域分布较为均衡；党派分布：中共党员占 89.6%，共青团员占 5.9%，民主党派占 0.2%，无党派占 4.3%，公务员群体中中共党员人数高达近九成；学历分布：高中（中专）占 2.2%，大专占 10.3%，大学本科占 65.9%，研究生占 21.6%，公务员群体中大学毕业生占一半以上，研究生和大专毕业生也占一定比例；民族分布：汉族占 89.8%，其他少数民族占一成；宗教信仰分布：无宗教占 91.7%，有宗教信仰者占近一成；职务分布：绝大部分回答者没有填写，但由于中国不存在类似于欧美国家高级公务员的分类管理制度，因此具有公务员身份者一般为从事管理工作、深度介入公共政策过程的领导职务以及具有领导职务资格的非领导职务公务员。

由于受篇幅所限，本章无法就性别、年龄、党派、学历、民族、宗教等的差异一一对比分析，有待今后逐步介绍。

二、对政治体制改革及公共政策的认识

（一）关于目前最关注的政治体制改革问题的设问

从调查结果可以发现：公务员最为关心的是与自身发展紧密相关的干部人事制度改革问题；同时对公务员伦理和党的领导制度改革问

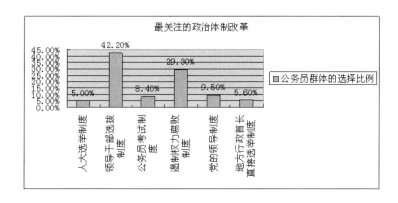

题，也表现出了一定的关注，不过两者之差有 20 个百分点。可以将其理解为当前公务员所认知的中国存在的根本政治改革问题。而对学界关注的"人大选举制度""地方行政首长直接选举制度"改革，回答比率都在 5 个百分点上。有可能公务员群体更认同通过完善领导干部的选拔任用制度，来改善人大代表以及地方首脑的选任。

（二）关于当前政府最重要的工作任务的设问

政府最重要的工作任务	比例
发展经济	54.0%
社会稳定	24.0%
社会治安	2.3%
扩大民主	6.8%
环境保护	5.1%
控制人口	1.0%
发展教育	5.3%
加强国防	1.0%
其他	0.5%

选择"发展经济"和"社会稳定"的回答者最多，分别占总数的 54% 和 24%。而其他选择的排序为："扩大民主""发展教育""环境保护""社会治安""控制人口""加强国防"。经济发展和社会

稳定的维持，被看作是政府当前的头等任务，带有较为明显的发展取向和秩序取向。可以说对政府职能有较为明确的认识，同时对民主、教育、环境问题，也表现出了一定的关注。

（三）关于对中国公共政策课题的关注程度的设问

政策课题／关注度	很关注	一般关注	较少关注	不关注
对于党和政府的方针政策	76.1%	20.5%	2.7%	0.6%
对于调整社会收入分配的国家政策	77.6%	19.3%	2.6%	0.6%
对我国的政治体制改革	64.2%	30.5%	3.7%	1.6%
对我国的民主政治建设	57.4%	35.8%	5.5%	1.4%
对我国的法治建设	62.9%	31.8%	4.1%	1.2%
对我国的干部队伍建设	64.2%	29.5%	4.9%	1.4%
对我党的反腐败效果	67.5%	26.8%	3.9%	1.8%
对公民的政治权利	57.6%	33.7%	7.6%	1%
对个人的发展前途	61.7%	30.8%	6.1%	1.4%

公务员群体表现出了对公共政策课题的高度关注，但从选择"很关注"的比率来看，仍然存在一些差异：第一位"调整社会收入分配的公共政策"为77.6%；第二位"党和政府的方针政策"为76.1%；第三位"我党的反腐败效果"为67.5%；第四位"我国的政治体制改革"和"我国的干部队伍建设"，都为64.2%；第五位"我国的法制建设"为62.9%；第六位"个人的发展前途"为61.7；第七位"公民的政治权利"为57.6%；第八位"我国的民主政治建设"57.4%。可见，公务员群体最为关注的公共政策和改革课题，主要是党和政府的方针政策，特别是与社会秩序的维持和社会经济发展密切相关的社会政策的改革和如何克服公务员伦理问题，以及法制建设和与自身发展相关度较高的干部制度改革课题。而相比之下，虽然关注度也较高，但关于民主政治建设、公民政治权利的保障的关注度则低于前者。公务员群

体很有可能将干部队伍建设认知为中国政治改革最需要关注的课题，或者就是政治体制改革课题。

（四）关于民主、效率、公平、廉洁、依法行政在今后政府工作中地位的设问

公务员群体对这些政府、公共行政所应追求的价值，都给予了非常高的认同，即选择"非常重要"和"比较重要"者，都在90%以上。但从选择"非常重要"的比率来看，表现出了以下差异："依法行政"，78.9%；"廉洁"，75.4%；"公平"，71.4%；"效率"，64.9%；"民主"，56.6%。这也体现了公务员群体对政府、公共行政活动当前存在不足的认知以及对政府发展目标的理解，在这里更多表现为对公共行政运行的法治水平和伦理水平的高度关注上，被认为在今后政府工作中的地位最为重要，而民主、效率地位略低于前者。这有可能是因为公务员群体中认为效率与民主更需要法治和廉政建设加以保障的回答者更多一些。或者是更多的回答者认为民主、效率课题已经克服，或者认为是更为长远的需要克服的课题。

（五）小 结

从以上数据来看，应该说中国公务员对民主、法治、经济发展和社会公平等政治体制改革和公共政策问题，即对中国的基本政治问题、党和政府的方针政策都有较高的关注。同时，从回答中出现的差异来看，可以得出以下小结：公务员群体的政治意识表现出了较高的务实性，追求经济发展目标仍然在公务员意识中占重要的地位；同时，对中国政治现实也表现出了较高的危机感，这主要表现为对领导干部伦

理、选拔制度以及社会秩序的关注。这虽然与其现实利益部分相关，但也表达出了强烈的改革愿望；同时关于民主制度的发展，虽然也表现了一定的关注，但是从回答情况看，其积极程度还是有一定的保留，似乎更为赞同通过干部管理制度的改革和法治国家建设的推进克服当前中国存在的问题。

三、对人民代表大会制度及法制建设的认识

（一）关于"对人大代表选举制度的看法"的设问

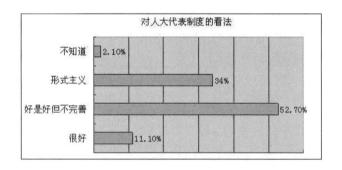

对该设问选择最多的是"好是好，但是不完善"，其次是"形式主义"，选择"很好"的仅为11.1%。从这一回答结果来看，中国的公务员群体，虽然对该制度有基本认同，但对其运行的实效性抱有很大程度的质疑，认为该制度没有有效发挥作用。这可以理解为，人大并没有发挥作为外部政治控制机关的实际作用。同时，同本章上一节前述关于人大选举制度改革的回答结果分析相联系，公务员群体对人大制度的改革也没有表现出太多的热情和关心。

（二）关于对熟悉的人大代表的评价的设问

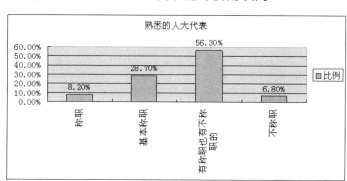

中国社会中对人大代表较为了解的应该是公务员群体，但从他们对人大代表的评价来看，对其是否称职还有很大程度上的质疑。这可能也是公务员群体认为人大制度实效性较低的原因之一。

（三）关于人大代表是否代表了选民的意志的设问

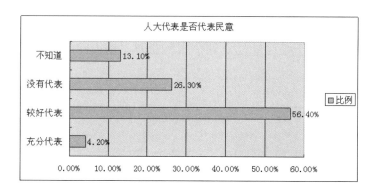

关于该设问，选择结果如图所示。从中可见，虽然公务员群体基本上认同了人大代表的代表性，但是认为不代表，以及不知道其是否代表民意的回答者达到了四成。这或许与前述关于人大代表是否称职的回答结果有关，即人大代表不够称职以及人大制度实效性较低，其原因之一是代表性的不足。

（四）关于法制建设的首要条件的设问

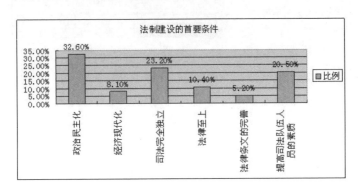

从调查结果看，经济发展以及法律的制定，已经不再被公务员群体看作是中国未来法制建设发展的前提条件，而只有民主政治的推进和权力的分立等，才可能促进中国的法制建设。从中可以看出公务员群体对中国法制建设和政治课题的认识深度。

（五）关于在可能危及到个人利益时，是否向司法机关提供协作的设问

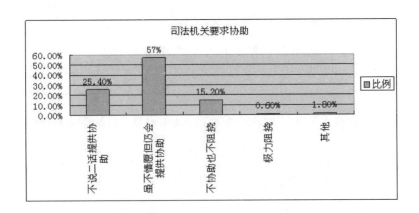

　　这里选择最多的是"虽然不情愿但仍会提供合理的协作"，其次是"不讲二话提供协作"。可见，虽然对中国的法制建设还有很大疑惑，但是公务员群体表现出了较为强烈的法制意识和主动服从司法管制的行为倾向。

（六）小　结

　　中国宪法规定：人民代表大会制度是中国的根本政治制度，全国人大是中国的最高权力机关。从问卷回答结果来看，公务员群体对人民代表大会制度以及人民代表的代表性等都基本认同，但对该制度实际运行和代表绩效的评价带有保留，即将制度与现实运行二者分开看待。这一方面可能与中国公务员的宪法观念和法律意识增强有关，同时也与他们对现实中国政治课题的认知有关——人民代表机关以及司法法律制度的实效性，更多地取决于民主政治建设和权力分立的实现。但从以上分析结果总体来看，这又对生活在政府活动和公共行政现实中的公务员群体来说，可能太遥远，也可能是不应该思考的问题，因此还看不到非常显著的要求变革的行为倾向。在这种条件下，中国公务员的行为倾向还是能较好地被控制在现行政治框架以及法律制度框架之内，不能有更多的非分之想。

四、对党组织的认识

（一）关于党组织目前对党员的凝聚力的设问

　　该设问回答的排序结果如图所示。公务员群体中党员人数占绝大多数，公务员群体的党组织对公务员管理有较大影响。从回答情况看，

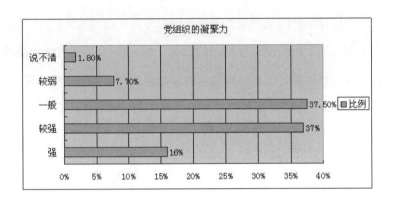

党组织对公务员的影响还是存在的，而且较为强烈。但需要注意的是，回答"一般"的比率近四成，回答"较弱"的近1成，这是否说明在公务员群体中，党组织对党员公务员或公务员的凝聚力发生了较大程度的减退，需要通过下面的问卷结果加以佐证。

（二）关于党组织开展组织生活情况的设问

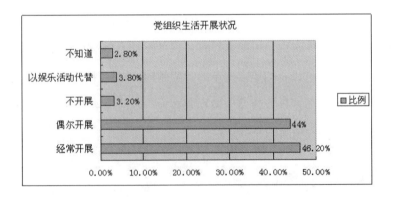

从条形图中可见党的组织活动还是存在的，而且回答"经常开展"的近半数，加上"偶尔开展"等，应该说党组织对公务员群体还是保持着一定的影响和控制，甚至较强。但是，"偶尔开展"的比率较高，

如果再加上还有极少数的"不开展"或"以娱乐活动代替"，那么党组织对公务员群体的政治控制是否非常严密和彻底，可能已经没有传统的正式制度所要求的，以及人们想象的那么严格。虽然来自党组织的政治控制，是非常重要的对行政组织和公务员群体的外部控制，是中国公共行政组织等政治化的主要内容之一，但这里需要注意的是：中国的党组织的外部控制，已经在很大程度上被内化为组织内部控制，党的组织高度融入国家机构之中。但正因为如此，变得不够严格的党的组织生活可能对未来中国的政府治理以及现代行政官僚的形成带来巨大影响。这是否意味着中国官僚制模式的去政治化趋势，还需要高度关注。

（三）关于目前党内存在的最大问题的设问

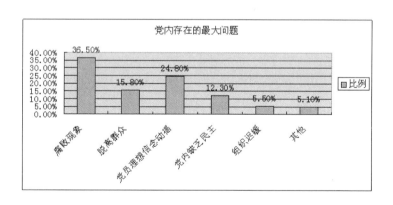

同前述回答结果相同，党员和领导干部的伦理问题被看成是最大的问题，而组织管理是否严格并不被看作是党内存在的最大问题，这与前面关于组织生活开展情况的设问回答结果形成呼应：可能表现为公务员群体对加强党内组织管理的不关心或者抵触心理。

因此党组织生活不活跃，一方面有组织管理的原因，另一方面可能还有公务员群体的党组织成员参与热情低下的原因。这里需要关注的是，公务员群体对党的意识形态危机、党的社会基础变化以及党内民主的关心程度较高。另外回答结果有些分散，这也表明公务员群体对党组织的功能认识程度较高。

（四）关于党员实际上代表谁的利益的设问

这里选择较多的是"所属阶级阶层"，这一方面可以理解为是指传统意义上党或者党员所应该代表的阶级或者阶层的利益，但还可以理解为是指公务员群体所属的阶级或阶层的利益。这从选择"弱势群体"和"其他"的比率极低，则可以说明这一问题。这一设问的数据结果与前述关于党内存在最大问题的设问回答情况形成对比：一方面表现为党员的代表性、党的社会基础所发生的变化以及公务员群体表现出的对此关注，同时也表现为公务员群体对分层化、利益多元化等当前中国政治现状的深刻认识。同时，回答"说不清"和"都不代表"者高达3成，也说明公务员群体对党员的现实代表性问题所表现出的疑惑和不同看法。

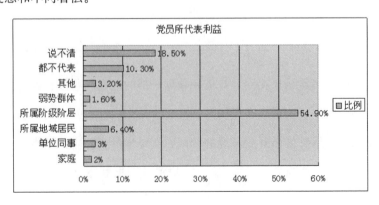

（五）关于什么时候最认为党是伟大的存在的设问

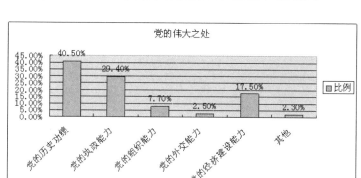

从该设问回答可见，公务员群体对党的历史合法性认同度最高，同时对党的执政能力认同度也非常高，但这可能主要体现在对党的经济建设能力的认同上。而对组织能力的认同少于对经济建设能力的认同，这可能与党的组织活动以及党对社会管理的弱化有关。

（六）关于党组织的有效性问题的设问

是否同意以下说法	很同意	同意	不太同意	很不同意	说不清
党代表最广泛的人民的根本利益	22.5%	57.6%	12.5%	2.1%	5.3%
党的基础依然是工农同盟	12.6%	47.2%	29.1%	4.7%	6.3%
党依然是中国人民和中华民族的先锋队	23.9%	63.6%	7.8%	1.4%	3.3%
私营企业家的入党并没有改变党的性质	18.5%	66.8%	9%	1.2%	4.5%
老板党员的存在加强了党的性质	8.4%	36.9%	41.6%	4.6%	8.6%
一般说党员过着比老百姓更好的生活	6.1%	16.8%	55.3%	15.8%	5.9%
党员代表社会弱者	1.7%	5.2%	59.2%	29.6%	4.3%
党员中具有较高知识、技术水平的人很多	11.7%	53.6%	27.8%	3.5%	3.3%

这里的设问与本章后述关于对意识形态的态度的设问有着紧密联系，更多的是试图了解人们对党的政治目标、意识形态的有效性的认识、认同和态度。虽然二者有时有些模糊，但从回答的结果看，公务员群体对此有明确的分辨。

对党的社会基础、领导性、先进性以及代表性的认识，虽然认同的比率较高，但是还是存在不同程度的相反看法，特别是具体到党员是否代表弱势群体利益这一代表性、社会基础问题时，否定的比率要远远高于赞成。另外，虽然高度认同私人企业家的入党没有改变党的性质，但是也在很大程度上否认其加强了党的性质。

（七）小 结

从本节问卷调查结果来看，党组织的组织性依然存在，仍然具有较大的凝聚力，公务员群体对党组织活动有着较为明确的认识。但是党的组织管理已经发生变化，其组织控制的程度并非十分严格，而且对其必要性和紧迫性认同程度较低。而当问到党内存在的最大的问题时，公务员群体较多地选择了领导干部等的伦理问题、党的社会基础的变化问题、意识形态的实效性危机等，二者间似乎存在矛盾。有可能公务员群体更期待采用不同于加强党的组织管理的方式，如提升党的历史、绩效合法性，或者加强民主法制建设等来克服当前问题。由此我们可以发现，对于公务员群体而言，党的领导或者党的外部控制还是具有较高合法性和稳定性的。

五、对意识形态的认识

是否同意以下说法	很同意	同意	不太同意	很不同意	说不清
1.坚持社会主义制度是构建和谐社会的前提条件	33.5%	52%	8.5%	1%	5.1%
2.社会主义就是要消灭私有制，消灭剥削	11.9%	31.8	41.1%	10.9%	4.3%
3.社会主义就是要建立人人平等，没有压迫的社会	19.5%	52.7%	20.9%	2.8%	4.1%
4.社会主义是一个美好的理想，但离现实还很遥远	18.8%	46.5%	26.3%	5.1%	3.2%
5.社会主义就是要让人生活得更好一些	28.8%	59.4%	7.6%	1.2%	2.6%
6.我们以往对社会主义的认识带有空想性，应该有一个新的理解和认识	27.7%	53.6%	14.7%	1.4%	2.6%
7.现在我们虽然处于社会主义低潮，但社会主义必定要战胜资本主义	13.2%	43.8%	24.5%	3.7%	14.8%
8.我国的现代化建设是一条既不是社会主义，也不是资本主义的第三条道路	10%	36.2%	33.1%	12%	8.7%
9.放弃了社会主义理想，即使实现了现代化也没有意义	8.3%	34.1%	35.9%	11.3%	10.3%
10.从实际出发，现在应该少谈主义，多做一些提高国力、对百姓有利的事情	50.4%	38.7%	8%	1.8%	1.2%
11.科学发展观的提出，反映了我党在实践中不断发展马克思主义理论的巨大勇气	40.1%	51.7%	3.7%	0.2%	4.3%
12.代表中国先进生产力发展的发展要求是党的先进性的本质内核	31.4%	57.1%	5.5%	0.2%	5.7%
13.爱党就是热爱中国共产党领导下的社会主义中国	18.1%	51.8%	22.4%	3%	4.7%
14.只有在共产党的领导下才能实现现代化	17.9%	50.7%	20.7%	2.4%	8.3%
15.除了中国共产党，能领导中国的组织不存在	17.2%	52.6%	17.8%	2.2%	10.3%
16.在整个社会主义现代化建设时期都要坚持中国共产党的领导	23.9%	63.6%	6.5%	0.6%	5.3%

（续上表）

是否同意以下说法	很同意	同意	不太同意	很不同意	说不清
17.中国共产党有能力把自身建设好	23.6%	61.3%	6.7%	1.2%	7.1%
18.社会主义和资本主义两种制度的共存斗争是长期的	19.4%	59.2%	12.1%	4%	5.3%
19.政治民主不重要，重要的是发展经济、提高生活水平	7.9%	17.5%	48.8%	23.9%	1.9%

第一个设问中，表示"很同意"和"同意"的比率非常高，绝大部分回答者还是认同社会主义制度对于中国建设和谐社会的必要性。但同时虽然比率较低，表示"不太同意""很不同意"的近1成，另外还有5.1%的回答者选择了"不清楚"，不完全肯定社会主义制度与中国成功构建和谐社会之间的必然联系。

而第二个设问中，"不太同意"和"不同意"的比率超过"很同意"和"同意"近1成。公务员群体的这个回答状况确实令人惊讶，这有可能是传统意识形态对当下公务员群体的影响已经发生了变化。其原因有可能是党内或政府内部有关传统意识形态的解释发生了变化，也有可能是因为当前中国虽然标榜社会主义，但现实中已经存在个人财产的私有和剥削，因此这一回答结果可能是对中国现实的基本认知。

第三个设问的回答中，超过7成的公务员选择了"很同意"和"同意"。平等、没有压迫是社会主义社会优越性和社会主义社会的发展目标，从回答结果来看，一方面体现了公务员群体对平等价值的高度认同，同时也表现出对理想目标实现可能性抱有的一定程度的保留。

第四个设问的回答，也超出了我们的想象：选择"很同意"和"同意"的回答者，远远高于"不太同意"和"很不同意"。更多的人将社会主义理解为难以实现的理想目标，与现实有着很大的差距。

第五个设问，近9成的回答者表示了赞同，这说明很多人对社会主义的认识非常现实，中国建设社会主义社会，目的就是实实在在地改善人们的生活，而并不应该出于其他意识形态的目的。

对于第六个设问的回答，与前面的回答形成较好的对比，8成以上的回答者选择了赞成，但仍有15%的人选择了反对。可见，回答者对社会主义表示的保留，很大程度上是对中国改革开放前的意识形态等的不信任，并非是对社会主义目标的完全否定。

第七个设问的回答，可以成为对前面设问回答的解释：近6成的回答者表示了"很同意"和"同意"；但是毫不保留、态度坚决的"很同意"仅为1成多，而超过4成的回答者则表示反对或不置可否。当然这或许存在对"社会主义低潮"的不同认识，认为社会主义本来就不存在低潮的问题，但同时也可以理解为是对当今资本主义社会发展表示的认同。

第八个设问的回答，赞成与反对各占45%左右，另外，还有8.7%的公务员选择了"说不清"。可见，虽然有45%的回答者持反对意见，但是完全否定的仅1成多，赞同者所占比率较大，还有近1成的不置可否者。究竟什么是社会主义，是指传统的意识形态，还是理想目标，还是当前的政治体制，对此大家存在较大争议。或许这是对当前中国核心意识形态——中国的现代化建设、建设具有中国特色的社会主义、社会主义初级阶段等，人们在意识上存在一定的认识差异。

第九个设问的回答，选择反对的略多于赞成，而选择说不清的为1成。反对者略多以及部分回答者不置可否，可能对社会主义是什么存在模糊认识，但还有可能是现代化目标被置于社会主义理想的上位，而在很多人的意识中，社会主义目标被置换为了实现现代化的手段。

第十个设问的回答较为集中，大部分回答者选择了赞成，而反对者仅占 1 成。回答者的意见高度一致。这可能与公务员系统内部正式的主流意识有关，而且较为务实的新意识形态的教化实际上发生了作用——"不争论"，"做好自己的事情"。这也可能是部分回答者对"主义"——传统意识形态否定、怀疑、不置可否的原因，而新的意识形态可能在很大程度上已经取代了传统意识形态的影响。

第十一个设问的回答更为集中，绝大多数回答者选择了赞同。"科学发展观"，是中共十六大以来提出的核心公共政策、中国经济社会发展的方针，或曰问卷调查时期的中国政治意识形态的最新表现。从回答结果来看，表明公务员群体对当前意识形态有着高度的认知和认同。

第十二个设问同上个设问非常相似，选择非常集中，绝大多数回答者选择了赞同。该设问也是世纪之交中国党的政治意识形态的最新表现，是在上个世纪末提出而被写入宪法的江泽民"三个代表"重要思想的内容之一，被列入新意识形态——中国特色社会主义理论之中。

第十三个设问虽然选择赞同的近 7 成，但是剩下的 3 成的回答者选择了反对和不置可否。可见，大多数公务员是将爱国与爱党、爱社会主义等同起来的，但还是有部分回答者能够将其区分开来，公务员群体在这个问题上存在不同的理解。

第十四个设问的回答情况与上个设问的回答较为相似。大多数公务员认同党的领导是中国实现现代化的必然条件，但是有部分回答者表示了否定和困惑。

第十五个设问的回答情况也与上个设问的回答相似，表明大多数公务员认同中国共产党现实存在的意义，但是部分回答者表示了否定和困惑。

第十六个设问的回答情况与上个设问的回答不同，选择赞同的回答更为集中。可见，绝大多数人赞同当前坚持党的领导，而反对的回答仅为 7 个百分点。

第十七个设问的回答情况与上个设问的回答结果较为相似，赞成者达 85%，剩余 15% 的回答者选择了反对和不置可否。虽然前面的回答中，公务员群体非常关注伦理问题，但是应该说公务员群体对党的自我管理能力还是抱有较大的信心。同时也有 1 成多的回答者对这个问题表示了反对和疑惑。

第十八个设问的回答中，近 8 成的回答者表示了赞同，有 2 成多的回答者表示了反对和不置可否。可见，大部分的回答者认同社会主义制度和资本主义制度的长期共存，但同时也有部分回答者表示了反对。这可能与回答者认识到当前社会主义的变化，二者之间你中有我、我中有你有关。

最后一个设问的回答中，选择反对的较为集中，而选择"说不清"的仅为 2%，态度较为明确。可见，大部分回答者认为发展政治民主也很重要，但有部分回答者赞同民主不重要，发展经济和提高生活水平更为重要的看法。

小　结

党的意识形态应该是社会主义国家带有绝对性的政治意识，具有极强的一元性特征，应该在国家特别是公务员群体中高度统一的。但是从本节我们介绍的设问回答状况来看，虽然这一意识形态的高度一致性特征得到了较好的维持，但是已经出现了对意识形态的多元理解以及不同的自由的看法。

这里需要注意的是，中国的党的意识形态并非一成不变，同改革开放之前相比，传统意识形态的很多内容已经发生了变化，诸如强调计划经济、阶级斗争、社会平等的政治意识逐渐在制度性的党的意识形态中退色、消退甚至消亡。而如社会主义初级阶段、邓小平的经济发展和现代化思想、"三个代表"重要思想以及"科学发展观"、"和谐社会"的方针等被称为中国特色社会主义理论的新的意识形态内容，已经占有了政治思想意识的核心地位，从而也改变了人们对社会主义等传统的意识形态的认识。

另外，公务员群体对党的领导认同度较高，是我们在本节所看到的。这里面有历史的原因，也有现实的原因，同时也有思想意识形态宣传的原因。但不管怎样，我们至少可以说，这种高度的认同也表现为公务员群体对党的执政的绩效合法性认同，当然也是党对公务员群体、干部管理的实效性的体现。这也说明公务员群体的政治意识非常现实，具有务实性，同时具有重视绩效的观察和评价的倾向。

最后，从回答结果看，中国的公务员群体能够区别出党与国家的不同，理想理念和目标与现实的不同；既看到党的领导的现实必要性，也看到存在的伦理问题，以及民主的必要性。因此，公务员群体对意识形态的认同能够区别传统与变异的不同；对当下意识形态表现出了高度认同，但也存在不同的看法，表现出不同程度的关注，他们并非是毫无思想和想法的群体。

六、对个人政治参与的认识

（一）关于在什么时候最自豪地认为自己是一名共产党员的设问

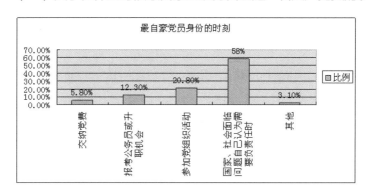

从回答结果看，回答者的大部分，还是具有较为强烈的党员意识，以及能够意识到作为党员所应承载的国家和社会的责任、义务。但同时，可能与现代社会特殊状况较少发生有关——即使国家社会出现问题，也很难与自己的党员身份联系起来，因此还有部分回答者只有在日常活动中，如参加组织活动和晋升时，才开始意识到自己是一名党员，知道党员身份会对个人的发展带来影响。

（二）关于对党组织要求/期待的设问

对党组织的要求或期待	比例
加强对党员的教育	10.1%
根据党员的现实需要，为党员提供生活保障、就业方面的服务	14.3%
加强对党员的管理	6.9%
建设强有力的、群众支持的高素质基层领导班子	43.8%
保证党员的权利，进一步扩大党内民主	22.9%
其他	2.1%

公务员群体对党组织期待最多的是"建设强有力的、群众支持的高素质基层领导班子"（43.8%），其次是"保证党员的权利，进一步扩大党内民主"（22.9%），然后是"根据党员的现实需要，为党员提供生活保障、就业方面的服务"（14.3%），"加强对党员的教育"（10.1%），"加强对党员的管理"（6.9%），"其他"（2.1%）。可见，公务员群体对党组织的要求／期待并不主要是如何管理、教育党员，而是更多地期待党组织建设，特别是加强党组织的民主建设，这也许是公务员群体所认同的理想的党组织模式。

（三）关于是否希望当选人大代表的设问

是否希望当选人大代表	比例						
希望	64%	希望当选原因					
		提高社会地位	发挥政治才能	为人民服务	为地方人民争取利益	谋取更多私利	其他
		12.8%	24.8%	27.9%	31.4%	2.4%	0.7%
不希望	23.4%						
不知道	12.6%						

6 成以上的回答者"希望"当选人大代表，"不希望"当选的有2 成多，选择"不知道"的回答者占回答总数的 12.6%。看来，半数以上的公务员愿意进入人大参政，作为人大代表发挥作用，但也有部分公务员不愿意参与人大工作，还有 1 成多的公务员表示迷惑。

而回答"希望"的回答者中，关于其动机，有 31.4% 的回答者出于"可以为地方人民争取更多的利益"的目的，其次是"可以更好地为人民服务"（27.9%），然后是"可以更好地发挥自己的政治才能"

（24.8%），"可提高自己的社会地位"（12.8%），"可以为自己谋取更多的利益"（2.4%），"其他"（0.7%）。可见公务员群体进入人大从政的最大动机还是为实现个人的政治理想和抱负、实现自我，但也有部分回答者为了自我社会地位的提升和个人的利益。

（四）关于参与选举人大代表投票活动的态度的设问

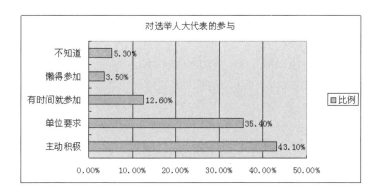

从问卷调查结果来看，应该说近半数的回答者对人大代表选举活动的参与是消极的，这与本章前述公务员群体认为人大制度的实效性低等因素有着密切的联系，但是仍有 4 成多的公务员积极主动参与，这一点也不能忽视。

（五）关于个人关注国家政治活动的主要原因的设问

从结果看，半数多的回答者选择了"国家政治与国家发展密切相关"，其次是"国家政治与个人前途密切相关"，然后是"对政治感兴趣"，"职业需要"等。在中国，党的活动、政治决策等国家的政治活动对公共行政起着决定性的作用，公务员群体对国家政治活动高度关注是理所当然的。但这里的动机主要在于国家政治活动与国家发展、个人

发展、个人职业有关，因此观察公务员群体的政治意识与行政文化时，他们对国家发展以及对自身发展、职业活动的高度关注，可能是我们分析该问题的重要角度。

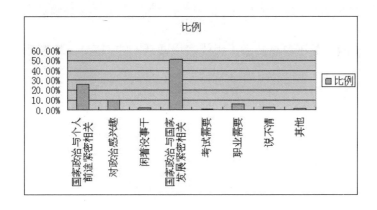

（六）小　结

中国的公务员制度中由于不含部分国家现代公务员制度那样禁止参加党派和议会活动等政治活动的内容，因此关于中国公务员群体的政治意识以及行政文化的理解，可以通过他们参与党组织活动、当选人大代表等的态度以及动机进行考察。

从以上结果来看，中国公务员群体有着较为强烈的责任感和使命感，一定程度上具有与国家一体化的职业意识，尤其关注国家的发展问题，但是又同个人的职业发展、自我实现等个人发展问题联系在一起加以考量。而个人发展问题中，总是遭遇社会关系、家庭背景等决定个人职业发展的影响因素，这些对现实的组织文化所起的作用，可能会超过个人的政治理想与目标。因此，公务员群体参加党组织活动，同时更多地期待党组织能够发挥领导作用，通过推动党内民主和党员权利的保障，帮助其实现个人的政治理想与目标。

（七）总 结

本次调查耗费的时间较长，特别是关于公务员群体的调查不但艰辛，而且非常担心调查到底能够得出什么样的结果。但是，通过以上调查结果的描述和小结，我们对公务员群体能够大胆地表达自己的政治意识，感到非常惊讶，深感改革开放 30 年来中国公务员群体意识的巨变，其变化程度应该说与当今中国社会意识的变动相一致。

中国改革开放后实施了干部人事制度的改革，在 20 个世纪 90 年代初期，伴随中国向市场经济体制转型正式导入公务员制度，并于 2006 年 1 月实施了《中华人民共和国公务员法》。在此，我们总结本章有关中国公务员政治意识的调查结果，进而评估这一系列制度变革对中国政府治理以及政治发展的实质意义，试图从中析出影响今后中国现代行政官僚制形成的具体因素。

这里，一方面表现为公务员群体对当前中国政治——意识形态、公共政策、发展目标、政治治理等表现出了高度认同和支持，对国家发展抱有高度关注，具有高度的务实精神，但与此同时，公务员群体的政治意识也呈现出了部分的多元化。可以指出的是，公务员群体带有较强的推动国家发展的责任和义务意识，但并没有完全与国家一体化，同时与个人的职业发展相关联思考参与政治活动等，与国家、党组织之间看不到非常显著的身份依附关系。这可能是今后促动现代行政官僚制在中国形成的第一个要因。

同时，公务员群体对人大、党的活动等政治活动表示出了较高的关注，参与的热情以及实际的参与力度都很大，对伦理、民主、权利等政治价值也有较高的认同，但是还是将国家发展、经济社会发展放在第一位，试图与政治民主价值以及党、人大等政治主体之间保持一定的距离，并非完全投入其中，总能看到一些保留。但是公务员群体所表现出的重视法制、关注现实政策、重视国家发展的行为方式，即行为倾向、政治意识上所表现出的一定的自主性、独立性、行政理性等专业和伦理特征，有可能是今后促动中国现代行政官僚制形成的第二个要因。

虽然说公务员群体对党的完全认同有所保留，部分公务员能够独立思考在中国带有绝对性的党的领导等党的意识形态等问题，但是通过他们对传统意识形态的不同理解，以及对党的新意识形态的高度认同，对党的历史和绩效合法性、现实存在的合理性等高度认同可以发现，至少在当前和今后一个时期，他们已经找到了高度认同党的领导合法性的具体理由，这为其接受来自党组织的外部政治控制提供了合理动机。这种公务员群体所表现出的理性的工具性或者从属性特征，还有可能是促动中国现代行政官僚制形成的第三个要因。

最后，以上我们所发现的公务员群体所表现的较为强烈的政治意识等，并非说明中国公务员群体政治化倾向的增强，因为他们会在党的意识形态、国家发展政策、社会秩序以及个人自我实现或发展中做出一定的理性选择。因此，我们最后需要指出的是：包括公务员群体政治意识等在内的行政文化、行政伦理的理性发展，可能是今后促动中国现代行政官僚制形成的第四个要因。

以上我们通过对问卷调查结果的分析总结所得出的结论是否完全

合理，现在还很难说。这主要是因为本章只是对数据进行了初步的整理和分析，还有待我们今后不断拓宽分析比较的层面，深入挖掘现有的数据。同时，我们的调查是在 2009 年中国处于经济社会、公共政策转型时期进行的，中国在过去的 30 年一直处于飞速的变化之中，现在更是如此。我们的调查以及分析的结果，能否对展望未来提供足够的参考，还有待于我们今后的深入研究和不断的追踪观察。

余论："火箭式"提拔缘何频遭质疑

近年来，社会上围绕公务员制度与管理的讨论较多，一些地方出现的年轻官员"火箭式提拔"，往往成为社会争议话题，并常常因其程序问题、公平问题而受到质疑与批评。

"火箭式提拔"，多是指作为公务员的党政领导干部的职务晋升速度之快，超出了人们一般常识中的"逐级晋升"。如果我们进一步走入社会公众的观察视野，就会发现，其遭诟病的问题不仅仅指向干部提拔的速度问题，还包含了对任用管理的程序合法性、人事决策的合理性以及公务员系统的均衡发展的关切。而破解"火箭式提拔"现象，需要巩固和完善中国现行现代公务员制度，还需要通过推动政治体制改革，促进国家治理模式的根本转型。

（一）问题指向

社会公众已经认识到，包括党政领导干部任用管理在内的公务员制度，是建立在以《公务员法》为中心的法制体系之内的。现在，中国专门规范公务员管理和保障公务员权利的法律并不多，但与之相配套的党和政府的人事管理规则等已逐渐完备且体系化。公务员管理的法制化，不仅成为社会公众主动监督人事行政运行的手段和工具，而且，使规章制度与实际任用管理相统一的诉求，还成为了人们判断"火箭式提拔"是否合法合规的基本标准。

社会公众也已经认识到，保证公务员制度有效发展的不仅仅是相关管理制度的建构、法制体系的完备，还应该包括实现人事行政政策目标的实效性。人们质疑"火箭式提拔"时，恰恰关注了这一任用管理方式与年龄、学校、学历、经历、能力、家庭出身等党政领导人才测评要素间的相关关系，思考的是如何实现更为合理科学的公务员任用管理。当然，人们最为强调的，还是公务员个人的能力和能力的形成要因以及与公务员的任用管理相关联的公平和公正性问题。

社会公众还已经认识到，公务员任用管理在内的公共组织内部管理的问题，不仅与公共组织内部的成员密切相关，还与组织外部的所有社会成员相关。社会公众在"火箭式提拔"问题上所关心的，恰恰是组织内部的平衡和组织外部的平衡。也就是说，这一任用管理方式能否有助于实现组织目标，能否同时让组织外部的成员以及组织内部的大部分成员均获得满意和认同，以期实现组织的对外平衡和对内平衡。

公务员任用管理的法制性特征与程序公正和权利公平相关，也是现代公务员制度、现代行政官僚制的基本内容；而强调能力优先的领导人才评价标准则是以功绩制、资格任用制为基础的现代公务员制的基本原则，是保证公共组织效率性的重要前提；任用管理制度及其运行能否得到社会公众的认同，能否得到公务员群体的接受，不仅能够使得公共组织获得相应的合法性，还可以维续公务员队伍的稳定，也直接影响公共组织效率的提升。

以上要件，构成了现代公务员制度以及公务员管理的基本框架，被规定在中国《公务员法》之中。现在，《公务员法》实施十多年，今后的努力方向更多地应该是巩固并不断完善已经确立的基本制度，使其基本原则得到充分贯彻。只有这样，才能保证现代公务员制度在中国的建构，促进中国的法治行政、法治国家的发展进程。

（二）地方诉求、创新冲动及人事监督

一些评论质疑，"火箭式提拔"是否是向"文革"时期的"火箭式干部"回归？这种认识更多的是担忧可能会损害改革开放几十年来已经获得社会高度认同的公共组织治理和公务员管理的基本规范。具体而言，部分地方"火箭式提拔"的党政领导干部任用管理方式，很有可能破坏公务员制度中已经确立的法制性、功绩制、资格任用制的原则以及"公开、平等、竞争、择优"的原则等，从而最终影响公共组织法制化和效率化的发展进程。

然而，中国部分地方的公共组织任用管理中出现的"火箭式提拔"现象，还有很多复杂深刻的现实层面和制度层面的原因。

第一，发生"火箭式提拔"现象，可能出于部分地方急切保有公共组织领导人才的强烈焦虑。特别是在经济不发达地区的一些基层，吸纳人才的诱因严重不足。当地的组织人事管理者和决策者，强烈意识到了人才对创造公共组织绩效和地方发展的必要性、紧迫性，很有可能将所掌握的人事管理权限投放到了人才竞争之中，以"快速晋升"为诱因，吸引"晋升需求"动机非常强烈的人才到当地公共组织工作，

使经济不发达地区和基层能够保有人才。不过，这种方式能否使这些地方长期保有优秀人才，还需要追踪观察。

第二，发生"火箭式提拔"现象，还可能出于对公务员任用管理方式的"改革"和"创新"的动机。也就是说，部分地方的公共组织在相关政策或上级方针等的诱导、指导、认可、默许之下，出于强烈的干部人事制度"改革"和"创新"的动机，产生了部分突破现行制度规制的"破格"提拔现象。"干部年轻化""特别需要""特别优秀""选调生培养"等这些相关人事行政政策或方针，都为地方的这些改革创造了合理、合法的改革理由和创新契机。当然，这里也有允许地方在一定范围内先行先试、大胆试错的改革开放以来的基本改革经验和发展方式的延续。不过，实验式改革模式与法治国家建设如何协调发展，也是思考中国未来发展方式的关键。

第三，发生"火箭式提拔"现象，可能还与人事监督功能的不全有关。本来，包括领导干部任用管理在内的人事行政制度及管理非常严格而严密，还被置于组织人事部门、上级机关、权力机关等的制度性监督之下，而且，如何加强人事监督同时还是中国《公务员法》的一大亮点。但是，社会公众和新闻媒体对"火箭式提拔"现象的认知和理解，与公共组织之间存在着较大的差距。在这种偏差之中，要拷问的是，有关人事监督的专职部门和权力机关是否很好地发挥了制度守望者的基本职能，是否向作为公共事务终极监督者的公众作出了充分的回应。

的确，要对"火箭式提拔"现象做出准确的价值判断，还需要进一步的深入实证研究，从其合法性、合规性、合理性等方面逐一厘清问题的实质。但无论如何，公共组织的任用管理总是被置于严格的法律等制度性规范之下的，其价值判断的标准首先是合法性和合规性基准。由此则可以保证公共组织人事管理的公平和公正，最终保证公共组织内部运行效率的达成和对外公信力的获取。

如果任用管理的相关制度规范因规定的笼统而可操作性低下，当发现合法和合规的公务员任用管理出现了合理性的缺失、不足时，我们可以做的，不应该是对现有制度的"突破"和"创新"，而是应该寻求组织内外的改革共识，努力将合理性要件纳入到新一轮的制度设计之中。只有这样，才能保证业已建立的现代公务员制度在中国的巩固和完善，真正克服国内制度的脆弱以及制度实施中的困境等问题。

（三）国内制度与改革动机

国内制度欠缺、脆弱以及既有制度与实际运行分离的问题，是中国国家治理中存在的两大问题，也是当前中国公共行政所具有的基本特征。当然，这些特征在其他国家也或多或少存在，特别是在发展中国家表现得尤为显著。

那么，克服这两大问题，需要巩固中国现存的现代公务员制度，使其构筑得更加坚固，而不是经常性地在制度运行中"突破"和"创新"现有制度。这一目标的实现，特别是在中国，公共组织内部的任用管理都具有浓厚的政治化特征，破解"火箭式提拔"现象，还需要通过推动政治体制改革，促进国家治理模式的根本转型，以与当前中国社会的急速发展变化相适应。

第一，通过制定更多而缜密的规范公务员管理和保护公务员权利的法律，巩固中国的现代公务员制度。《公务员法》颁布和实施之后，中国制定了大量的配套规定和相关细则，加上党政领导干部选拔任用相关规定等，都推动了中国公务员管理的法制化和系统化。但是，这些配套规定多是在公务员法授权之下，是基于委任立法的方式，由中央的组织人事部门等制定的"行政规则"，被视为保证公共组织高效运行的内部准则，因而使部分地方敢于"突破""创新"现行制度。要确保制度的有效性、缩小制度与现实之间的差距，需要通过人大制定细化了的领导干部任用管理等相关法律，进一步接近中国上世纪90年代提出的政府运行"法定化"的行政改革目标，同时促进国家治理模式的转型。

第二，通过建构中央与地方不同的公务员任用管理法律体系，完善中国的现代公务员制度。地方"突破""创新"现行制度的诉求和冲动中表露出的一些地方"实情""需要"，与中国的超大型国家的现实和基本特征相关，保持绝对统一的国内制度越发困难，这是中国国家治理模式转型的基本出发点。如果要从根本上解决和克服这一课题，仅就党政领导干部的任用管理而言，可能需要通过法律授权的方式，赋予地方足够的建构地方公务员管理制度的权限，以适合不同地方的"实情"。也就是，允许地方建立与中央层面的公务员管理不同的任用管理体系，并使其置于严格的法律制度规范之下，以实现有效管理地方的任用制度改革活动，使其规范化和制度化，从而使地方的制度创新获得更大的合法性。当然，其前提是实施地方自治，通过充分的地方民主来保证和控制地方公共组织，不能在制度运行过程中"突破""创新"已经"创新"了的制度。

这里提到的，无论是追求"法定化"目标的公务员任用管理法律体系的建构，还是以建立地方自治为前提的公务员管理的分权改革，都具有法治化和民主化的内涵，这是中国早已确立的国家发展原则。当然，这同传统国家统治方式相比，确实是一场国家治理模式的变革，只能通过政治体制改革来实现。

中国 20 个世纪 80 年代启动的旨在建构现代公务员制度的改革活动，包含了基于功绩制、资格任用制原则的现代公务员制度。提升公共组织效率，成为实现国家现代化、工业化的实际动机。同时，中国当时提出的建立现代公务员制度，实际上还包含了将其作为政治体制改革的一部分，修正传统的"党政不分""以党代政"的国家管理模式，这包含着推动政治体制改革的实际动机。

今天，中国近年来的急速发展，社会意识和社会结构已经发生了前所未有的巨变，如果要启动新一轮旨在完善公务员制度的改革，或许推动政治体制改革的动机应该更加实际、更加强烈。

【参考文献】
[1] 北京大学政府管理学院政府治理研究课题组：《政府治理研究课题调查报告》，2009年8月。
[2] ［美］费勒尔　海迪：《比较公共行政》（第六版），刘俊生译，中国人民大学出版社2006年版。
[3] ［日］西尾胜：《行政学》（新版），毛桂荣等译，中国人民大学出版社2006年版。

第八章

中国的现代公务员制及改革

改革开放催生了中国的现代公务员制，同时，中国通过建立和改革发展公务员制度促动了改革开放政策的成功实施，二者相辅相成、缺一不可。可以说，以努力建构现代公务员制或现代行政官僚制为主线的中国干部人事制度改革，贯穿改革开放四十年的整个过程。本章以此为出发点，着重探讨改革开放四十年基本成功建立和发展起来的中国现代公务员制的建构特征，进一步思索中国公务员制度与改革的相关问题，以期加深今后我们对中国国家治理现代化改革课题的思考。

一、改革开放四十年的中国现代公务员制

2018 年是非常值得纪念的改革开放四十周年。四十年里，中国取得了巨大的经济繁荣和社会发展，创造了人口十亿人以上的大国成功实现工业化和经济现代化的人类历史奇迹。这当然得益于改革开放政策的成功实施，更来自于亿万人民的艰辛努力，同时现代公务员制在中国的成功建构和推进也为此做出了巨大贡献。

正如在本书第三章中我们看到的那样，中国为推进改革开放政策和经济发展以及实现从计划经济体制向市场经济体制转型，在可利用资源较为匮乏的现代化发展初始条件下，如何有效动员公共部门中较为丰富的人力资源成为中国推动改革开放政策的关键。因此，中国改革开放之初就大力倡导干部革命化、年轻化、知识化、专业化的"四化"原则，着力推进干部人事制度改革，而引入现代公务员制成为了中国干部人事制度改革的重要组成部分。

在此，我们首先关注中国现代公务员制建立的具体历史背景和制度创设的动因、初衷和目的。中国推动现代公务员制建立的 20 世纪八十年代后期，正是中国启动改革开放进程，逐步向着市场经济体制过渡的时期，现代化建设和成功成为了中国建立现代公务员制度的初始动机。对此能足以加以佐证的是，原人事部部长宋德福关于《国家公务员暂行条例》（以下简称《暂行条例》）实施所做的以下阐述：

> 《条例》紧紧围绕贯彻党的基本路线这个根本指导思想，继承了我们党和国家几十年干部人事工作的优良传统，总结了近十

余年来干部人事制度改革的成功经验，借鉴了国外人事管理中反映现代人事管理规律的一些有益的做法。总之，这是一部适应建立社会主义市场经济体制的需要，使我国政府机关人事管理逐步走向科学化、法制化的总章程，标志着我国各级国家行政机关中开始实施国家公务员制度，并以此推动整个人事制度的改革。[①]

人事部是当时为推进中国现代公务员制的建立而专门设立的政府部门，而《暂行条例》的颁布和实施也成为中国现代公务员制确立的主要标志。更为重要的是，这里还明确说明了中国推进现代公务员制建立的时代背景和改革初衷或政策动机。首先是为了实现贯彻"党的基本路线"这一制度建立的目标来推动中国的现代公务员制度建构。这里所说的"基本路线"就是推进中国的市场经济体制建设和实现现代化目标。而为此需要大力提升人事管理的科学化、法制化，通过制度变革使适应"党的基本路线"的人才能进入到公共职位进而有效推动国家目标的实现。这里的效率目标或所要追求的效率价值，恰恰是现代公务员制最为核心的价值标准。

与此同时，我们需要进一步关注的是，中国现代公务员制的建构目的还在于通过现代公务员制的建构或通过学习和借鉴来引入新的制度要素，尝试对原有的传统干部人事制度进行改革，以适应中国新的发展环境和国家目标的实现。党的干部人事制度，正是中国政治体制的重要组成部分、是党执政的组织保障和体制基础，而对作为中国政

---

① 宋德福：《勇于改革不合时宜的人事制度》［M］，徐颂陶主编《新编国家公务员制度教程》，中国人事出版社 1994 年第二版，第 1 页。

治精英和国家精英的干部进行管理的干部人事制度实施改革，无异就是一场深刻的政治体制改革尝试。

1987 年党的十三大报告指出"当前干部人事制度改革的重点，是建立国家公务员制度"，正式明确了中国要建立国家公务员制度。[①]同一些国家一样，这个时期中国确定建立现代公务员制的动机主要表现为前述对提升政府效率的价值追求，以及在这里我们看到的旨在促进政治体制改革的价值追求。而之后，以 1993 年《暂行条例》的颁布和实施为标志建立起来的国家公务员制度，则使干部人事制度的改革重心更多地向前者的效率价值偏移或倾斜。

《暂行条例》确立的国家公务员制度，最大特点在于对其他国家较为发达的现代公务员制的学习和模仿，可以说是集各国制度之基本要件和所长，加以很好的吸收和整合而形成的。2006 年实施的《中华人民共和国公务员法》（以下简称《公务员法》），主要是在已有的《暂行条例》的制度框架下制定的，二者具有较强的连续性，实现了从人事行政法规向人事行政法律的飞跃。人事行政制度法律化本身，对于中国而言就是一项重大的改革，具有划时代的历史意义。

从《暂行条例》到《公务员法》，期间横亘十余年，但改革实践并没有间断，改革成果最终被写入《公务员法》中，这一试验式的渐进改革模式在中国的公务员制度改革中被体现得淋漓尽致。如果说《暂行条例》是通过考试录用等制度设计，将被看作是现代公务员制现代性核心特征的功绩制或资格任用制融入中国的人事行政过程之中的

---

① 《党的十三大报告：沿着中国特色的社会主义道路前进》，1987 年 10 月 25 日。

话,那么吸收了《暂行条例》实施后十多年改革实践成果的《公务员法》则上移和扩大了功绩制或资格任用制在干部选拔制度中的应用。

可以说中国改革开放以来的干部人事制度改革以及公务员制度改革,其核心内容主要表现为功绩制或资格任用制原则应用范围的扩展,以及受新自由主义和新公共管理运动的影响,现代公务员制中的效率价值取向得到了进一步体现和深化。而十八大以来的国家治理现代化改革实践,则开始对其进行部分修正,更重要的是还增添了政治体制改革的价值追求,作为国家治理体系和治理能力现代化改革的一部分在持续推进。

这一改革以今年 2018 年修改宪法以及推进党和国家机构、职能改革而告一段落。与中国的公务员制度改革相关,这主要表现为在宪法正文第一条第二款中规定了"中国共产党领导是中国特色社会主义最本质的特征"的内容,从而明确了宪法实体意义上的党的领导地位和作用;国家的人事行政机关、公务员工资和编制等职能一并归入党的组织部门统一管理,从而实现了人事行政权力的整体上移和集中。由此,中国最终确立了较为系统完整的政党中心,也就是作为执政党的中国共产党中心的国家治理体系、治理结构和治理形态,非常具有中国特色。

从世界范围的国家治理经验来看,现代公务员制的建立是现代国家为适应本国的经济社会转型和现代化进程而推进的一项基础性制度改革和制度建构或重构,具有深远的历史和现实意义。中国现代公务员制的建立,其出发点主要在于对改革开放前的传统干部人事制度进行改革。虽然时间起点和政治体制不同,但是同创始现代公务员制的其他国家一样，中国的改革过程也内含了对"效率"价值和"政治体制改革"价值的双重追求。[①] 因此，改革开放四十年视域下的中国现代公务员制的建立和改革，体现了中国国家治理变革与其他国家所具有的部分共性特征，从而具有了世界意义。

与此同时，中国的现代公务员制还具有鲜明的中国特色。我们在这里所说的干部人事制度，指的是我国在引入现代公务员制度之前长期实行的公共部门人事管理制度，而中国的现代公务员制既是对干部人事制度改革的产物，可以说是通过对传统的干部人事制度进行改革而出现了中国的现代公务员制度，也可以说是中国以引入现代公务员制度而对传统的干部人事制度进行了改革。同时，中国的现代公务员制度还是建立在干部人事制度基础之上的，当前中国仍然保有党的干部制度。而且，如果将干部人事制度看做是一个中国公共人事管理的大系统的话，那么中国的现代公务员制则为其中的一个中系统或小系统，并且形成了现代公务员制向同属于干部制度这一大系统中的国有企事业人事管理等其他小系统部分开放的准开放式管理模式。中国的现代公务员制与干部制度关系非常密切，将后者看做是上位系统应该更为实际和准确。

同时，中国在推进现代公务员制度建设过程中，除了与其他国家一样，积极推进《暂行条例》《公务员法》的制定等制度建构和设立原国家人事部、国家公务员局等综合人事行政机构的组织架构建构外，试验式改革方式在现代公务员制度建设中也发挥了重要作用，非常具

---

① 请参见本书第六章的相关讨论。

有中国特色。从《公务员法》中我们可以观察到许多中国现代公务员制的建构特点，同时，关于中国现代公务员制度的建设和改革还需要从现代行政官僚制建构、党的干部制度完善、现代公务员制发展以及公共部门人力资源开发与管理等多个角度深入而广泛切入，才能更好地推动中国现代公务员制度的发展和相关研究。

而中国现代公务员制的建构特征以及与此相关的制度与改革分析视角的讨论，正是本章尝试深入思索的基本议题。

二、中国现代公务员制的建构特征

首先，我们讨论中国现代公务员制的建构特征。制定和实施《公务员法》，对中国而言具有划时代的意义。与《暂行条例》制定时期不同，中国制定《公务员法》基本告别了前一个时期对外来制度的集中引入，更多地从之后的相关改革经验中，通过将部分改革成果写入《公务员法》的方式来进一步实现制度建构。这是中国《公务员法》的显著特点之一。与此同时，我们还可以从《公务员法》中进一步梳理和析出中国现代公务员制的特色来。

（一）从《暂行条例》到《公务员法》

应该说，无论是《暂行条例》还是《公务员法》都是在加强中国人事行政的制度建设，推动韦伯意义上的制度型统治或现代行政官僚制在中国的建构，是推进我国现代国家建构、改进国家治理、适应现代化发展的重要举措。人事行政，即公务员管理或干部管理的制度化、法制化和法律化，都是公务员管理体系和管理系统建构不可或缺的重要环节，当然也是十八届三中全会提出的中国国家治理体系现代化的重要内容。

但毋庸置疑，与《暂行条例》最大的不同在于，《公务员法》不仅是公务员，而且是中华人民共和国有史以来制定的第一部全面规范干部管理的法律。从 20 世纪 80 年代就已经启动相关立法进程开始，到 2006 年 1 月 1 日《公务员法》生效实施，确实经历了长期而艰难的制度推进过程。《公务员法》的颁布和实施，对于中国的公务员制度建构，以及传统干部人事制度乃至国家治理改革所具有的意义是无比巨大的，成为中国公务员管理法律体系中最为核心的组成部分。作为"我国五十多年来干部管理第一部总章程性质的法律"，中国的《公务员法》"在干部人事工作历史上具有里程碑的意义，对于贯彻依法治国方略和推进社会主义民主政治建设也具有重大意义"。①

《公务员法》比起《暂行条例》，法律正式管理的对象有较大扩充。也就是从《暂行条例》规定的"适用于各级国家行政机关中除工勤人员以外的工作人员"，到《公务员法》规定的"依法履行公职、纳入国家行政编制、由国家财政负担工资福利的工作人员"，发生了很大变化。其中，最大的变化是将原干部群体中的较大部分人员正式纳入到了《公务员法》适用范围内进行管理，《公务员法》甚至可以换言之为中国的"干部法"，因而"在干部人事工作历史上具有里程碑的意义"。而依《公务员法》对公务员或对干部进行管理，对于我国而言，则是公务员、干部管理方式和国家治理模式的一大转变，非常值得深思。

---

① 张柏林主编：《〈中华人民共和国公务员〉法释义》[M]，中国人事出版社、党建读物出版社 2005 年版，前言。

《公务员法》规定了公务员管理的方方面面，具体包括公务员的义务和权利、职务与职级、录用、考核、职务任免和升降、奖励与惩戒、培训、交流与回避、工资福利保险、辞职与辞退、退休、申诉和控告、职位聘任以及法律责任等，涵盖了公务员人事行政的所有环节和流程，而且被广泛覆盖在法律之下。可以说，在我国基本建立起了对公务员依法人事行政的制度框架，将公务员管理纳入到了法治体系之中。因而关于公务员的管理，都需要与《公务员法》规定的法律原则和具体条文相一致，否则将会被追究法律责任；与此同时，未来相关重大人事行政制度的变更和改革更需要在《公务员法》修法或法律授权的前提下进行，从而真正实现依法人事行政、依法人事行政改革以及保证中国现代公务员制的连续性和稳定性。

与此相关，同《暂行条例》相比，《公务员法》的另一个变化就是法律条文的增多。这既加强了法律的管理空间，同时也使得《公务员法》更具有法律执行的可行性和可操作性，对于我国有效实现依法人事行政增添了更为有利的条件。《暂行条例》共18章88条，而《公务员法》则为18章107条，虽然保留了《暂行条例》的基本制度框架，但是法律条文得到进一步细化，增加了19条法律规定。

不过，从《暂行条例》到《公务员法》的变化，不仅仅体现在公务员管理的法律化、公务员范围的扩大和相关法律管理条文的增幅上，在制度内容上也发生了较大变化。我们更需要关注的是我国通过制定《公务员法》，将《暂行条例》制定后的相关公务员制度或干部制度的改革试验成果制度化，从而着力推进中国现代公务员制度建设的具体实践。我们可以从《公务员法》的具体内容中，来具体观察更多的中国公务员制度的建构特征。

（二）《公务员法》与中国现代公务员制

1.《公务员法》与中国公务员管理法律体系

脱胎于《暂行条例》的中国《公务员法》，总体上保留了《暂行条例》的基本框架，是在《暂行条例》基础上进一步充实发展的。在2000年重启《公务员法》立法进程之时，我国的人事行政决策者，也是公务员制度建设的改革者们就已经对《公务员法》制定的相关立法原则和指导思想做了较为明确的规划。这主要体现在2001年12月27日中共中央政治局常委会讨论并原则同意了的中组部、原人事部《关于制定公务员法有关问题的请示》以及时任人事部部长张柏林在全国人大常委会所作的《关于〈中华人民共和国公务员法（草案）〉的说明》中：

《公务员法》的立法原则和指导思想的主要内容为，将党的机关工作人员纳入公务员的范围，坚持党管干部的原则，在总则中明确贯彻中国共产党的干部路线和方针，在具体制度中体现党对各类公务员的统一管理；坚持从国情出发，建设中国特色的公务员制度——与中国特色的社会主义政治制度相适应，从现阶段的中国国情出发，着重解决公务员制度建设中的主要问题；保持公务员制度的连续性和稳定性，同时吸收改革的成果，完善公务员制度。

从已经出台和实施的现行《公务员法》的具体制度安排来看，我国公务员法的立法确实遵循了这些立法原则和思想。

《公务员法》被称为我国公务员管理、干部管理的"母法"和总章程，具有重要的法律的地位和法律权威。在我国，由于实行有限的地方自治的政府体系国家治理体制，因而不存在诸如一些国家具有的《地方公务员法》等另一套人事行政的法律体系，从法律上体现出了中国具有较强中央集权特点的公务员管理法律体系的特点。不过，我国的《公务员法》还授予了地方政府，特别是省级公务员主管部门相应的人事行政权限以及向民族自治地方特殊的偏斜。这一方面保证了依据《公务员法》的集中统一管理，对中央机关的公务员与地方机关的公务员不做区分而统称公务员，同时，在具体执行上，根据我国幅员辽阔、各地差异较大等特点，还赋予了地方政府一定的人事行政自主性，是一种集权型与分权型相结合的管理模式。

同时，《公务员法》中多处出现"由国家另行规定"的表述。也就是说，我国的《公务员法》虽然在条文上较《暂行条例》增加了一些，更加具有法律实施的可行性和可操作性，但是法律仍然是人事行政的原则规范，而相关具体规定的制定实际上则由《公务员法》授权给了"国家"，需要通过制定法规规章等形式进一步实现。2006年《公务员法》正式实施时，相关具体制度设计的授权虽然已经被赋予，但是由于没有及时为相关部门行使，我国出现了较为长期的《公务员法》规定的制度未能完全实现的制度与现实分离的人事行政现象。在党的十八大之后推进全面深化改革的过程中，这一现象得到了部分克服。总之，在现行中国公务员管理法律体系之下，该法律体系主要由《公务员法》和基于《公务员法》授权而制定的法规规章等构成，二者缺一不可，共同成为国家治理体系中的人事行政制度体系。

这里还需要注意的是，除了关于领导成员、法官、检察官等任用的相关法律之外，规范我国公务员管理的法律仅为《公务员法》。具体而言，也就是说在《公务员法》这一"母法"之下，不存在依据《公务员法》而制定的相关专门法律或单项法律。如在部分国家和地区，存在基于各国和地区的《公务员法》而制定规范公务员管理的《公务员工资法》、《公务员伦理法》等多个专项法律，其公务员管理的法律体系主要表现为以多项专门法律构成的制度体系，以体现财政民主主义、法律主义等现代国家的法治和民主治理原则。

因而，从《公务员法》所反映出的我国公务员管理法律体系的建构来看，我国的制度体系中法律形式比较单一，《公务员法》既是公务员管理的母法，甚至可以说是唯一一部中国公务员管理法律体系之中的法律。同时，在此基础上获得"立法"授权的"国家"，特别是公务员管理的主管部门等则以制定大量的法规规章等形式拥有了非常大的制度设计空间，从而使对公务员实施管理的国家组织和政党组织在人事行政中可以表现得更为灵活和自由。当然，这也在一定程度上，可以说是在体现"党管干部"的原则，可以根据不同时期党和国家的根本方针和任务来适时调试《公务员法》原则规范之下的相关具体制度，从而便于实现党对各类公务员的统一管理。这也是与中国特色社会主义政治体制相适应的中国特色公务员制度的一种体现。

2.干部制度与中国公务员人事行政体系

我国制定《公务员法》和实施现代公务员制度的一个根本前提，在于如何适应中国现行的政治体制。中国现行的政治体制表现为中国特色的社会主义政治制度，具体而言就是中国共产党作为中国唯一的执政党全面领导和具体参与国家治理的实施，党领导下的多党合作制也被纳入到国家治理体系之中，党在国家的政治生活和政治机制之中具有不可替代的中心领导地位。而公务员或干部的管理，作为党治国理政最为重要和最为主要的途径和方式之一，具体到中国现行《公务员法》中，我们可以看到较多的相关制度安排来对此加以支撑。

毋庸置疑，在中国特色社会主义政治制度这一宏观体制框架之下，我国的现代公务员制具有更为鲜明的政治性特征。这首先体现在将"党管干部"的公务员制度原则明确写入了《公务员法》的第一章总则当中，其中明确包含了宪法等已经确认了的党倡导的意识形态、党的基本路线以及党的干部管理方针。这主要体现在《公务员法》第4条的规定之中，即中国的"公务员制度坚持以马克思列宁主义、毛泽东思想、邓小平理论和'三个代表'重要思想为指导，贯彻社会主义初级阶段的基本路线，贯彻中国共产党的干部路线和方针，坚持党管干部原则"。

这里需要注意的是，实际上除了《公务员法》之外，在我国只有《宪法》《教育法》《国防法》等少部法律具有类似的现象。可见，我国现代公务员制度的制度设计，还是非常有意识地凸显了作为上层建筑重要组成部分的中国干部人事制度、公务员制度的政治性特征。这里提到的干部人事制度，就是我国经过革命战争时期、计划经济时期形成和发展而来的党的干部管理制度。而《公务员法》所要建构的中国现代公务员制，正如该法第4条规定的那样，不仅要体现党的意识形态、基本路线和方针，还要贯彻党的干部路线和方针，更要对干部进行管理。

关于中国现代公务员制与党的干部人事制度之间的关系，在这里我们回顾一下张柏林所作的关于《公务员法》草案的说明，对此来做一个初步的观察。自《暂行条例》到《公务员法》，我国是在力图通过建构现代公务员制度来改革传统的干部人事制度，完善和发展党的干部管理制度成为了建立现代公务员制的重要动因，因而并不是对干部人事制度的全面否定，相反我们可以看到通过法律制度的建构等还在强化和筑牢党的干部人事制度。

张柏林在《公务员法》草案的说明中就明确指出，实施十年来的《暂行条例》，"对优化干部队伍""增强干部队伍活力""发挥了重要作用"；而"在总结暂行条例实施经验的基础上，着手研究起草公务员法"的"总的指导思想"就是要"坚持党管干部的原则，体现现行干部管理体制的要求，改革和完善公务员制度，为全面建设小康社会提供组织保证和人才支持"。[①] 可见，建立和夯实现代公务员制，其重要功用在于干部队伍的优化和干部队伍活力的增强，这成为了对中国现代公务员制的基本定位。而通过《公务员法》的立法，其根本目的在于通过体现现行干部管理体制的要求，来改革和完善公务员制度，为实现党和国家的基本方针、路线提供组织和人才的保证。

与具有中国特色社会主义政治制度和党的干部人事制度相联系，我国的《公务员法》没有规定公务员要政治中立，公务员的行为规范中首先要求的就是"政治坚定"，而对具有干部身份的公务员而言更要坚持"对党忠诚"。在这里所体现出的中国现代公务员制的基本特征是，在制度上，将党管干部的干部人事制度要素锲入现代公务员制度之中，执政党通过严格的政治控制方式，要求公务员在思想和行动上长期保持较强的政治回应性，来为党的路线方针的贯彻提供组织保证。

[①]　张柏林："关于《中华人民共和国公务员法（草案）》的说明——2004年12月25日在第十届全国人民代表大会常务委员会第十三次会议上"，《中国人大网》：http://www.npc.gov.cn/wxzl/gongbao/2005-05/30/content_5341710.htm。

　　而正如"又红又专""德才兼备""高素质专业化"等党的干部路线和《公务员法》所确立的公务员任用原则所表述的那样，除政治忠诚的规范要求之外，从《暂行条例》到《公务员法》还强调了体现效率价值的公务员"任人唯贤""工作效能""工作效率""工作实绩"等规范，突出了现代公务员制现代性特征中的功绩制原则。这里需要注意的是，这不仅是《公务员法》对公务员行为规范的基本要求，还是党的干部路线的基本体现。

　　因此，虽然现行《公务员法》有别于部分国家和地区的现代公务员制，没有明确采取政务官与事务官"两官分途"的方式，只是在领导成员等部分人员的任用管理中要服从于"另有规定的"相关制度，但是功绩制的管理模式可以说已经在制度上更为广泛地覆盖了包括领导成员等政治类公务员在内的所有公务员。

　　可见，我国的现代公务员制与党的干部制度确实实现了较为全面的融合，而且通过引入和建构凸显功绩制原则的现代公务员制，给党的干部制度带来了生机和活力。从总体来看，党的干部制度与中国的现代公务员制的融合发展，它使中国的公务员制度不再像部分国家和地区的现代公务员制那样是一个封闭的人事行政系统，而成为被党的干部管理系统所涵盖了的较为开放的人事行政系统。

　　具体而言，在中国现代公务员制中，中央与地方之间、国家机关与非国家机关之间、政务官与事务官之间可以相互流动；选任制的领导成员在任期结束后还可以回到委任制的公务员体系中；在党的干部制度下被统一管理的具有一定职务层次的军队、国有企事业单位、人民团体和群众团体等中的干部，可以进入到公务员系统，而具有公务员身份。特别是《公务员法》中的关于公开选拔的相关规定，为社会人才进入公务员队伍进一步拓宽了准入途径。这种准开放式的人事行政模式，可以说是我国现代公务员制的重要建构特点。

3.《公务员法》与中国公务员权利保障体系

从《公务员法》总则第1条规定的《公务员法》立法目标来看，我国制定《公务员法》的基本目的主要有两点，即规范公务员管理和保障公务员合法权益。与《暂行条例》相比，《公务员法》开宗明义地指出，保障公务员权利与规范公务员管理同为公务员管理法律建设的两大支柱，这确实体现了作为法律的《公务员法》应有之义，也体现了现代公务员制的基本意涵。而且这无论对于中国的现代公务员制建构而言，还是对于中国的干部人事制度改革而言，都具有非常重要的历史和现实意义。

关于中国现代公务员制中的公务员权利，在这里仅结合现代公务员制来思考《公务员法》与中国公务员权利保障体系的相关议题。首先，为体现保障公务员基本权利的《公务员法》立法目的，应该说中国《公务员法》在具体制度安排上详细地规定了公务员拥有的权利以及保障措施。这不仅在该法第二章第十三条，与该章首先规定的公务员应该履行的九项义务相对应，具体列举出了八项公务员应该享有的权利，同时，在还在其他条文中进一步加强了相关权利规定。诸如"公务员在法定工作日之外加班的，应当给予相应的补休"、"任何机关不得扣减或者拖欠公务员的工资"等，应该说对公务员权利保障规定的较为详细和周全。

关于公务员权利，与现代公务员制相关联，也就是与现代公务制现代性中的职务常任制相联系，我国的现代公务员制度中也明确规定了公务员的身份保障原则。即《公务员法》第二章"公务员的条件、义务与权利"中第十三条"公务员享有以下权利"的第二款规定，公务员"非因法定事由、非经法定程序，不被免职、降职、辞退或者处分"，这就以法律制度的形式正式确立了中国公务员的身份保障原则。应该说功绩制原则以及这里我们看到的身份保障原则等所体现的现代公务员制的现代性特征，都已经通过《公务员法》立法的方式深深地植入到我国的公务员制度中，可以说中国的公务员制度已经具有了现代公务员制的基本建构特征，从而中国现代公务员制得以建立。

当然，在实际的人事行政具体推进中，也就是中国《公务员法》的实现过程中，由于还会受到传统的过多强调义务而轻视权利重要性的人事行政文化影响，制度成果不能一步到位得以实现的现象还时有发生，制度与现实的差距还需要在今后的中国现代公务员制和人事行政发展中进一步实现。但在这里我们需要进一步强调公务员权利保障问题，因为这也是促进公务员有效履行义务，特别是保障功绩制原则这一现代公务员制中最为核心的现代性特征得以体现，以及促进公务员公平公正行使公共权力的基本前提和保证。

纵观现代公务员制在现代国家的发展变化，我们可以看到公务员的权利保障仅靠以上制度建设还远远不够，还需要更多的机制和方式来维护。

这首先来自于人们对公务员劳动权利的基本认识，也就是说不同国家都会对作为劳动者的公务员组织工会、与作为雇主的政府就劳动条件等进行谈判协商，以及发起劳动争议而举行罢工等劳动基本权施以不同程度的限制。这是由于公务员需要履行有效管理社会的基本义务和责任，而完全将公务员与其他社会成员的基本劳动权利等同，则不能使其有效履行相关义务和责任。因此，我国的《公务员法》同部分国家和地区一样，也对公务员的劳动基本权利加以限制。而对应限制公务员的劳动基本权利，则需要相应机制和方式来对此加以补充。

比较而言，我国的《公务员法》同部分国家和地区的现代公务员制相比，表现出较多的不同，可以说公务员权利保障的相关机制不多，而且还没有被列入中国现代公务员制的改革议题之中。这具体表现为，一是虽然我国的《工会法》明确了机关人员的组织工会的权利，并且在实际的人事行政中也存在公务员工会组织和活动，但是在《公务员法》中没有任何关于公务员工会基本定位等的规定。二是我国的人事行政管理职能主要由党政组织和人事主管部门承担，公务员权利以及功绩制的实现主要表现为组织内部的人事行政活动，而没有像部分国家和地区那样由独立于政府部门之外的具有较强独立性的第三方委员会参与。最后《公务员法》仅针对当前规模较小的聘任制公务员打开了司法救济之路，而对其他大多数公务员并没有相关规定，同时我国的现行《行政诉讼法》又明确否定了对公务员的司法救济。

我国《公务员法》中有关中国公务员权利保障制度和体系的建构，体现了中国现代公务员制的特点。随着我国国家治理体系和治理能力现代化进程的不断推进，以及中国社会经济的不断发展，如何更加有效保障公务员的权利必将成为今后我国完善中国现代公务员制度的重要议题。

三、中国现代公务员制改革的分析视角

中国的现代公务员制，同部分国家和地区相比，应该说建立时间不长，虽然已经取得了巨大成绩，但正如本章前述看到的那样，《公务员法》还没有完全得以实现。因此，不仅是制度建设，还是制度的完全实施仍有一段路需要走完。2013 年召开的中共十八届三中全会提出了国家治理体系和治理能力现代化的中国国家改革发展目标，这为公务员制度的改革和发展提出了新的要求。为此，更需要从多个角度全面探讨中国的现代公务员制，从而为成功构建有效的公务员制度或现代行政官僚制提供参考。

从本章前述讨论中，我们可以大体析出中国公务员制度与改革研究的五种分析视角：即官僚制研究分析视角、党的干部管理制度研究分析视角、现代公务员制研究分析视角、人力资源研究分析视角以及行政改革研究分析视角。现代国家发展到今天，以及中国的改革开放和社会主义市场经济取得长足发展的当下，应该说这五种研究的分析视角对理解中国的公务员制度和改革都缺一不可，需要全面运用到相关研究和改革实践中。

（一）官僚制研究分析视角

首先，主要源于韦伯官僚制研究成果的现代官僚制研究分析视角，其观察的对象是机构和人员众多的大规模组织，而从对官僚制概念多样性特征的梳理结果来看，现代官僚制更多指向的是政府行政官僚制的组织与人员管理等基本命题。因此，官僚制研究分析视角也就可以大体上还原为现代行政官僚制或现代公务员制的分析视角。

其次，韦伯官僚制研究的最大特点，是对官僚制组织中的组织运行方式和组织成员管理方式较为全面、准确的描述。特别是关于官僚制组织成员任用管理形态的描述和总结，"在当代公务员制度的构成原理中，这里没有列举出来的，可以毫不夸张地说，只有历史极其短暂的政治中立和有关劳动基本权的事项"①。韦伯官僚制研究成果比较完整地涵盖了现代公务员制的基本制度构成，韦伯官僚制研究实际上也就是关于现代公务员制的研究。因此需要将韦伯官僚制理论作为我们研究现代公务员制的基本分析框架，来观察包括我国在内的不同国家现代公务员制的现代化程度。

再次，韦伯关于现代官僚制的概念和描述总结，更多地被看作是理想型或理念型的官僚制模型，因此我们除此之外还要关注官僚制组织的实际运行及其成员的真实的行为方式。第二次世界大战之后，美国的行政学家们开始运用社会学研究方法具体分析官僚制组织成员的行为方式及其多样性特征。这也构成了官僚制研究的重要分析视角，它提醒我们在理解和改革现代公务员制时需要关注更多的现实问题，以推进更为有效的制度建构和人事行政。

最后，在现代公务员制发展过程中，代表性官僚制理论和街头官僚理论对现代公务员制的研究和制度建构产生了积极的影响，并被具体应用到了人事行政中。如果说韦伯的现代官僚制模型是对现代公务员制的总体认识的话，那么代表性官僚制理论更多地关注的是政府官僚制组织中处于决策和管理地位的中高级领导人才，希望通过实现人

---

① ［日］西尾胜：《行政学》（新版）［M］，毛桂荣等译，中国人民大学出版社 2006 年版，第 144 页。

口统计学意义上的公务员数量的均衡分布，使其有效地代表不同族裔、性别、阶层等人群，以此更好地整合不同社会诉求来实现公共利益；而街头官僚理论则是针对直接面对社会公众提供公共服务且数量庞大的基层一线公务员，希望根据街头官僚拥有较高专业性、较大裁量权且控制途径狭窄等特点对其实施有效管理，从而促进政府绩效的真正实现。

（二）党的干部管理制度研究分析视角

直接作用并决定一个国家行政体制体征的是这个国家的政治体制，也就是说会因各国政治体制的不同而使得公务员制度具有不同特征。我国是中国共产党领导的社会主义国家，我国的政治体制不同于实行执政党轮替的多党制资本主义国家，我国宪法决定了中国共产党的长久执政地位，可以说我国是一党制国家。具体到中国的现代公务员制而言，一方面它不具有一般意义上的要求公务员"政治中立"的现代公务员制现代性特征，同时，中国现代公务员制更是为了"党的干部制度在当今新的历史条件下的自我发展和自我完善"而建立起来的[①]。

以 1993 年制定颁布实施的《暂行条例》为标志建立起来的中国现代公务员制度，其制度来源主要有三个：一是"继承和发扬了党和国家的干部工作的优良传统"，二是"总结吸收了"向改革开放政策转型后"十年来干部人事制度改革的经验"，三是"同时也借鉴了外

---

① 徐颂陶主编：《新编国家公务员制度教程》［M］，中国人事出版社 1994 年第二版，第 16 页。

国公务员（文官）制度中一些有益的科学管理方法"①。不仅在制度来源和具体的公务员管理的制度设计上，中国的公务员制度具有明显的干部人事制度色彩，而且《公务员法》明确规定，我国的公务员制度要"贯彻中国共产党的干部路线，坚持党管干部原则"。因此，贯穿中国现代公务员制建构和建设过程的党的干部人事制度，不仅是我们准确理解中国现代公务员制的基本前提，更是我们分析这一制度和中国人事行政实践的重要视角。

可见，仅从现代公务员制到中国公务员制度而放弃党的干部人事制度研究分析视角，那么我们的思索就难以接近我国相关基本制度的特质和实质、本质，非常有必要在中国现代公务员制的研究中，专门对此进行探讨和分析。在学习和研究中国现代公务员制过程中，我们应用党的干部制度研究分析视角时需要关注的问题是：第一，党的干部人事制度的形成和发展，包括革命年代、计划经济时期形成的干部管理的传统；第二，改革开放后在邓小平理论指导下以适应改革开放政策为目标而推进的干部人事制度改革实践；第三，党在不同时期确定的干部路线和干部管理的方针政策；第四，党的组织工作在干部管理和公务员管理中发挥的巨大作用等。

（三）现代公务员制研究分析视角

思索现代公务员制要从现代国家开始谈起，其目的是为了展示源于现代国家出现的现代公务员制研究分析视角。现代国家可谓 20 世

---

① 徐颂陶主编：《新编国家公务员制度教程》［M］，中国人事出版社 1994年第二版，第 16、17 页。

纪现象，职能国家、福利国家、行政国家作为其最为鲜明的特征，而严格地区别于追求小政府、廉价政府、守夜人的近代国家形态，因而使得适应现代国家建构的现代公务员制具有了长久的制度影响力和强劲的生命力。

具体而言，即表现为过去一百多年横跨一个多世纪的政府服务范围的扩张、政府深深介入经济社会领域以及政府行政的相对优越，使得现代国家中的政府及其成员成为了社会管理和社会形成的主要担当者，社会经济发展的引领者，社会公众基本人权的保障者。现代公务员制所具有的现代性特征，较好地适应和促进了现代国家的发展进程，并在世界各国普及，对各国的现代化发展产生了深远的影响，即便是在已经进入 21 世纪的今天，也仍然保有生命力。

我国的政治体制与创建现代公务员制的其他国家不同，但是从本质上来看，中国建立现代公务员制度也是为了通过借鉴其他国家的现代公务员制度来更好地适应现代化发展以及促进自身的现代国家进程。因此，现代国家的现代公务员制以及不同国家和地区的公务员制度比较研究，应该成为我们思考中国现代公务员制，以及理解中国特色社会主义现代公务员制度的基本出发点和着眼点。

运用现代公务员制研究的分析视角，主要有两个目的。一是发现和确认现代公务员制建立的基本逻辑和本质特征，并以此为参照系来发现和确认我国建立现代公务员制度的人事行政改革政策的逻辑。二是将现代公务员制作为基本的参照系，对照比较不同国家引入现代公务员制之后出现的制度差异和认识上的不同，发现和确认不同国家和地区现代公务员制度的特点。特别是现代公务员制度实践，深受各国政治体制和人事行政传统文化的影响，发展阶段、历史维度等都是我们运用现代公务员制研究分析视角时需要重视的影响因素。

现代公务员制的建立，作为一个国家现代行政体制的主要组成部分，促进了各国现代行政体制的建构，使现代国家具体表现为通过有体系的组织机构和人事行政的有效运转，为国家目标的实现提供组织和人力的保证。在这里，现代国家开展的活动可以大体分解为维持社会秩序等有效管理社会的行政体制外部活动，以及有效管理政府组织和人事行政的行政体制内部活动。其中，前者为现代公务员制和人事行政实践的终极目标，即有效的现代公务员制度和人事行政应该服务于作为政府目标的对社会的有效管理，以此体现后者——一个国家现代公务员制度和人事行政的政府管理最终绩效。

因此，评价包括我国在内的现代公务员制是否成功或有效，主要看相关制度的制定与实行能否实现组织外部均衡和组织内部均衡。这里所说的组织外部均衡，是指现代公务员制度的确立与运行促进了行政体制终极组织目标的实现，即达到了制度建立之初预设的干部任用上的不正之风得以控制，作为国家发展目标的现代化政策是否顺利实现，作为国家主人的人民群众是否基本满意，从而实现行政体制与外部环境的均衡。而与组织外部均衡密切相关，后者的组织内部均衡则要看现代公务员制和人事行政是否被行政体制中的政府组织内部管理者以及被管理对象的广大公务员基本接受，能够激发组织和人员的积极管理和工作欲望。

（四）人力资源研究分析视角

人力资源研究分析视角对于我们思考中国的现代公务员制非常重要，非常需要进一步利用发端于追求组织和人员管理精细化企业实践和经验的人力资源研究分析视角更多地运用到现代公务员制的分析之中，从而促发中国现代公务员制的进一步完善和提升，促动我们对中国的相关改革和实践的进一步思考。

我国在推进现代公务员制度建构过程中，中国的经济社会取得了突飞猛进的发展与变化，公务员这一公共部门人力资源所具有的特质也越来越需要适用人力资源开发与管理的理念、理论和实践经验来加以开发与管理，来更好地适应当前社会经济条件的变化。而人力资源开发与管理的研究成果，不仅需要引入到对我国人事行政实践的具体分析，同时可以以此指导中国现代公务员制度的改革政策设计，更为重要的是需要纳入到具体的中国政府人事行政过程中来。这主要是由于，现代公务员制在中国的建构，一方面需要成功建立中国的现代公务员制度体系，以此保证足够的人事行政制度供给，与此同时，有效的制度建构仅仅是基于现代公务员制的制度型统治的一个前提，还需要利用人类长期积累下来的有效的方法具体实现预设的制度，从而破除我国目前仍然存在的有"人事"无"管理"的人事行政现象。

人力资源开发与管理研究所强调的组织中人力资源的主体性和主动性、组织目标与人力资源个体目标的整合、针对不同类型人力资源采取不同方式的开发与管理、工作丰富化、工作扩大化等，比较适用于我国人事行政的管理对象。我国的公务员范围，深受传统干部制度影响，具体是指政府机关等中工勤人员之外的所有人员。这类人力资源，在相关公务员分类改革还没有完全实现的现状下，基本上都是以未来将从事责任更为重大的职位为前提招录使用的，并通过严格的公务员考试选拔出来的秀逸人才。如何更好地长期保有优秀人才，对于公共部门人事行政而言，不言而喻需要更多地运用人力资源开发与管理的研究和实践成果。

我国《公务员法》特点之一，是更为重视培训、岗位轮换等公务员的人力资源开发和管理，也在有意识地将相关研究和实践经验引入到我国的现代公务员制度体系中来。不过，从具体的《公务员法》制度实践的现实来看，《公务员法》意涵了的人力资源开发与管理的目标，并没有得到足够的重视和实现，制度与现实之间仍然存在差距。这就需要我们在深入理解《公务员法》相关规范原则的基础上，通过人事行政的改革创新来充实和完善我们的现代公务员制度体系，更重要的是在具体人事行政实践当中得以贯彻和实现。

不过，我国具有长期积淀了的深厚的干部管理人事行政传统，并成为一种特殊的行政文化。特别是人事行政，虽然一方面深受《公务员法》等制度的严格约束，同时人事行政文化还是对人事行政实践产生深远影响的重要因素，不可忽视。我国的人事行政文化，也在深深地作用于我国的现代公务员制度实践，成功建构适应当前我国经济社会变化并具有人力资源开发与管理特点的人事行政体系，则需要进一步的改革，仍然需要一段时间的努力，可以理解为是一个较为长期的过程。只有通过长期不断稳固推进新的制度体系，才能逐渐克服人事行政传统影响，而实现人事行政文化的创新。当然在这里，人力资源开发与管理的理论和实践成果，将具有不可替代的积极功用。

（五）行政改革研究分析视角

现代公务员制自19世纪中后期建立以来，已经过去了一个多世纪，各个国家在具体制度实践中，通过调试和改革来不断与各自国家的现代化发展阶段和现代国家的建构过程相适应。可以说，从现代公务员制建立以来一直到上世纪末期，由于现代国家的职能国家、福利国家、行政国家特征相继叠加，更使得作为现代公务员制基本特征的本章前述现代公务员制的现代性得以长期保持和延续。

不过，始端于20世纪末的一系列行政改革，特别是被称为新公共管理主义的政府治理变革运动，对政府组织管理乃至现代公务员制的发展产生了难以估量的重要影响，甚至被看作是现代人事行政范式的转变。因此，需要将这些行政改革研究的分析视角纳入到我们对现代公务员制改革的研究之中，当然有关中国现代公务员制的分析也非常需要行政改革研究的分析视角。

新公共管理范式下的人事行政改革，主要表现为将企业中的人事管理方式引入到政府组织中，把企业中通用的竞争原理运用到政府组织中，以此提升政府组织及其成员个体的效率。由于现代行政学或以现代公务员制为代表的现代人事行政，也是通过引入企业管理方式而推动了政府组织的现代化和科学化，因而新公共管理范式下的人事行政改革，完全可以理解为是对现代公务员制的进一步现代化改革。只不过前者的人事行政现代化目标，更多地着眼于现代行政组织和人事行政制度的建构，而且这里的效率更多地指向的是政府组织和人员如何合法、公正、公平地行使公共权力，而被看作是一种消极的"效率观"；而后者的进一步现代化改革所追求的效率，更多地指向的是如何实现政府组织及其成员绩效的最大化，更多地被认为是一种积极的"效率观"。

新公共管理范式下现代公务员制范畴出现的人事行政改革，主要表现为减少或放宽政府组织内部的人事行政规制，管理者被赋予更多的人事行政权限，以此来实现政府组织绩效的最大化。一直以来强调公平、公正和集中统一人事行政的现代公务员制，开始向分权型、放权型人事行政变化。同时，以积极的"效率观"为特征的"顾客"导向、"结果"导向等绩效评估方式在政府组织中得以应用，并与组织成员的工资薪酬挂钩，推进了向绩效薪酬制的公务员工资制度改革。公务员的任用开始尝试聘任制的方式，打破了以职务常任为基本特征而且是超稳定取向的传统人事行政方式。特别是随着经济全球化进程的推进，代表性官僚制理论开始被很多国家重视并广泛应用到人事行政实践之中，而新公共管理范式对政府组织及其成员政治回应性的极力强调，更对"政治中立"这一现代公务员制的核心内涵带来了不小的动摇。

不过，发展阶段是行政发展和人事行政改革所无法回避的课题。新公共管理范式发生于西方国家实践现代公务员制一个多世纪之后，是在其后福利国家阶段以及主要作为应对严重的财政危机之策而出现的，同我国的发展阶段和具体国情还有较大差异。我们完全可以将新公共管理范式下的人事行政改革作为我们改革现代公务员制的参考，与此同时，更要关注到我们当前仍然处于现代公务员制建构阶段这一时代特征。今后一段时期，将完全实现中国的《公务员法》作为当前建设现代公务员制的基本前提，以此建构中国的现代行政官僚制，也就是成功建构中国的现代公务员制度体系并有效实施，才是推动我国国家治理体系和治理能力现代化这一现代国家建构目标实现的基本保证。

结语：中国现代公务员制改革展望

无论是先发展国家还是后发展国家，现代公务员制都是各国现代化成功的基本要件。公务员制度是一个国家最大的"公共产品"和国家统治或国家治理的基础之基础，以现代公务员制为基本构件的现代行政官僚制或政府官僚制，不仅为社会发展提供组织保障，同时还能促进经济建设。中国改革开放四十年的生动实践，也充分证明了这一点，这是本章对改革开放四十年中得以基本成功建构和发展的中国现代公务员制所得出的初步结论。

"无论是资本主义的公务员制度还是社会主义的公务员制度，都是市场经济的产物，其本质特征都是实行民主化、科学化与法制化的管理原则。"①中国是社会主义国家，在推动改革开放政策和社会主义市场经济过程中，大胆地引入和推行了现代公务员制度，为中国的改革开放以及工业化、现代化发展提供了坚实的组织保障。可以说，今天能够取得令世界瞩目的经济发展和社会繁荣，在很大程度上离不开中国基本成功建立起了现代公务员制度。

我国计划在改革开放四十周年的 2018 年修订根据宪法制定的《公务员法》，必然会将十八大以来推进的国家治理现代化改革实践的成

---

① 李如海主编：《公务员制度》［M］，高等教育出版社 2007 年版，第 1 页。

果反映进去，继续推动中国的现代公务员制改革。结合本章的以上探讨，在这里仅对今后的公务员制度改革和《公务员法》的修改提出三点建议，以此结束我们的讨论。

一是从十八大以来推进的公务员制度改革实践来看，多是为了进一步全面实现现行《公务员法》而消除中国人事行政中存在的制度与现实分离现象，夯实中国的现代公务员制度而展开的，这仍然是今后重要的中国公务员制度改革内容；

二是公务员权利保障是现行《公务员法》的主体内容之一，今后的改革中除了需要加强对公务员的管理规范和规制外，同时还应通过改革来拓宽公务员权利保障范畴，使严格的义务履行与充分的权利保障保持高度平衡，让公务员更好地发挥积极的效率；

三是修改《公务员法》仅仅是十八届四中全会提出的法治国家建设的第一步，今后应该不断深化中国人事行政的立法改革，通过制定公务员工资法、伦理法等，来建构中国特色的人事行政法律体系，真正实现干部人事管理、公务员管理的法律化，最终实现十八届三中全会、四中全会提出的国家治理体系和治理能力现代化以及法治国家建设的国家发展目标，完成中国现代国家的建构。

第九章

中国行政文化的特质与意义

　　当代中国行政文化，完全可以置于从计划经济体制向市场经济体制变化的经济社会转型，以及作为世界上最大的发展中国家这一宏观背景和结构特征的基础上思考。本章在考察比较行政研究关于发展中国家行政的总体特征之后，联系中国经济社会的发展轨迹，尝试讨论中国行政文化的特质及意义。

一、问题意识和问题的提出

（一）如何厘清中国行政文化的课题

行政文化，可以概括为"行政组织及其成员的行为方式"[①]的总体特征，其主要功用在于区别不同国家政府行政的文化特点。而何为当代中国行政文化，则是我们当前改进行政文化以及推动行政改革所要直面的基本课题。

本章的目的在于尝试发现中国政府行政的文化特质，即努力厘清中国行政文化的基本特征，从而为进一步的行政文化研究做准备。之所以具有这样的问题意识，主要在于：只有"准确厘清中国行政文化"，解决这一当前中国行政文化研究"最为迫切的研究课题"，"我们才能发现中国社会经济结构变动条件下的行政文化与社会文化之间的差距，在中国推动国家治理现代化这一宏观政策变动背景之下，实现更为有效的社会治理"[②]。

而关于中国当代行政文化的讨论，离不开中国政府行政所依存的宏观经济社会背景、历史发展阶段、公共政策变迁等诸多结构性条件。这首先是中国虽然已经取得了巨大的社会发展和经济繁荣，创造了世界奇迹，但是仍然处于从计划经济向市场经济转型过程之中，或者至少可以说这一转型还没有完全终结的自我认知依然强烈[③]；其次是中

---

① 周文彰主编：《行政文化研究》（2）［M］，国家行政学院出版社 2014 年版，第 257 页。
② 陈叶军：《加强行政文化建设与创新》，2014 年 11 月 21 日，《社会科学网》：http://www.cssn.cn/zhx/zx_lgsf/201411/t20141121_1409839.shtml。
③ 吴敬琏：《重启改革议程》［J］，《读书》2012 年 12 月。

国作为世界上最大的发展中国家的自我定位仍然没有根本改变。

如果我们将此设定为理解中国行政文化的路径，那么就会发现比较行政相关研究以及经济社会转型思考会进一步促动我们从整体上理解中国政府行政的文化特征。这主要是由于比较行政研究关于发展中国家政府行政特征的探讨，有助于我们对处于发展中国家历史阶段的中国政府行政组织及其成员的行为方式进行较好地观察，以便帮助我们回答当代中国行政文化"是什么"的问题；而联系从计划经济体制向市场经济体制变迁的中国经济社会转型，则有助于我们探究当代中国行政文化的起源，即回答"为什么"的问题。

（二）行政文化概念的基本特性

而无论是从比较行政研究关于发展中国家政府行政特征思考中努力寻找中国政府行政的总体文化特征，还是基于经济社会变迁思索中国行政文化的起源，都根源于行政文化概念所具有的基本特性：[①]

第一，行政文化之所以为行政文化，是由于行政历史发展中形成的政府行政的文化特性，会对政府组织及其成员的行为方式形成长久的影响和作用。

第二，行政文化是行政制度和行政实践长期推进过程中形成的政府组织及其成员共同认同的行为价值的总体，即长期的制度实践对行政文化的形成具有决定性作用，而行政文化的改进或变迁路径选择更多地依赖行政制度和行政活动的变化或再构。

因此，行政文化是"形成"的。也就是说，一个国家的行政文化

---

① 详见本书第十章的讨论。

只能是在某一固定疆域内，行政制度等穿越漫长的历史时间隧道后，只有今天的人们才能体察到的政府行政的文化特性。不过，这些已经远远超出了笔者的能力范畴，本章仅从比较行政研究语境下的中国政府行政特征以及经济社会转型语境中的中国行政文化特质这两个方面进行探讨。

二、比较行政研究语境下的中国政府行政特征

（一）从传统比较行政学到当代比较行政研究

首先我们尝试从比较行政研究的路径，通过比照发展中国家政府行政的总体特征，接近本章的主题。这主要是由"中国依然是世界上最大的发展中国家"[①]这一现实的自我认知和自我定位所决定的。

传统的比较行政学关注的是从传统社会向工业社会过渡的发展中国家或现代化后发国家的政府行政特征，相关总结和归纳，即便在今天仍有现实意义，对后来的比较行政研究产生了重要影响。如，将官僚制作为比较的焦点分析不同政治体制下各国政府行政特征的海迪的研究，就是这样一个典型范例。与本章讨论相关，海迪总结出了以下五点发展中国家政府行政所"特有"的主要特征。[②]

一是"非经本土生长、自然形成"，模仿是发展中国家行政模式建构的主要方式。而这一多是移植、学习、引进和改造宗主国行政制

---

① 习近平：《中国依然是世界上最大的发展中国家》，2013 年 4 月 7 日，《中青网》：http://news.youth.cn/gn/201304/t20130407_3067172.htm。中共十九大报告，对此加以进一步确认。

② ［美］费勒尔·海迪：《比较公共行政》（第六版）［M］，刘俊生译，中国人民大学出版社 2006 年版，第 339–344 页。

度和行政管理技术的发展中国家政府行政的表征，我们可以看作是具有了"殖民地性"特征。

二是官僚机构中"缺少训练有素的行政人员，即缺少具有管理能力、开发性技能和专业技术特长的优秀人才"。无疑，这里指出的是发展中国家政府行政专业性不充足，也就是现代公务员制或现代官僚制建构不尽成熟的特征。

三是与以上官僚制建构相关的是，传统的比较行政学研究总结的异质性特征仍然具有现实性，即"转型期官僚行为"较具有多样性，甚至行政腐败成为发展中国家政府行政的一个总体特征。

四是传统的比较行政学最为强调的"形式"和"现实"存在"广泛差异"的形式主义或制度形式主义的特征。这一特征同时也是官僚制规范或原则未能彻底贯彻的结果，当然属于官僚制建构问题。

五是"发展中国家的官僚机构都倾向于拥有大量的行政自主权"。这一特征海迪认为其成因较为复杂，"是由多方面因素促成的"。不过，除了殖民地宗主国统治的历史传统之外，国家建构过程中作为外部控制系统的政治机制或统治结构的发展程度应该成为观察发展中国家政府行政特征的基本视角。

（二）比较行政研究中的中国定位

海迪的比较行政研究并没有将中国列入发展中国家，即欠发达国家行列，而是基于中国良好的现实和未来发展前景，放入到了"第二层次"的"发达国家"中探讨①。因而他关于中国政府行政特征的讨论没有逐一对照发展中国家的总体特征来展开。海迪在其研究中主要关注到了中国的政治与行政，即党政关系特点。由此总结出的中国官僚系统具有的较强的政治回应性特征以及与此相关的政治化特征等②，与现代公务员制建构的基本命题相关，也是需要我们进一步思考的课题。

不过，海迪总结的前述发展中国家政府行政的总体特征，对于我们思考中国的行政文化应该具有一定的启示意义。这首先是由于该研究将官僚制作为比较的焦点，而关于官僚制的思考与讨论恰恰具有行政文化研究的替代功用③；其次，如果按照海迪所说的中国已经告别欠发达而进入到了"第二层次"的发达国家行列来思考的话，中国过去具有的发展中国家政府行政的相关特征，或许成为了中国今天的行政文化。

可以肯定的是，不仅"发展中国家"是中国自身的国家发展阶段的自我定位，而且比较行政研究所列数的发展中国家政府行政相关的总体特征，既是可以在当今现实的政府实践中鲜明观察到的且大部分成为了改革或改进的对象，同时还不断地被反映到了中国自身的行政文化研究和认知当中。可以说，中国所具有的部分发展中国家政府行政特征，随着经济社会的变迁，逐渐被理解为需要改革或改进的行政

① ［美］费勒尔·海迪：《比较公共行政》（第六版）［M］，刘俊生译，中国人民大学出版社 2006 年版，第 288 页。
② ［美］费勒尔·海迪：《比较公共行政》（第六版）［M］，刘俊生译，中国人民大学出版社 2006 年版，第 292—296 页。
③ 白智立、［韩］申龙彻：《文化特性与行政改革：行政文化研究视域下的日本公共行政探析》［J］，《日本学刊》，2013 第 6 期。

文化了。

如将中国需要消除的不良行政文化理解为"行政过度管制""权大于法""关系优于规则""形式主义"等①，我们都可以从比较行政研究总结出的发展中国家政府行政的诸多总体特征中寻觅到其痕迹。而从诸如"人本行政理念""公共服务理念""依法行政理念""公正廉洁理念""科学预见理念""注重结果理念""高效便民理念""公开透明理念""开拓创新理念""和谐善治理念"等诸多被指出的需要"大力塑造的公共行政理念"或"持续提升"的"行政文化境界"②，反衬出了中国对现今缺乏的行政文化的向往，暗示我们关注反之的行政文化影响。

这里析出的中国行政文化表征，都或多或少地与比较行政研究中的关于发展中国家政府行政的总体特征有着天然的联系。而我们需要注意的是，本章以上比较行政研究是将官僚制作为比较的焦点，那么发展中国家正在建构中的官僚制具有不成熟性，应该在所有这些国家是具有共性的。因此，在这里可以说发展中国家的官僚制特征，确实发挥了诠释行政文化的替代功用。

不过，我们还不能就当代中国行政文化的特质得出相关结论。这主要是因为我们还没有充分满足或实现"区别不同国家政府行政的文化特征"这一行政文化本来具有的主要功用。也就是说，我们的探讨即便证明了中国的行政文化表现出了发展中国家政府行政的一般性特

---

① 周文彰主编：《行政文化研究》（1）［M］，国家行政学院出版社 2013 年版，第 31—33 页。
② 周文彰主编：《行政文化研究》（1）［M］，国家行政学院出版社 2013 年版，第 34—42 页。

征，但是并没有得出识别中国行政文化与其他国家的主要区分标识，因此有必要进一步切入到其他探讨路径，进而发现中国政府行政的文化特质。

三、经济社会转型语境中的中国行政文化表征

（一）单位文化与组织文化

即便比较行政研究提出的发展中国家政府行政的总体行政特征还不能完全满足我们从根本上理解中国行政文化的特质，但是中国具有的发展中国家政府行政的部分表征也足以帮助我们深化中国当代行政文化的思考。在此，我们切入到中国改革开放以来发生的从计划经济向市场经济转型——即经济社会变化这一宏大的历史背景或发展轨迹视域之中，联系本章前一节的思考，继续深化我们关于中国行政文化的探讨。在这里，我们努力通过思索"为什么"，进而探讨"是什么"的问题。

这主要是因为经济社会转型的分析范式，由于连接过去和现在、联系传统和现代，正是观察作为政府行政制度实践历史沉淀的行政文化最好视角。如果这样，那么中国在从计划经济体制向市场经济体制转型的 40 年变迁发展过程中，政府行政制度实践中仍然留存或残留的主要传统表征还有哪些则首先需要摘出。

在这里，无论是从前述比较行政研究关注的官僚制分析角度而言，还是从中国独特的政府行政方式而言，更是从中国经济社会变迁而言，特别是与政府组织中的成员管理密切相关的干部制度以及单位制度应

该成为我们厘清和理解中国行政文化特质的基本内容。前者的干部制度，同比较行政研究的相关分析密切关联，其基本结构并没有发生实质性的变化①；而关于单位制度，虽然在经济社会转型过程中，特别是在公共部门之外的社会领域发生了实质性变化，但以政府行政为代表的公共部门领域，由于改革不尽彻底等原因，仍然得以残存②。

特别是被称为"单位体制"的以单位制度为基本构成要件的"在中国的特殊社会历史条件下为建立社会主义所实行的有关政策和制度安排"，由于"在中国的社会传统中没有先例"和"没有在其他社会主义国家中出现（至少没有像中国这样完整形式）"，③而最具有中国特点。在这里，我们集中关注单位制度下的中国行政文化的特质，或许这可以从另一个角度解构中国政府行政的文化特性，并给前述人们提出了的中国行政文化特征加入一个新的解释注脚。

中国行政学者在对行政组织文化进行一般性讨论时，通过梳理"有关的对比关系"，来"把握组织文化发展的规律"："符号文化与现实文化""主文化和亚文化""官场文化和单位文化""政治文化和行政文化""好的文化与坏的文化"等④，关注到了"单位文化"的重要性。这里提到的"单位文化"被定义为"个别组织在特定条件下

---

① ［美］费勒尔·海迪：《比较公共行政》（第六版）［M］，刘俊生译，中国人民大学出版社 2006 年版，第 293-296 页。
② 秦德君：《单位中的行政文化》［N］，《深圳特区报》，2012 年 5 月 29 日 D3。
③ 路风：《中国单位体制的起源和形成》［J］，《中国社会科学季刊》（香港），1993 年（第 4 卷）总第 5 期。
④ 周文彰主编：《行政文化研究》（2）［M］，国家行政学院出版社 2014 年版，第 23-24 页。

具有相对特点的风气与习惯"，即我们通常所说作为行政文化下位概念的组织文化或行政部门文化。不过，如果结合中国传统的单位制度历史，以及至今仍然残留的覆盖政府行政整体的单位体制的话，我们应该可以透过单位文化或单位体制下的文化，析出中国行政文化的特质。

这主要是因为，每个单位文化（组织文化或部门文化）的共性特征，恰恰是作为整体的一个国家政府行政的总体文化特征[①]，即行政组织及其成员的行为方式的总体特征，也就是行政文化本身。不过，在这里与一般意义上的"单位文化"不同的是，我们需要加进中国独特的"单位体制"下的"单位文化"的一般表征和意涵，来努力接近中国行政文化的特质。

（二）单位行政文化的表征

在此，我们将中国的行政文化特质总括为"单位行政文化"。其中，围绕"单位行政文化"讨论涉及的相关"单位体制"特征的概括，本章借助中国学者路风的相关分析。之所以做出这样的选择，重要的是该研究从中国的单位体制发生的起源谈起，不仅符合本章提出的第二个路径的选择，而且有助于我们将来更深层次地理解中国行政文化的特质。由于笔者能力和本书篇幅所限，在这里仅结合计划经济体制下固化了的单位体制，探讨中国行政文化的特质。

"单位体制"的研究，对本章来说最为重要的是，它是通过研究党政机关等具有的"超出其各自社会分工性质之上的共同性质"，即"单位性质"，来理解"单位的组织特性以及由此决定的单位的行为倾向"。

---

① 请参见本书第十章的相关分析。

也就是由单位"同时具有政治的、社会的以及自身专业分工的多种功能"这一"功能合一性";"生产要素主体之间的非契约关系";"资源的不可流动性"等组织特性表现出的"重视人际关系""平均主义"以及"服从权威"等单位成员的行为准则或行为特性①。

这里所展示的单位组织所具有的组织特性和行为特性虽然主要以"80年代改革以前的一个国有工厂为例",但对当时的单位组织形式具有普遍解释意义。在此,联系单位体制下政府行政组织的组织特性和行为特性,从中可以归纳以下中国单位行政文化的表征:②

第一,作为政府行政组织的单位,其主体为具有强烈身份制色彩的"干部"群体,由于同时又具有作为"党的干部"等政治优越性,由此可以引出单位行政文化的特权性行政文化特征。

第二,作为政府行政组织的单位同时作为政府行政组织成员的生活共同体,除了应该担负行政活动等专业职能外,还承载了对单位成员进行社会管理和担负社会政策等多个功能,而功能多元化的组织特性引出了中国单位行政文化具有的"家族式"行为特性的总体特征。

第三,与政府行政组织功能多元化特征相关的是,由于单位成了自给自足的共同体,加上资源不流动等单位组织特性,加重了组织成员对组织的依赖度,引出了中国单位行政文化的封闭性和依附性行政文化特征。

第四,单位体制研究总结出的单位组织形式所具有的"非契约关

---

① 路风:《单位:一种特殊的社会组织形式》[J],《中国社会科学》,1989年第1期。

② 路风:《单位:一种特殊的社会组织形式》[J],《中国社会科学》,1989年第1期。

系"等，与特权性、功能多样性、封闭性、依附性等行政文化相叠加，进而可以引出作为单位的政府行政组织私人性或非正式化特征。

总结：中国行政文化的意涵

（一）单位行政文化的意涵

如果我们上述根据单位体制研究中的单位组织特性和行为特性概括出的作为"最完整的单位形式"的政府行政组织（机构）[①] 及其成员所具有的中国单位行政文化表征妥当的话，那么就需要在这里通过阐明单位行政文化的意涵，进一步接近中国行政文化的特质，并以此结束本章的探讨。

中国行政文化的特质之所以为单位行政文化，最为基本的原因在于，长期以来单位体制下的中国政府行政其专业职能——即政府对社会的管理活动，多是政府行政通过包括行政机构在内的各个单位实现的，[②] 单位成了政府行政的一个实际主体，而使得中国国家或政府实行的政府行政或公共行政较多地让位给了单位行政，中国的传统政府行政甚至可以称为单位行政。

单位行政的凸起，不仅在一定程度上使作为公共行政的政府行政换位为单位行政，也使得政府行政目标出现多元化，而政府行政本应追求公共利益的这一公共行政的终极目标，在单位行政的语境中不过

---

① 路风：《中国单位体制的起源和形成》[J]，《中国社会科学季刊》（香港），1993年（第4卷）总第5期。
② 路风：《中国单位体制的起源和形成》[J]，《中国社会科学季刊》（香港），1993年（第4卷）总第5期。

是作为单位的政府行政组织（机关或机构）的组织目标之一，因而可能引发目标置换现象。①

单位行政由于不完全和不总是以国家或政府的面目出现，中国单位行政文化所具有的私人性或非正式化的生活共同体特征往往优越于公人性和正式化的制度等现代国家和现代组织特征，即便是国家的、政府的行政行为的实现也要借助于私人的、非正式的方式②，使得正式组织或制度功能被弱化和虚化。

与以上内容相关的是，"单位体制"的出现不仅没有强化官僚制规范在政府行政中的贯彻，相反从单位体制的生成和结果来看是以削弱官僚制规范为前提的③，因此就不难想象在本章第二节我们看到的发展中国家政府行政总体特征所表现出的官僚制不够成熟的特征与中国的关联了。

（二）中国行政文化的特质

总体来看，计划经济模式这一政府行政对经济社会实施管理的行政技术，以及如干部制度等政府行政的管理技术本来都是舶来品。与发展中国家一样，在现代国家建构和现代化发展过程中，中国也是不断通过借鉴、学习、吸收、模仿、改造等努力建构官僚制来促发国家目标的实现，由此出现了官僚制统治模式在社会主义中国的崛起。当

---

① 路风：《单位：一种特殊的社会组织形式》[J]，《中国社会科学》，1989年第1期。
② 杨沛龙：《商量行政与中国传统行政文化》[J]，《湖北行政学院学报》，2011年第1期。
③ 路风：《中国单位体制的起源和形成》[J]，《中国社会科学季刊》（香港），1993年（第4卷）总第5期。

然，这也与发展中国家政府行政的总体特征形成了部分的或另一种形式的重叠。

不过，在这一过程中，由于如中华人民共和国成立前的特殊历史背景（根据地、艰苦的战争状态）等原因，以及在中华人民共和国成立后复杂的政治变动条件下（政治领袖意志、政治运动等），[①] 中国曲折的路径变化或复杂的制度实践的结果，生成和固化了单位行政这一中国政府行政的总体特征。本章前述单位体制的研究明确昭示了这一演进发展过程，并提醒我们研究行政文化时需要关注制度的变迁。而且，这也是发展中国家推动本国现代化建设时，无法回避的问题。当然，恰恰是由于在适应现代化要求时各国历史背景、制度选择的路径以及行政技术和行政技能采用的参照系的不同等，造就了各国带有差异的政府行政特征。

不过，与本章主题相关的是：在现代化发展初期，对中国而言即计划经济体制下所形成和固化了的单位行政特点，伴随中国从计划经济体制向市场经济体制转移过程中，由于这些特点的残留或对现实的影响等，使其不知不觉中变化为了横贯历史和时间隧道的文化沉淀，成为了当代中国政府行政组织及其成员的行为方式的一个总体特征，开始具有行政文化的功能。

总之，我们在此将中国当代行政文化的特质概括为了"单位行政文化"，其理由在于相关表征和意涵可以在当下现实的政府行政中仍

---

① 路风：《单位：一种特殊的社会组织形式》[J]，《中国社会科学》，1989年第 1 期；路风："中国单位体制的起源和形成"[J]，《中国社会科学季刊》（香港），1993 年（第 4 卷）总第 5 期。

然能得到确实的观察。其表现的方式不仅体现在政府行政的对外活动环节，即政府行政对社会的管理行为之中；同时，还表现在政府行政对内的活动环节，即政府行政对自身的行政管理之中。因此，我们有理由将"单位行政文化"理解为是对当代中国政府行政总体的文化特性进行的概括。

"单位行政文化"的对外功能，即表现在当代政府行政实施社会管理时，表现出的政府行政优越、特权性的特点等，即便在 21 世纪不断推动政治民主和法治国家的今天，仍然广泛存在。不过，正如我们在前述讨论中看到的那样，政府行政的优越或特权性等，由于其权威来源的非直接性、政府行政权力的不完全垄断性、长期以来的地位和发展的不稳定性、实际运行的非正式性等原因，说明"单位行政文化"还不能简单归结为是一种特权行政文化或集权行政文化。

"单位行政文化"的对内功能，即表现在政府行政实施行政组织管理时，表现出的多功能、目标多样性、封闭性、依附性的特点等，即便在中国基本上完成了社会领域的从计划经济向市场经济体制转变的社会经济转型的今天，仍然能窥视到其身影。当然，这也是行政文化功能的实意所在，可以看做是行政文化功能的发挥。不过，它也构成了现代官僚制建构的难题，时刻与逐渐建构中的官僚制规范形成冲突，成为了过渡发展阶段发展中国家中国的政府行政的文化特性。

最后，本文需要强调的是，具有"单位行政文化"特征的中国当代行政文化特质，最大的问题在于其对中国政府行政由传统的单位行政向现代公共行政的转变所产生的影响①。尤其是"单位行政文化"内在地包含了与现代官僚制价值或规范相冲突的文化要素，因而会在政府行政对内的组织管理和对外的社会管理中时常出现所谓的"权力真空""政府综合协调能力较差"②等与现代官僚制组织追求的效率、集权、正式化相悖的结局。

当然，这些都是当前中国推行的国家治理体系和治理能力现代化改革所要克服的问题。这就构成了以政府行政改革倒逼行政文化改进的改革课题。

---

① 参见本书第一章的相关分析。
② 路风：《单位：一种特殊的社会组织形式》[J]，《中国社会科学》，1989年第1期；路风：《中国单位体制的起源和形成》[J]，《中国社会科学季刊》（香港），1993年（第4卷）总第5期。

| 第十章 |

中国的国家治理变革与行政文化再探讨

　　行政文化之于政府行政的重要作用不言而喻，在中国强力推进国家治理变革的今天，行政文化的改进、创新以及以适应中国当前治理变革总体趋势的行政文化建构更成为不容忽视的重要课题。本章通过考察和讨论行政文化的基本功用和行政文化思考的基本特质，提出我国国家治理变革指向下的行政改革与行政文化建构相关思考。

本章在笔者的既往研究的基础上[①]，主要通过考察和讨论行政文化的基本功用和行政文化思考的基本特质，结合中国的改革实践尝试对当前我国治理变革总体趋势之下的行政改革与行政文化建构进行思考。其目的主要在于如何更好地促动适应目前国家治理变革总体改革趋势的、治理变革指向下的中国行政文化发展。

一、作为行政组织文化总体表现的行政文化

随着中国四十年来持续进行的改革开放政策的实施，有两个基本事实不容忽视：一是在近半个世纪的改革开放过程中，政府行政不仅发生了较大变化而且对中国经济社会的繁荣发展确实起到了实际推动作用；二是与此同时，在处于社会转型巨变以及 21 世纪之后经由之前的经济国家政策逐渐向福利国家政策阶段过渡发展时期的当代中国，政府行政还具有社会和政策转型与国家治理的非均衡性特征[②]，而难以适应中国急速和急剧的社会经济发展变化。

正是这一宏观社会经济结构的显现，进而促动了中共十八届三中和四中全会提出"国家治理体系和治理能力现代化"、法治国家建设，即旨在力图适应中国当前社会和公共政策转型的近期和未来国家发展目标。这样一来，对于政府行政的未来发展而言，就需要通过连续的基于行政改革的行政文化改进和创新或建构等来不断适应中国国家治理变革的总体发展趋势。这是因为以国家治理现代化为基本目标的当

---

① 白智立、［韩］申龙彻：《文化特性与行政改革：行政文化研究视域下的日本公共行政探析》，《日本学刊》，2013 年第 6 期。
② 参见本书第一章的相关分析。

前中国进行的全面而深入的改革，对于中国应该是较新的尝试，可能伴以相关的行政价值、行政意识或行政文化的变迁和变革才能达到预期的目的。

如果将关于行政文化（administrative culture）研究的一般理解定位为围绕政府行政的文化特性或者政府行政组织及其成员的行为方式的总体分析和探讨的话，那么我们可以发现这种行政文化思考的基本定位主要是围绕一个国家的政府行政文化展开的一系列总体探讨。在这里，正如可以把行政文化分解为美国的行政文化、日本的行政文化或中国的行政文化等那样，这一思考范式的特点主要在于试图发现不同国家政府行政的文化特性差异及相似性。这当然有助于我们观察处于不同现代化发展阶段或者政治体制等各异的不同国家行政文化特征，而且可以在此基础上，通过深入的行政比较研究来明晰一个国家行政文化的基本内涵。

围绕一个国家行政文化的探讨，既要基于不同国家的不同的现代化政策发展阶段等加以客观认识，还要审视现代化发展过程中的行政文化变迁及其功用，当然更应该去发现需要不断克服和改进的行政文化发展课题。同时，在当前中国全面推动国家治理变革的宏观政策变动条件下，如果我们将治理变革作为给定的前提进而探讨行政文化命题的话，那么更有必要思考行政文化与政治文化、社会文化以及包括地方政府在内的政府行政部门的组织文化之间的关系和联系。由此，可以进一步加深对行政文化及其发展的整体性理解和认识。

这主要是由于有关行政文化一般理解的国别建构中，通过加入政治文化、社会文化以及组织文化等文化构件，并不断探讨其间的相互关系和联系才能得出更为客观的人们关于行政文化的基本认识。如，人们一般认为的行政文化作为政治文化和社会文化的下位文化，政治文化乃至社会文化决定行政文化的基本思考；同时，政府部门等的行政组织文化被看作是行政文化的下位文化，行政文化是行政组织文化的总体表现的基本思考等。

关于后者，即便我们不去讨论中央政府的各个部门中存在的组织文化差异，在超大规模的中国现实条件之下，我国既已形成了的实验式分权型的发展模式等已经促动了不同地区社会经济发展的差异，而且也使地方政府组织的行政具有了相应的文化特性。① 如果相对于本章的行政文化认知而言，可将这一地方政府组织的文化特性放在行政组织文化范畴加以进一步探讨的话，这或许更有助于我们关于中国行政文化的整体思考。也就是说，我国的地方政府行政组织虽然具有源于中华人民共和国成立后的长期的计划经济条件下或者更早时期形成了的一般文化特质——行政文化特征，但不可否认的是还存在特别是改革开放政策实施四十年来的、由于中国发展模式的特殊性等而引发的广域或基层政府等的组织文化差异。

当然，更进一步从各地社会治理的成效、政府治理变革的发展以及行政文化的变迁来看，也可以说我国的行政组织文化存在不均衡的发展特征，只是从根本上还没有真正促动一般意义上的行政文化的变革。但是，这一地方政府组织的文化特性的多样性特征则是我们思考行政文化变迁发展所不容忽视的问题。也就是说，我们关于行政文化

---

① 江根云：《厦门海沧："政务综合体"的创新实践》[J]，《行政改革内参》，2014 年第 1 期，第 24—26 页。

的思考和探讨，一方面需要努力析出中国政府行政总体文化特性，同时还需要关注地方政府等的行政组织文化对今后中国行政文化建构可能产生的实质性影响和作用。这是因为，在中国特殊的发展模式之下，经过不断的地方政府创新、行政改革活动等的长期努力，很有可能使部分行政组织文化转换为作为行政组织文化总体表现的行政文化，从而具备了中国政府行政新的文化特点，这或许正在实际促动中国行政文化的变迁。

二、行政文化优越条件下的社会文化

比较行政研究在观察不同国家行政体制的特征时，发现在一个国家现代化政策推进阶段和社会转型时期，行政文化、行政意识与社会文化、社会意识之间往往会出现分离现象。而这一社会与政府行政之间文化、意识、价值上的"鸿沟""差异"或"差距""分离"特征，尤其在努力实现工业化、现代化的后发国家之中普遍和显著存在。[①]当然在我国不仅能够观察到相关表现，而且当下在部分地方甚至表现得较为明显，因而政府行政活动在创出中国社会经济的繁荣的同时，还在促发社会问题和矛盾的产生，甚至表现为了社会治理的危机。[②]当然，或许也由此制造了中国近年提出以国家治理体系和能力现代化为目标的国家治理变革运动的基本契机。

在这里显得越发重要的是，如果我们把社会治理的成效视为政府

---

① ［美］费勒尔·海迪：《比较公共行政》（第六版）［M］，刘俊生译，中国人民大学出版社 2006 年版，第 315-319 页。

② 请参见本书第五章的相关分析。

行政不断追求的终极目标的话，解决当前中国社会治理危机的途径还是离不开不断通过地方政府创新以及全面深入的行政改革等，力图改进和修正政府组织及其成员的行政意识、价值、文化，使其不断接近和适应社会意识、价值和文化的变化与发展，最终促使行政文化的变迁、变革和政府变革。这主要是因为，只有政府组织及其成员整体的行政意识、行为价值和文化的变革，才是真正意义上的行政文化建构和行政变革。而当前积极推动的以国家治理变革为目标的改革运动，可能还需要发现那些适合当代社会和政策转型的行政组织文化，并通过将其转化或整合为行政文化来达到当前改革所追去的目标。

不过，在当下中国所处的发展阶段，还有必要关注中国的实际和现实，这也有助于我们进一步加深对行政文化问题的具体思考。前述中谈到了在人们对行政文化的一般认识和理解当中，认为社会文化对于行政文化具有决定性作用，不过这一一般意义上的理解和认识还需要将其放在不同国家、不同的现代化政策实施阶段而不同对待。也就是各个国家历史发展阶段的差异性应该对这一命题有不同的认识和解读。

在此不过多展开，但不可否认的是中国的行政文化对于社会文化而言应该说还具有较强的优越性特征，即行政文化覆盖社会文化，使得社会文化与行政文化具有了一定的同质性，而且表现为行政文化长期以来试图努力积极引导社会文化的行政文化优越于社会文化的特点。这一关于中国行政文化与社会文化的关系或联系特质的思考，既是中国历史传统衍生的，也是中华人民共和国成立以来的中国特有的政治结构和行政体制催化发生的。而关于行政文化优越现象如何看待，在当今中国现实环境下，行政文化优越条件下的社会文化发展则是本章认为有必要思考的问题。这或许对深化我们关于中国行政文化的探讨具有现实意义。

比较行政研究关于现代化进程中中国行政体制的探讨，主要关注的是在行政组织管理以及政治动员、意识形态等层面的政治化特征，同时在对中国行政体制历史变迁的解读中，进一步关注到了古代行政官僚群体的文化承载者和传承者功用①，实际上是在揭示中国行政体制发展中的行政文化之于社会文化或社会治理的效用。即便由于笔者研究能力的局限，不能对如此宏大的历史叙事进一步深入探究，但是现代国家社会治理过程中的行政价值、意识和文化之于社会价值、意识和文化的作用既是现实存在，同时也是人们在思考行政文化功用时往往忽视的问题。

特别是在国家（政府行政）全面向社会领域渗透的现代社会，仅从"管理社会"这一现代社会的体征而言，也能够体察到现代官僚制以及政府管理对整个社会秩序建构所产生的深远影响。而就中国而言，我们不仅可以从传统计划经济这一中国政治经济体制的长期发展中看到行政文化对于社会文化形成的深刻影响，而且在向市场经济转型，以及在进入本世纪后逐渐向福利国家政策方向实现政策转型过程中，这一趋势实际上仍在延续②，还表现出一般意义上的现代国家和现代社会应该具有的具体表征和意涵。

特别是在以国家主导型或政府主导型以及地方政府主导型为现代

---

① ［美］费勒尔·海迪：《比较公共行政》（第六版）［M］，刘俊生译，中国人民大学出版社 2006 年版，第 4、6 章。
② 时和兴："认真对待公共服务伦理"［M］，周文彰主编《行政文化研究》（1），国家行政学院出版社 2013 年版，第 44 页。

化推进模式的中国，行政文化或政府行政组织文化的建构、变迁必定
会对社会文化的形成和发展产生巨大的推动作用。当然，如果单纯从
现代意义上的国家与社会关系强调的社会之于国家的自主性、自律性、
自生性价值来看，可以将其看作是无视文化所具有的多样性、层次性，
行政文化压制或统领社会文化发展的官僚政治现象的全面体现。但是，
如果将其放在四十年来中国宏大的改革开放实践中思考的话，这一行
政文化之于社会文化的引领、诱导和形成功能可能还具有一定的积极
意义和应有的正面价值。[①]

在新公共管理运动中逐渐发展扩散的包含国家治理在内的公共治
理思想，特别在公共行政学领域里的认知中，也不否认现代社会建构
过程中的政府的功用，而且以"管理"、"政府性"意涵明确了诸如
政府与社会中的其他公共服务或公共管理主体合作以促进社会形成和
建构的社会治理功用。虽然不同国家的公共治理目的不尽相同，但其
方式和作用并没有完全将政府主体排除在外，而且是在用更加巧妙的
形式或策略将政府编入到社会治理的细节之中。而作为后发国家在推
动向福利国家政策转型的中国还需要建构国家治理变革指向下的行政
文化，并以此促动社会文化的发展和中国社会的有效形成，不断向政
府当前目标的实现而接近。当然这一"政府性"的有效体现，关键取
决于行政文化能否适应当下社会经济发展的变动。

也就是说，我们一方面可以部分认同过去和当前条件下的行政文
化之于社会文化的上位文化功用，即对行政文化覆盖社会文化、行政

---

① 参见本书第七章的相关分析。

文化引导社会文化等行政文化优越于社会文化表示一定的理解。但是，对于未来中国的发展更为重要的是，正如本章前述中我们看到的那样，随着四十年来的改革开放政策实施所引发的中国社会经济结构的巨变，社会文化正在超越行政文化而发展变化。在这里，最为重要的是如何去准确厘清中国行政文化，这应该是最为迫切的研究课题。因为只有这样，我们才能发现中国社会经济结构变动条件下的行政文化与社会文化之间的差距，在中国推动国家治理现代化这一宏观政策变动背景之下，实现更为有效的社会治理。

三、国家治理变革框架内的行政文化建构

行政文化一般还被认为是政府行政制度以及政府行政实践长期推行过程中的历史产物和文化沉淀，行政组织中的成员共同认同的行为价值的总体。由此我们可以体察到行政文化思考范式中的历史发展取向，但同时我们更应该发觉其中的行政制度以及与此相关的行政活动实践对于行政文化的形成所具有的特别功用。或许行政制度以及与此相伴的行政实践比起其他影响行政文化形成的要素或条件，更具有决定作用。

在此，我们将思考的焦点进一步聚焦到当前中国以国家治理体系和治理能力现代化为目标的国家治理变革运动发展上加以分析和探讨，以期得出国家治理变革框架内的中国行政文化建构的相关思考。

首先，行政文化之所以为行政文化，是由于行政历史发展中形成的政府行政的文化特性，会对政府组织及其成员的行为方式形成长久的影响和作用。而这一行政文化思考的基本前提实际上在暗示我们，

行政文化一旦形成，如果要从根本上改变和否定其影响和作用是不可能的。这一文化特性的"不变性"特征，就是行政文化具有的基本属性，因而我们需要更多地使用行政文化的改进、完善或变迁等用语来阐释行政文化的现实发展，而将行政文化变革作为行政文化发展的目标来看待。如果这样，与中国国家治理变革运动相伴的行政文化变革则可以被看做是治理变革的目标之一，我们只能在今后长期的以国家治理变革为目标的行政改革运动和实践中，努力促动行政文化改进和变迁，最终使其更加接近行政文化变革的目标。

其次，既然行政文化是行政制度和行政实践长期推进过程中形成的政府组织及其成员共同认同的行为价值的总体，那么，行政文化的改进或变迁路径选择可能要更多地依赖行政制度和行政活动的变化或再构。也就是说行政制度变迁之于行政文化变迁或许更具决定性。当然，政治体制变动、政治运动的发生等对于行政文化也会产生很大影响，但作为行政文化如果要在社会经济发展的常态环境条件下保持长期效用则需要伴之以行政制度的具体变动才会产生变迁的效果。一般而言，政治体制改革或政治运动发生过程中，如果能将新生政治价值或行政评价标准锲入规定国家统治的政府行政组织、人事等具体法律制度之中的话，经过长期的制度推进实践，我们能够观察到部分行政文化的实际变化。而当前中国以国家治理现代化为目标的治理变革运动，恰恰关注到了制度、体制、机制变革的基本功用[①]，或许能够给行政文化的改进和变迁带来实质性的影响和作用。

---

① 《中共中央关于全面深化改革若干重大问题的决定》［M］，人民出版社
2013 年版。

最后，与以上讨论密切相关的是，行政文化的改进或变迁可以是有目的、有计划合理推进的过程和具体实践，因而有必要思考和设计改进、完善或建构适应中国国家治理变革目标的行政文化改革目标－手段体系。正如"文化不变论"以及"文化决定论"等昭示的那样，而且从世界经验来看，行政文化的变革也一定是一个长期而困难的过程，不可能通过一次性的政治体制改革或行政体制改革完全达成。但是，无论是政治体制改革和行政体制改革都会在某种程度上促发行政文化发生变化，并通过长期的改革实践实现行政文化的具体变迁。因此，我们完全可以以行政文化改革的可能性或可行性为前提，来具体思考行政文化改进和变迁的具体目标和方法。而具体到中国问题，则可以以国家治理变革框架内的行政文化建构为基本前提，进而去设计行政文化改革的方法体系。

总之，行政文化不是永久不变的，而是具有可变性和可塑性的现实客观存在。只要人们通过有目的的主体性推进，行政文化的改革实际上是可以达成的。我们不妨撩开行政文化的神秘面纱，窥探和发现中国行政文化具体表征和意涵，主动运用其实际功用，并不断改进和完善行政文化，使其更好适应当前国家治理变革的发展目标。

当然，对于中国行政文化变革的本质目标而言，还有很多基本研究课题有待我们去进一步深入挖掘和探讨，如中国提出的国家治理体系和治理能力现代化发展目标与国家治理变革的关系，以及中国行政文化的基本内涵和外延等还需要逐一厘清和整理，否则关于行政文化改革的目标－手段体系设计的方向性就很难确立。因此，关于行政文化以及中国行政文化的行政学和比较行政研究还有很大的拓展空间和众多需要攻克的课题，都需要今后不断的思索和探讨，而且需要进一步的讨论来形成基本的共识。

从当前条件和现实需要来看，特别是从当下中国改革实践的推进方向来看，我们仍然可以对中国未来的行政文化改革抱有一定的乐观态度。一是近年来我国的专家学者越来越关注行政文化发展和改革课题，并开始了具体的系列研究，收获的众多研究成果[①]，在促进行政文化的相关思考。二是当下中国进入到了一个全面深化改革的新的历史时期，虽然我们还需要对此进一步追踪观察，但是以强调国家治理变革、转变政府职能、促动社会发展等为基本内容的涉及众多政策领域的全面改革，必将实际触及传统政府结构和旧有行政活动方式。如果这一治理变革能在制度建构和行政结构上表现出较大变动，并在今后行政实践中能够保持常态持续，则可能形成行政文化改革、变迁或变革的基本情态。

当然，这些都离不开本章讨论过了的行政组织文化以及社会文化在其中的实际功用，因此，行政文化建构是一个较为复杂的课题，也需要今后不断地再探讨。

---

① 周文彰主编：《建设中国特色行政文化》[M]，国家行政学院出版社2014年版。

| 第十一章 |

审判质效、司法管理与法院内涵式发展

　　行政学对司法行政关注不多，存在较多的研究空白。改革开放以来，特别是中共十八大以来，中国的司法领域改革取得了较大发展，中国的法治国家化进程得到进一步推进。改革开放进程中，河北省廊坊中院开展司法管理、审判管理的改革已有多年，取得一定成效。本章从政治治理的角度，借助行政学研究的分析框架，具体对中国的审判质效、司法管理和法院内涵式发展改革实践展开探讨。

一、司法管理、审判质效的提出及课题

一般而言，"管理"是指为实现特定组织的特定目标而通过科学合理地动员或筹措人力、物质、信息资源等所采取或实施的有效实现组织目标的方法或方式。虽然对管理万能的"管理主义"存在诸多批评和质疑，但科学合理的管理技术仍然是保证大规模组织有效运行和发挥实质作用的常用方法。也就是说，包括司法系统在内的国家统治机器以及公权力运行中，很难撇开利用"管理"手法提高组织效率来最终追求人民福祉以及社会公平的实现。而现代组织管理技术的运用，必然导致组织结构复杂、组织成员增多、组织运行集权化和等级化等官僚制组织特征的出现和凸显。因而也最终导出如何通过绩效管理等方式来规制、控制组织行为，使其努力接近组织目标的有效达成。

包括法院在内的司法机关，也可以称之为是由包括法官等司法机关组织成员构成的司法官僚制组织。不过，"司法管理"议题的提出首先遭遇到的是确定管理对象、客体的问题。而且如果将法官群体纳入司法管理的对象，那么问题可能要比其他司法管理的对象或客体更为复杂。在这里，法官群体成为司法管理的对象或客体的同时，理所当然地内含了如何看待我们一般强调的诸如法官群体的审判活动所具有的对法律熟知的专业性、对法律忠诚的职业性以及独立审判的主体性等主体定位问题。虽然法官群体的这些职业规范和要求，与其他公权力机构中的组织成员之间具有一定的类似性，但是特别是强调忠诚于法律的职业要求和法官群体独立审判的主体性规范则是区别于一般意义上的官僚制组织成员行为规范的最为显著的特征。即法官群体的

司法管理更具有司法管理主体与法官群体之间的相互主体性内涵，法官群体的绩效管理更为强调其自身的主体定位，而审判质效应成为法官群体司法管理所追求的终极目标。

毋庸置疑，这主要是由于现代法律所具有的特质以及包括我国在内的现代国家课以法官群体的相关规范所决定的。司法审判自古以来就是广义政府的最为常见的活动内容或基本职能，现代法治国家所确立的法律至上、法律保留和司法审判的基本原则，则进一步强化了国家或审判机关在处理国内社会关系和秩序安排中的主导地位。特别是在我国市场经济的发展进程中，原有的在社会问题的处理中发挥重要作用的末端"单位"或组织的社会调节作用被削弱和消解，人们利用司法审判调节社会关系的现象也急剧增多。因此，我国也不断通过推进法治国家建设和司法管理改革的进程，来设法缓解当前社会环境的激荡变化和转型，最大限度地满足不断增大的社会司法需求。当然，在这里审判质效的实现就成为最为核心的议题。

市场经济体制的推进要求相关主体行为的可预测性，因而公权力担保之下的硬性的规则或契约制度，即法律制度建设就成为向市场社会转型所无法回避的课题；与此同时，在此基础之上，还需要建立支持法律制度和法律体系的专家集团，只有这样"硬性契约制度"才有可能得以落实，市场社会相关行为主体的行为才可预期，整个社会和国内秩序才能运行和整序，以克服不断出现的社会问题和危机。这些都是现代国家或市场经济体制的基本制度安排，但如何保证审判质效则问题更为复杂，可以说是一个世界性难题，对于我国来说则包含更多的课题。

第一，"硬性契约"的制定能否适应向市场经济转型和纷繁复杂的社会关系变化，一直是制约世界各国提升审判质效的瓶颈。

第二，法治传统或文化能否扎根于社会，整个社会的成员是否完全共同拥有集体认同的现代法治价值和制度型统治，也是影响审判质效的重要因素。

第三，与前者相关，对司法机关以及法官群体的外部制度性控制是否合理完备和有效发挥作用，更是制约审判质效的基本要件。

第四，如果前三个前提或条件因素无法或很好地促进审判质效的提升，那么我们在这里所讨论的司法管理或法官判案管理等国家审判机关内部的组织管理创新和改革就可能进一步产生积极作用，可以在有限的条件下保证一定程度的审判质效的达成，为突破世界性难题作出中国的贡献。

二、法官审判活动与绩效管理

行政府层面的新公共管理运动在世界范围广泛普及过程中，越来越重视对政府活动的监督、评价或评估的绩效管理，其中主要关注的是行政活动是否适应或有效地促进了社会经济的发展，强调结果导向的政府运行，为此主张政府要承担回应社会诉求的积极责任——即广泛向公共行政活动的终极监督者公众说明、求得理解的现代行政责任。而这一现代行政责任履行的如何，则是最终决定政府绩效、政府形象的重要指标。

而现代行政责任，不同于要求积极回应政治机关、上位机关和上级的传统行政责任，为实现政府有效管理社会这一公共行政活动所追求的终极目标，更多地要求生产和提供公共服务的公共部门组织成员通过提升自身的涵养、洞察力、责任感、热情等，保证其有效履行能动责任、自律责任以及超越私利的公共责任。而这一公共责任的有效履行则是有效实现现代国家的政府治理、公共管理的根本前提。

虽然无论是绩效还是管理，在各国的具体改革实践中都呈现出多样复杂的形态和不同的认识，人们对如何确定测量公共部门绩效的价值尺度等没有达成一致的共识，还需要时间的检验和进一步讨论探索。不过，由于绩效概念中涉及了组织活动的有效性课题，这与我们在这里讨论的公共责任以及审判质效具有较高的关联度，我们不妨就此做一些讨论。

现代组织管理的核心概念、基本价值或命题为"效率"或"绩效"，组织管理学的研究一般是将组织目标和组织可支配资源作为组织行为开展所给定的必要前提，并在此基础上探讨通过采取何种管理方式来提升组织效率，从而实现组织目标的最大化。因此，效率和管理原本是二者一体的概念，很难将其割裂开来，是组织管理或公共行政研究的永久课题。

一般而言，组织活动的效率由多个层面的效率构成，即组织效率由多个效率概念构成。这主要是基于投入和产出的比率加以计算得出，其中由于测算时所采用的投入和产出概念的不同，使得效率概念出现较大差异以及认识上的不同。如，可将费用、设备、劳动时间、产量等分别作为投入，而将设备、劳动时间、产量以及实际功效分别作为产出进行测算，由此可以得出多种效率概念。而我们在这里讨论的审判质效的管理则是关于审判效果、有效性的测定，而且由于以下制约因素的存在，这也成为所有绩效管理和效率测算中最难以判别和量化的绩效。

第一，审判质效的评估标准首先应该是合法性指标，即审判的结果是否基于客观规定的法律条文，符合已有的法律程序和制度安排，为一般意义上的法官审判活动所追求的目标。但如果预设的法律条文未能完备和周全，依法审判的司法管理目标则很难实现，而有关审判质效的评估是否合理就成为问题。

第二，判决文本作为法官审判绩效的最后产出，不仅受到合法性指标的检验，同时还会接受当事人、社会公众、舆论、司法专家以及组织内部的评价。由于评价主体的不同，人们可以从不同角度、基于不同价值参与评议。因此，不同评价主体的期待值或所期待的目标都不同，所以很难就审判有效性、质效即最终绩效达成共识。

第三，法官审判活动的基本功能在于社会秩序的维续和社会关系的调节，因此法官审判活动的有效性、质效或最终绩效取决于社会公众对审判结果的广泛认同、服从以及法官审判权威的建立。因此，如何认识和处理法官审判合法性评价指标与法官审判活动的终极监督者公众所期待的回应性评价指标之间存在的差距，则更是艰难的课题。

而为了克服以上评估法官审判质效的制约因素，一些常见的控制方法主要为外部控制，即通过扩大公众及外部制度性参与，加大外部监督、评价以及控制的力度，以提升审判质效。如陪审员制度、法官构成多样化改革、议会的法律解释权和宪法审查以及监督权、公众对法官的信任投票等。而我国最高人民法院的司法解释权限的行使，应该属于内部控制的一环，但由于属于二次立法或决策，与法治国家原则是否形成抵触则需要相关专家等的进一步讨论。而关于法官审判质效的内部管理所面临的最大问题是，由于以上诸多条件因素的制约，是否还要推行硬性绩效管理的问题。就此，廊坊中院的内涵式发展改革实践或许具有一定的参考意义。

三、审判质效、司法管理与廊坊中院的内涵式发展改革实践

据了解，廊坊中院开展司法管理、审判管理的改革已有多年，已经取得一定成效。现在开展的法官审判质效管理是在过去企业认证、规范化管理、流程管理等的基础上深化的。特别从法官审判活动的特殊性而言，这一前期司法管理的改革实践是必不可少的。而当前进行的法官审判质效管理，则是在最高人民法院的积极推动之下，希望通过法官管理、综合管理的开展提升法官审判的判案质效。

虽然这一管理创新活动受到人员少、制度环境复杂、既有能力不足等因素的限制，但是强调"少提考核、多提管理"的精化、细化和深化司法管理的改革思路应该说规避了前文谈到的法官审判业务的特殊性课题，同时会对法官审判质效的提升具有积极意义。这主要是因为，绩效考核意味着管理主体对法官个体在法院组织中存在价值的评价和硬性定位，而作为绩效管理客体或对象的法官群体的行为会集中趋向于或过于关注管理主体所设定的特定绩效评价指标如何达成，从而会出现管理主体意想不到的法官行为或弊端，很有可能使法官审判活动出现扭曲。这不仅使前述司法管理主体与法官群体之间的相互主体性受到冲击，同时也会阻碍法官审判质效的有效提升。

　　因此，廊坊中院的司法管理创新与改革实践，应该说是在尝试规避传统绩效考核存在的根本问题，是在努力摸索内涵式发展改革之路。廊坊中院的司法管理改革价值取向主要强调的是"内生型"管理、"自我量化控制模式"、"自我控制管理模式"、"控制内生型管理"等，尝试通过将传统的绩效考核转化为法官群体或个人自我检验和自我完善审判工作的管理活动，来提升审判绩效。这在一定程度上适应了法官审判业务的专业特殊性，突出了法官群体或个人的自我主体性管理，是在努力构建学习型司法组织。而这对于司法管理和法官审判质效的提升尤为重要，因为这一创新和改革活动的目标直接指向审判活动的有效性提升。

　　当然，廊坊中院开展的内涵式发展改革实践最终能否达到预期的目标，还需要时间的检验，不过我们通过以上讨论可以说这些创新和改革价值取向的确定以及改革政策的安排实际上已经开始走上了司法管理或法官绩效考核转型之路，确立了今后发展的中长期方向。在此仅就以下问题进行讨论，以期推动审判机关内涵式发展改革实践，并对本章前文提到的相关制约性难题加以回应：

　　第一，审判机关作为国家的公权力机关承担着调节社会关系和社会矛盾的职责，同时被赋予了通过司法审判最终决定国家权力的行使是否合法正确的重要权能，即国内政府间关系以及国家与社会关系最终也是由司法审判活动加以维续和确立。由于审判人员的审判权力行使直接关系到公众生活和安全以及国家基本秩序，因此对包括法官群体在内的司法官僚进行司法系统组织内部的绩效管理也是很多国家的一般做法。

在司法独立性保持较好的国家，审判系统组织内部法官考评的最终决策权一般属于最高法院的顶层管理权限，由其负责对审判系统内的法官群体审判活动进行最终评定，并根据评定结果调整法官的流向。如，可将审判质效存在问题的法官调整到判案环境较为简单的基层法院任职，而反之将审判质效较好的法官调入更高层级的法院处理更加复杂的审判工作。

由于我国体制层面的司法独立性还未真正确立，加之国家规模巨大和人口众多等特点，在短期内模仿国外相关制度安排还不现实，但可以尝试省级高院引入针对省内所有法官的类似考评制度和法官管理方式。这一司法管理的积极意义在于既可以通过考评主体的多元化，使得难以处理的审判质效问题得以克服，保护法官基本权利，进而提升审判机关绩效管理主体的权威，容易得到评价客体或对象的法官的理解、接受和服从，还可以使绩效评价与法官任职管理结合起来，最终促进司法管理的良性循环，有利于审判质效的整体提升。

第二，三审或二审结案的相关审判制度安排当然也是提升审判质效，或审判系统内部提升审判质效的良好方式；同时，同一法院内部的审判质效评价活动也是非常重要的司法管理环节。基于内涵式发展改革实践的思路，首先应该强调法官个体的主体性，因此法官个体自我检验式或检讨式的审判质效申报制度可以促进其对审判活动的反思、回顾和梳理，发现影响审判质效的基本原因。

而作为同一法院内的审判质效管理主体，也应积极推进多元化，即除了该法官的直接上级可就法官个体的质效自评申报结果进行评价，其他相关管理者也应加入其中，最终由该法院的最高管理者作出内部的综合评价和最终评判。质效管理为事后管理或监督，以上谈到的主要是内部制度性管理，而内涵式发展的目的是提升审判质效，因此还可以引入相关外部因素来加强质效管理。如邀请相关司法人员、律师等专家或公众参与质效管理过程，为组织内部的审判绩效评估提供参考。

第三，审判质效的评价标准之一为审判结果的公平。这在实行判例法的国家或许容易克服，即通过对以往大量审判结果进行比较，做到同质判例的同等判决，实现审判公平。不管怎样，审判案例的积累以及建立相关案例档案库，配备足够的法官助理辅助法官查找和精读案例，以及将大量的案例作为审判活动的参考，都是保证审判公平以及提升审判质效的较好途径。

而旨在提升审判质效的审判绩效管理中，完全有必要将同质判例作为评价审判活动的标准纳入到审判质效的评价之中。一方面法官个体可以对照相关判例进行自评，将其写入审判质效自我评价的申报报告中；同时作为上级的管理者可以对照相关判例进行分析，作出合理的质效评价。

余论：国家监察的变迁与中国

（一）现代国家的国家监察

在一个国家的国家治理体系和国家治理结构之中，国家监察自古以来都占有重要的一席之地。也就是说国家的出现，也伴随着国家监察的产生，而现代国家则更是如此。今天虽然在不同的现代国家，国家监察在整体国家体系中的具体定位以及职能范围等表现不一，但是作为一项正式的国家制度，国家监察对作为国家主体的组织或个人实施监督、制衡的基本权能丝毫没有发生改变。

如果说国家监察自现代国家出现之后发生了变化，也是随着现代国家所表现的现代性逐渐叠加衍生而产生了现代国家的国家监察重心变迁。简单而言，在一个国家的现代国家建构过程之中，国家监察的重心在于构建作为国家体系基础制度的国家监察框架和基本组织架构，监察活动主要体现为合法性、合规性监察；当现代国家向职能国家变迁，国家的组织、人员、活动的规模、范围扩张之后，国家监察的重心则开始向效率性、经济性的监察重心偏移；而当现代国家出现了福利国家现象，国家监察的重心就要移位至国家目标、公共政策的有效性、适应性监察了。

可以说，一个国家的国家监察具有不同的发展特征，是与不同国家所处的现代国家建构阶段密切相关的，阶段性是任何国家推进国家监察不可忽视的重要因素。因而需要准确把握国家发展的阶段特征，精准施力推动本国的国家监察建构。同时，我们也应该看到，现代国家的不同发展阶段出现的所有国家监察表征，实际上也表现为了现代国家的国家监察整体意涵。如果以上看到的现代国家的现代性仍然存在，那么不同阶段产出汇聚形成的国家监察总体表征仍然长期存在且会持续发挥功用。

（二）日本国家监察的变迁

日本可以说是继欧美国家之后，较早步入现代国家的后发国家，现在是现代化最为成功的发达国家之一，用百年时段较快地经历过所有现代化的发展过程。但是，日本还是深受中国传统文化影响的国家。现代日本国家监察的起源，可以追溯至开始建构现代国家的明治维新初期，如"关东监察使"（1868 年）、"地方监察按抚"（1873 年），就是出于急于通过加强中央集权来建立统一的民族国家的目的而推进的国家监察，其作用主要在于通过国家监察加强中央对地方的管理。在这里，我们即便从字面上也能够感受到来自古代中国国家治理文化的深刻影响。

如果我们探讨的日本国家监察不包含专门的国家审计机关的话，那么二战结束之前的日本国家监察主要是中央政府的部分行政机关内部设立的监察机构和监察官。这个阶段国家监察的特点，主要表现为发现和查处本部门"官公吏"的违纪贪腐问题，国家监察的功能和范围都非常有限。日本创设专门的国家监察来对所有政府部门实施监督则是在二战结束之后，与日本的战后民主化改革相联动，是由中央行政监察委员会进行的国家监察。行政委员会制的国家监察，是二战后日本受到美国影响采用的新的国家治理体制，委员主要来自于社会各个阶层。因此，这时的国家监察具有较强的独立性，带有浓厚的第三方国家监察的色彩。中央行政监察委员会开展的国家监察主要涉及官员违纪贪腐、不作为、冷淡自大、公私不分、低效率等。这个时期的国家监察，因为引入了民主行政要素，而被称为"民主监察制"。

不过，"民主监察制"只实施了较短的时间。由于战后日本的经济复兴、社会逐渐趋于稳定等原因，行政官员的违纪贪腐现象得到了较大遏制，同时，日本进入更大规模的经济发展过程之中，政府规模和行政活动得到进一步扩大，更深地介入到人们的经济社会生活之中。1952 年，作为一项长期的制度，日本建构了由专门的政府部门行政管理厅监察部（之后的行政监察局，行政管理厅后更名为总务厅）实施的国家监察，并拥有大规模的地方派出机构，全面调查评价政府整体的行政活动，具有向监察对象机关提出完善政府行政的"劝告"权力。这时的国家监察不再是针对行政官员个人的违纪贪腐行为展开的合法性、合规性国家监察，而是从政府运行、政策执行的效率提升层面展开的国家监察。由于是政府中的一个专管部门实施的国家监察，因而国家监察活动被称为"监察行政"。

2001 年之后，日本在大部制改革过程中，对以往的国家监察也进行了改革，甚至取消了"监察"这一日本长期使用的行政用词，将行政监察改称行政评价，由现在的总务省行政评价局负责。但这并不意味着日本国家监察的终止，因为国家监察的变化只是名称上发生了改变，国家监察的"内容"与之前"完全一样"。不过与此同时，日本还制定实施了《评价法》，开始要求各政府部门对本部门政策执行的效果进行评估，之后再由国家监察（即总务省行政评价局）对此进行审核评价。由此我们可以观察到，日本实际上是在新公共管理运动的影响下，通过国家监察的再构，将结果导向的绩效评估方式引入到了国家监察之中。

（三）国家监察的变迁与中国

日本国家监察的变迁，恰与本余论前面看到的现代国家和国家监察的变迁过程相吻合。同我国当前推动的重构国家监察的改革相关联，在此进一步结合现代国家的国家监察变迁以及日本国家监察变迁的经验和教训来思考对我国的启示。

首先，虽然国家监察的重心会因现代国家的建构阶段和一个国家的发展阶段的不同而发生变化，但是对国家主体的行为实施监督和制衡的国家监察基本权能或功用一直没有改变。因此，无论国家监察的名称或监察重心如何变化，任何一个国家都需要将国家监察作为国家治理的基本要件体现在国家治理的结构之中。

其次，绩效评估等新的国家监察方式的出现，并不能否定合法性、合规性国家监察的功用。早期日本的国家监察，是以监督行政官员的违纪贪腐行为为中心的，之后由于经济社会条件的变化，这类现象得到部分遏制，国家监察的重心发生了变异。但从日本社会对行政腐败强力批评的上世纪九十年代来看，这一重心偏移对日本而言实际上并不符合现实，日本的国家监察不应放弃将官员个人作为国家监察的主要对象。这是日本国家监察发展的教训所在。

最后，国家监察应该与时俱进，在国家所处的不同发展阶段，适时调整国家监察的体制和机制，对我国而言特别需要强化和发展包括绩效评估在内的国家监察。2018年两会期间，我国审议通过了《国家监察法》，这是一项重大政治体制改革和国家监察变迁。其中，我国的国家监察前期所具有的效能监察职能，对当前已经进入"福利国家政策"阶段的我国而言，不仅需要保留，而且参考日本国家监察的发展经验则需要进一步深化。

【参考文献】

[1]张国庆主编：《公共行政学》（第四版），北京大学出版社2017年版。

[2][日]西尾胜：《行政学》（新版），毛桂荣等译，中国人民大学出版社2006年版。

[3]白智立：《政策转型条件下的公共行政变革》，《中国人事报》，2010年2月8日。

[4]张国庆主编：《公共行政学》（第四版），北京大学出版社2017年版。

[5]白智立：《日本的行政监察、监查》，法政大学出版局2001年版。

[6]白智立：《日本行政改革比较研究》，国家行政学院出版社2012年版。

[7][日]西尾胜：《行政学》（新版），毛桂荣等译，中国人民大学出版社2006年版。

[8][日]真渊胜：《行政学》，有斐阁2009年版。

第十二章

中国的互联网信息安全与政治治理

在中国，互联网信息安全监管已经成为重要的公共政策问题。但从本章展示的 2007 年的调查来看，互联网利用者的信息安全意识与政府监管者的安全需求存在着"不对称性"：中国政治结构的核心特征——共产党领导地位的绝对性和超然性——造成互联网监管中的泛政治化；而互联网利用者并不认同网络言论管制，他们需求的是对交易安全性、广告真实性、黄色信息危害性等"纯安全"信息的监管。互联网监管如何弱化泛政治性、回归纯安全性，影响着中国政治治理、社会管理的有效性。

一、中国政治的结构性特征与互联网信息安全

当代世界，是一个用互联网连接起来的地球社会。所有国家都面临一个新的课题——互联网信息安全如何治理的问题。在中国，这一问题显得更为复杂，这主要与当代中国政治的结构性特征有关联：自1949年以来，中国政治结构的核心特征是中国共产党（以下简称为党）在中国政治生活中领导地位的绝对性和超然性。进入21世纪后，尽管中国的市场经济日臻成熟，社会自由度以及社会民主化比以往有了很大程度的提高，但若有谁敢挑战或潜在威胁党对政治统治的"绝对性"和"超然性"，风险巨大。

维系当代中国政治结构性的特征主要有三种途径或手段：党对军队的绝对领导权；党坚持干部任用上的人事管理权；党对舆论宣传的主导权。即便中国已经提出"革命的政党"向"执政的政党"转型，但党对传统的统治手段有着非常高的依赖度。当然，当代中国政治统治的运营并不总是被动和消极的，有时也带有主动性和积极的动机，但这并没有给中国政治的传统结构性特征带来根本性的变化。

本章主要分析中国的党和政府以及互联网利用者等对互联网信息安全，特别是与中国政治的结构性特征密切相关的所谓"敏感"的"政治性"互联网信息内容安全的认知和理解，并就当前中国的监管方式同互联网使用者对网络信息安全的认知之间的关系展开讨论。笔者思考这一问题的契机，是因为有幸参与了北京大学公共政策研究所《网络信息安全与政府监管研究》项目。本章的写作参考了该项目的最终研究成果《我国互联网信息内容安全及治理模式研究报告》（2007年；

以下简称《报告》）。①

二、中国对互联网信息安全的认知

在当今大多数国家，面对互联网技术的快速发展，政府的信息安全监管经常陷入难以应对的被动境况，因此，如何应对互联网信息安全成了许多国家需要积极开拓的新的公共政策领域。在中国，互联网信息内容的安全一直被看作是国家信息安全的一项核心内容，而国家信息安全一般被理解为包括互联网等信息基础设施的安全、银行信息系统等对国民经济生活等产生重大影响的信息系统的安全以及信息内容的安全。从中可见，在中国，互联网信息内容的安全问题已经成为国家特殊重视、并被认为急需进行重点安全防范的重要公共政策领域。

具体到互联网信息内容的安全分类，中国的互联网管理部门将其主要划分为五大类：第一是与意识形态、国际国内敏感政治问题相关的涉及政治安定的政治性互联网信息内容的安全；第二是诸如垃圾邮件、色情、暴力、欺诈等"妨碍健康的先进文化传播"的健康性互联网信息内容的安全；第三是损害个人名誉等的涉及个人权利的隐私性互联网信息内容的安全；第四是有关国家秘密、商业秘密等无意泄露和扩散、有意窃取等的涉密性互联网信息内容的安全；第五是版权侵权性的互联网信息内容的安全。

---

① 报告全文参见北京大学公共政策研究所网页：http://www.pkuppi.com/Upfiles/20074468287.doc。该调查始于2006年4月，于2007年1月结束。调查研究期间，课题组对相关人士进行了大量访谈，还在北京、武汉、郑州以及西安回收到针对网络利用者的有效问卷3774份，该报告就是在此基础上完成的。

在中国 2006 年发布的《2006—2020 年国家信息化发展战略》中，认为当前全球范围内较为突出的信息安全问题包括：计算机病毒、网络攻击、垃圾邮件、系统漏洞、网络窃密、虚假有害信息和网络违法犯罪等。可以看出，中国所认知的"信息安全"问题涵盖了互联网信息内容安全的大部分内容，甚至可以将信息内容的安全与"信息安全"等同起来。不过，与很多国家相比，中国更为关注与意识形态和"政治安定"相关的"敏感类"政治性互联网信息内容的安全问题，有时甚至将其同第三类涉及国家安全的涉密性信息分离开来，将其排在需要防范的信息安全的首位。不仅如此，在实际的互联网信息内容安全的具体管理过程中，政府对第一类"政治性"信息安全的管理力度和热情以及投入的精力，要远远高于其他类别的互联网信息安全。但即便如此，一般所说的与意识形态、"政治安定"相关的"政治性"互联网信息内容的安全概念较为模糊和宽泛，而且在中国一般多用"敏感"一词来表述，同时这种模糊性和宽泛性在实际的互联网信息内容安全管理中也表现得较为明显，像作为监管客体之一的互联网相关企业最终也只能通过长期的与政府间的"磨合"而揣摩出来。

出现这一问题的成因是什么？消极的解释是：这种管理模式拓宽了监管部门决策和裁量的空间，并可以随着不同时期社会状态、政治课题的变化而随时地调整监管的对象、范围以及监管标准。这种做法的直接原因可能与中国政治的结构性特征——政治管理在中国国家管理中的"绝对性"和"超然性"特征——相关。今天之中国仍具有"泛政治化"的特点：对于任何社会经济环境因素的变动，中国的"政治系统"都有可能"敏感"地将其感知为"政治性"课题，从而使这种"宽泛""模糊"的政府监管有了永久生存和延伸的空间。

与上面的消极性解释不同，积极的解释是：中国的监管部门不希望人们过多地了解此类信息内容安全的具体对象、内容、标准和范围，因为这种管理时常会与现代国家的基本理念——"言论自由""通信自由""民主政治""政治参与""利益表达""民主监督"以及中国现政权提倡的"民主"风气——相抵触。

综合而论，"政治性"互联网信息内容安全的管制标准所具有的"宽泛性"、"模糊性"特点，很有可能是上述两种成因共同作用下的一种"扭曲"的结果。

三、中国的"政治性"互联网信息内容安全

从 1994 年开始，截止到 2006 年 5 月，中国的互联网监管部门及众多的政府相关部门共制定了 31 项有关互联网信息内容安全的规定。这些政策文件涉及的管理范围，基本涵盖了国家信息安全及本章前述四类互联网信息内容的安全问题，而有关"政治性"互联网信息内容安全则主要规定在全国人大常委会、国务院、国务院新闻办公室、公安部、信息产业部、文化部、国家新闻出版总署等的相关政策文件中。①而有关互联网信息安全问题，这个时期最有权威且较为全面、具体的规定是 2000 年 12 月九届全国人大常委会通过的《全国人大常委会关于维护互联网安全的决定》。该决定所指的互联网安全包含以下四种类型：第一种类型与"互联网运行"相关；第二种类型与"国家安全

---

① 2018 年初推进的党和国家机构、职能改革，部分相关部门的隶属、名称等发生了较大变化，需要留意。

和社会稳定"相关；第三种类型与"市场经济秩序和社会管理秩序"相关；第四种类型与"个人、法人和其他组织的人身、财产等合法权利"相关。

全国人大常委会的决定虽然是针对互联网安全做出的，但是除了互联网系统运行安全之外，都是有关互联网信息或者信息内容的安全管理。虽然归纳分类的方法和具体用词不同，但几乎涵盖了本章前述互联网信息内容安全的五种类型，而且更为具体和全面。至于"政治性"互联网信息内容安全问题，在这里具体为第二种类型，主要表现为与中国政体、国家统一、国家安全、民族问题、宗教问题相关的安全问题，且限定得较为严格。可以说，对这些安全问题的治理，是中国当前认知的"政治性"互联网信息内容安全最基本需要应对的问题。而且，在相关的细目中，有关国家政权、社会主义制度、国家统一的互联网信息内容安全被列入第一位。

而在此之前的 2000 年 9 月国务院公布实施的《互联网信息服务管理办法》（中华人民共和国国务院令第 292），可以说是中国较早对"政治性"互联网信息内容安全进行管理的行政法规，而全国人大的决定应该是在此基础上制定的，同时后来的有关"政治性"互联网信息内容安全管理的政策文件都与其有着密切的连续性。该办法第 15 条规定了九类互联网信息服务提供者不得制作、复制、发布、传播的信息内容：一，反对宪法所确定的基本原则的；二，危害国家安全，泄漏国家机密，颠覆国家政权，破坏国家统一的；三，损害国家荣誉和利益的；四，煽动民族仇恨、民族歧视，破坏民族团结的；五，破坏国家宗教政策，宣扬邪教和封建迷信的；六，散布谣言，扰乱社会秩序，破坏社会稳定的；七，散布淫秽、色情、赌博、暴力、凶杀、恐怖或者教唆犯罪的；八，侮辱或者诽谤他人，侵害他人合法权益的；九，含有法律、行政法规禁止的其他内容的。

同本章前述全国人大常委会的决定比较，该办法只针对互联网发布的信息内容，并增加了与"国家荣誉和利益"相关的信息安全问题，以及强调了与"社会秩序稳定"相关的信息安全问题。其结果既拓宽了管制的范围和监管部门自由裁量的空间，同时也带有"宽泛性"、"模糊性"的概括性特点。而且，这九项互联网信息服务的禁止规定，基本上可以说就是这个时期中国"政治性"互联网信息内容安全的实质内涵。

此后，2002年6月27日新闻出版总署和信息产业部联合制定了《互联网出版管理暂行规定》，在关于互联网出版不得载有的内容中，对"危害国家统一"进一步细化为"危害国家统一、主权和领土完整"；就"危害民族团结"增加了"或者侵害民族风俗、习惯"的规定；另外还新增了"危害社会公德或者民族优秀文化传统"的新内容。这些新设的款项可能是中国舆论宣传和新闻出版部门为其管理对象设定的更为严格的管制标准。

2005年9月25日，国务院新闻办公室与信息产业部联合发布了《互联网新闻信息服务管理规定》，就互联网发布新闻信息——"包括有关政治、经济、军事、外交等社会公共事务的报道、评论，以及有关社会突发事件的报道、评论"的"时政类新闻信息"或"时政类电子公告服务"——的内容，延续了前述国务院公布实施的《互联网信息服务管理办法》中的九项禁止事项，并新增了二项新的不得登载、发送的互联网信息内容："煽动非法集会、结社、游行、示威、聚众扰乱社会秩序的"；"以非法民间组织名义活动的"信息内容（第19条第9、10项）。这11项禁止事项，应该说是这一时期中国政府对"政治性"互联网信息内容安全最为具体和现实的认知，希望通过对这些安全问题的监管，实现有效的政治治理，以保持中国政治的结构性特征。

四、互联网利用者对互联网信息安全的认知

这个时期，中国的网民（互联网利用者）总人数大致为1.3亿人，关于他们对互联网信息内容安全的认知状况，在本章开头提到的、笔者参与的北京大学公共政策研究所《报告》中有较充分的论述。该《报告》主要从对互联网利用者就病毒、垃圾邮件、互联网上交易、色情信息、热点敏感问题等安全意识的问卷调查的结果，看普通的互联网利用者是如何认知互联网信息内容安全的。

关于病毒及垃圾邮件，《报告》显示：大约80%的互联网利用者经常或偶尔更新杀毒软件，半数以上互联网利用者因感染病毒而重装计算机操作系统；在一个月里接收到5封以上垃圾邮件的互联网利用者多达近60%。可以说，有关病毒、垃圾邮件的安全问题，大部分互联网利用者在现实的上网过程中，已经确确实实地实际感受到了，而且安全防范行为较为明显。

关于互联网上交易，《报告》显示：没有参与过互联网上交易的互联网利用者人数较多，占71.1%；但参与过互联网上交易的互联网利用者的每四个人中就有一位曾经有利益受损的经历，51.1%的参与交易的被调查者担心自己的经济安全；不相信互联网广告信息的

比率高达 59.9%；23.2% 的被调查者回答"有时"或"经常"受到过互联网中虚假信息的损害。可以说，互联网利用者参与互联网上交易的人数不多，可能与交易的安全性和互联网信息真实性程度不高有关。

关于与性有关的信息、色情信息，《报告》显示：40.4% 的互联网利用者经常或者有时在互联网上获得与性有关的信息，且有 41.6% 的互联网利用者很容易接触到黄色网站；作为本次问卷调查的被调查者的 18 岁以上互联网利用者，对此表示担心的只有 18.3%，"不太担心"和"不担心"的分别为：28.9%、27.4%；但有 77.1% 的被调查者认为黄色信息会对未成年人造成伤害。可以说，虽然互联网利用者的成年人群体时常接触与性有关的信息，而且并不感到互联网上的色情信息对成年人个人有害，但深感对未成年人的有害性和不安全性。

关于"热点敏感信息"，《报告》显示：半数被调查者回答，互联网是表达民意的重要途径；在网络上经常和有时参与热点敏感话题讨论的被调查者分别为 4.3%、26.6%，回答"很少"和"从不"的分别为 44.4%、24.7%；而对参与热点敏感话题的讨论表示担心的被调查者仅为 14.8%，不担心的为 55.5%。可以说，虽然互联网利用者参与"热点敏感话题"讨论的人数较少，但多数人认同和关心互联网具有的民意表达的功能，对参与这一类型讨论少有顾虑。这可能既与参与程度较低有关，同时也可能与对互联网民意表达功能的认同度较高有关，还可能与难以严格监管和这个时期中国存在的一定的宽容度相关。

关于政府监管互联网信息内容的具体对象，《报告》显示，互联网利用者认为政府最有必要监管的互联网信息内容的排序是：互联上的虚假信息（79.8%）、互联网上交易信息（78.9%）、国家安全信息（73.9%）、互联网色情（67.8%）、互联网盗版（64.5%）、互联网言论（25%）。"政府没有必要管制信息内容"的回答中有关"互联网言论"的比率最高，为49.4%。在对设问"你认为我国政府最应该对下列哪些方面的网络信息加强管理"的回答中，其安全监管需求度的排序为：黄色信息（70.7%）、虚假信息（68.9%）、带病毒信息（67.8%）、涉及国家安全的信息（64.5%）、垃圾信息（44.2%）、个人隐私信息（39.6%）、热点敏感信息（12.8%）。可见，由于互联网信息中存在交易安全性、广告真实性、黄色信息对未成年人危害性等安全问题，因此互联网利用者对此类信息怀有强烈的监管需求；另外，互联网利用者虽然强烈认同对有关国家安全的信息加强管理，但同时对热点敏感信息的监管需求则非常低，近半数的被调查者认为没有必要管制互联网上的言论。

结语：从"泛政治化"向"纯安全性"回归

互联网信息安全，涉及国家安全、商业安全、社会发展、个人权利以及构建电子政府等多个层面。互联网信息安全治理，是政府提供的最为重要的公共服务之一，需要将其纳入政府公共服务系统中实行有效管理。对此，已经在中国的政府与社会中形成了较为广泛的共识。但是，政府与互联网利用者之间在互联网信息内容安全的认知或者说安全管理需求上存在较大的"不对称性"：政府对所谓"热点敏感"的"政治性"互联网信息内容的安全认知程度和管理需求较高；普通互联网利用者则对与个人生活相关的网上交易安全、网上广告真实性等信息安全的认知程度和管理需求较高，但不很认同进行网上言论管制的必要性，并对互联网民意表达表现了较高的认同。因此，可能需要政府在互联网信息内容安全标准的设定和监管上弱化传统的"政治性"特征，向信息安全本来的"安全性"纯化和回归。

|后 记|

　　本书是在我十年来写作的论文等的基础上修改而成的。其中，大部分论文已经发表，具体出处如下所示。在此需要说明的是：与其他作者合作的已发表论文，本书写作时使用了合作前我写作的初稿并进行了修改，对此其他作者不承担任何责任；第七章相关数据的搜集、整理、图表制作得到了时任课题组成员耿世黎同志的大力支持和帮助，没有她，这篇论文无法完成；同时本书的标题也是在我院博士生刘娟同学的启发下，与出版社同志最终确定的；我院博士生邹昀瑾同学，就本书修改提出了很多宝贵的意见，在此一并表示深深的谢意。

　　第一章　"中国梦"语境下的行政变革

　　白智立：《中国梦语境下的行政变革》，《行政管理改革》，2013年6月；

　　白智立：《从马德案看中国人事选拔制度潜规则》，《商务周刊》，2005年第8期。

　　第二章　国家治理体系的现代化：中国国家治理改革的表征及情态

　　白智立、杨沛龙：《国家治理体系的现代化：中国国家治理的表征及情态》，《经济社会体制比较》，2016年第4期；

白智立：《推进法治国家建设应有战略思维》，《行政改革内参》，2014 年第 12 期。

第三章 "1978 年体制"之下的中国国家治理模式及改革

白智立、刘娟：《当代中国国家治理模式及改革》，《中央社会主义学院学报》，2018 年第 4 期；

白智立：《国家治理现代化改革视阈下的十九大干部路线》，《思想理论动态参阅》，2017 年 12 月 21 日第 244 期。

第四章 机关管理与现代行政官僚制组织建构

白智立：《机关管理》，张国庆主编《公共行政学》（第四版），北京大学出版社 2017 年版；

白智立：《官僚组织"糊弄病"，如何治理》，《人民论坛》，2011 年第 1 期。

第五章 试验式分权化改革与中国的地方治理

白智立：《中国的试验式分权化改革与地方治理》，王浦劬主编《国家治理现代化研究》（第一辑），中国社会科学出版社 2017 年版。

第六章 党政精英选拔制度变迁初探

白智立：《中国的干部管理与现代公务员制——党政精英选拔制度变迁初探》，北京大学政府管理学院组编《政府管理 50 论北京大学政府管理学院 15 周年院庆文集》，2016 年 12 月；

白智立：《从三方面评估竞争性选拔质量》，《中国人事报》，2010 年 2 月 26 日第 005 版。

第七章 中国公务员的政治意识与现代行政官僚制

白智立：《第四章第一节中国公务员的政治意识与现代行政官僚

制的形成——"政府治理研究课题调查问卷"结果分析》,谢庆奎主编《民生视阈中的政府治理》,北京大学出版社 2013 年版;

白智立:《火箭式提拔缘何频遭质疑》,《中国改革》,2012 年第 11 期。

第八章　中国的现代公务员制及改革

白智立、杨沛龙:《改革开放四十年:中国的现代公务员制及改革》,计划发表在《国家行政学院学报》2018 年第五期上。

第九章　中国行政文化的特质与意义

白智立、杨沛龙:《试论中国行政文化的特质与意义》,《新疆师范大学学报》(哲学社会科学版),2017 年第 2 期。

第十章　中国的国家治理变革与行政文化再探讨

白智立:《中国的治理变革与行政文化再探讨》,周文彰主编、徐耀桐副主编《行政文化研究》(3),中国人事出版社 2015 年版。

第十一章　审判质效、司法管理与法院内涵式发展

白智立:《审判质效、司法管理与廊坊中院的内涵式发展改革实践》,王越飞主编《内生与外控结合型司法管理模式研究》,河北人民出版社 2012 年版;

白智立:《日本国家监察的变迁及对中国的启示》,赵景华主编《政府管理评论》(第三辑),经济管理出版社 2018 年版。

第十二章　中国的互联网信息安全与政治治理

白智立:《从"泛政治化"回归"纯安全性"——中国的互联网信息安全与政治治理》,清华大学中国与世界经济研究中心《中国与世界观察》,2007 年第 3、4 期。

　　本书各章，可以说是我十年多来学习思考和研究探讨的粗浅积累。中共十八大以来，我国积极推进国家治理体系和治理能力的现代化改革，我也参与其中的讨论，这对本书的写作促动很大。应该说我国大规模的国家治理改革实践，进一步促发了我的相关思考，催生了本书。同时，我院徐湘林老师、中国人民大学毛寿龙老师以及日本京都大学足立幸男老师、庆应义塾大学清水唯一朗老师等，都在不同场合给了我非常多的有益启发，加深了我对"国家治理"问题的思考。非常感谢各位师长的启迪。

　　本书出版最直接的契机，是老同事杨凤春老师向广东人民出版社中山出版有限公司的大力推荐。如果没有凤春老师，恐怕不会有本书，在此谨向学术精深且风趣幽默的凤春老师表示深深的感谢。同时，更要向广东人民出版社中山出版有限公司的各位出版人致以深深的谢意。在李锐锋老师、刘颖老师等出版人身上，我看到了他（她）们对出版事业的热爱、对作者的最大尊重、对工作的精益求精，他们高度的专业精神令我油然而生深深的敬意。衷心感谢你们的辛勤劳动，向你们致敬。感谢那些为我创造写作和出版契机的人们。

　　我的上一本书《日本行政改革比较研究》（国家行政学院出版社，2012 年版）也是在这种状态下完成的，当时在后记中提到将该书献给已故的老师。那以后几年，同样是对我潜移默化、影响很大的我的老师松下圭一先生逝世。他恰恰是推进日本国家治理改革的理论家，在日本产生了非常大的影响，在现实中也推动了日本的国家治理变革。本书的写作思路也深受松下老师的影响，谨深刻缅怀老师，并致以深深的谢意。

　　最后，我想在此深切表达的是，我院行政学教授张国庆老师几年前病逝，是我院和中国行政学教学和研究的巨大损失。张国庆老师被誉为"改革开放以来北京大学和我国行政学教学与学术研究的开拓者和奠基者"。我自 1997 年入职后，得到张老师的启迪和教诲，还让我加入他主编的《公共行政学》教材的写作中。本书第四章为该教材的一部分，收录本书以此致敬张国庆老师。在该教材的最新版（第四版）前言部分，张老师写道："在国家治理体系和治理能力的视野下才能对公共行政思想、知识和实践作出合理的定位和清晰的解释，才能在国情和国政比较的基础上，寻求各国行政的共同点和差异性。"拙著的写作也是出于这一基本思考。谨向中国行政学的坚守者和不断开拓者——张国庆老师表示深切怀念和由衷的感谢。

　　谨将本书献给已故的张国庆老师、松下圭一老师。

白智立

2018 年 8 月 26 日于北京大学燕东园